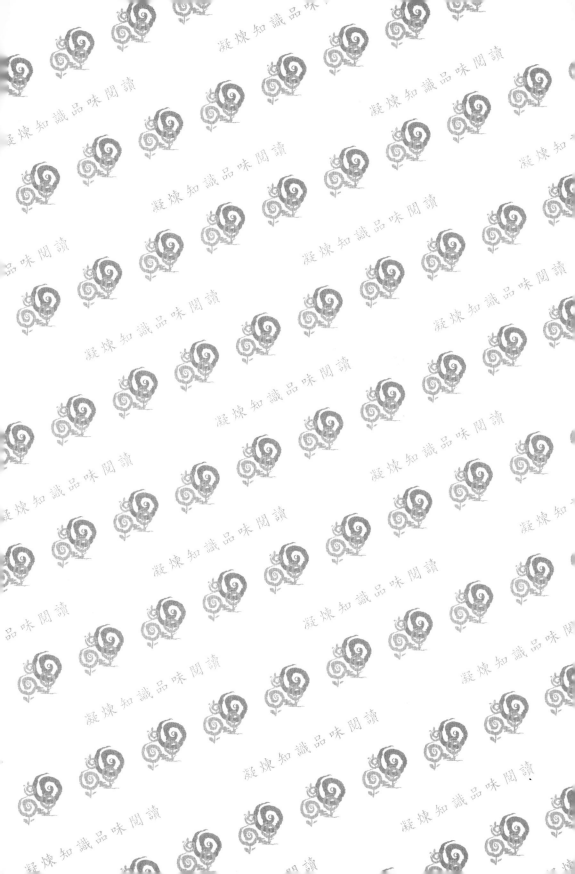

實驗教育

黃志順 林雍智　主編

林雍智 黃志順 劉彥廷 陳映蓉 林勇成 黃建榮 李光莒　著

五南圖書出版公司 印行

序言

實驗教育是再簡單不過的道理

Education is a development within,
by, and for experience
~John Dewey, 1938
《Experience and Education》

　　首先，特別感謝吳清基部長、吳清山署長、成田幸夫教授對本書的推薦。因為前輩們在教育政策規劃、實踐以及學術研究的積累，開啟我們前行的索引，讓實驗教育有深耕的土壤。本書是一本給大專院校或師培系統開設「實驗教育」相關課程的教科書，但敘寫上卻沒有印象裡「大專用教科書」的樣子，因為不是旁徵博引，也沒有提供授課者指引或是上課用教材。

　　這是一本給大專院校開設「實驗教育」相關課程的教科書，也是給關心實驗教育者的教師與家長的教科書。

　　這是一本希望讀者看了之後能夠從理論的論證、實踐經驗的反思、實務案例的描述，有所思、有所感、有所對話、有所行動的專業學術論著。正因為每一位作者們都是「實驗教育」的實務工作者，又是具備完整扎實學術訓練的研究者，當我們從「實驗教育」各種層面的探究思考及對話辯詰，我們的看見，便有機會帶領讀者回到自身的脈絡，又能拉高到社會文化與政策發展的宏觀視野，檢視與探究「實驗教育」的各種議題。

　　重新翻讀、再讀每一篇，我有種很深的體悟：**「實驗教育」是再簡單不過的道理**。就像我一直以來所說：實驗學校要實驗的對象從來就不是孩子，而是家長與教師。面對一片荒蕪的原野和無盡的限制下，在「實驗教育」的架構下，怎麼建構出符應下個世代臺灣的原創學校呢？說穿了，答案就是教師與家長。

　　「好老師」是學校永續發展賴以為生的命脈；「好家長」是學校以孩

子為本的定海神針。那什麼是「好老師」？「好家長」？其實很簡單：眼裡有彼此、心中有對方、感悟長相識、胸懷反省力，親師生三位一體。而做到這些事，就像創業一樣，**「做的，永遠要比想的、說的更重要」**，**「尤其是做好、做到、做持久」**，更簡單的是：道理都相同而純粹，只差做不做而已。

「實驗教育」就是老老實實的回到在地、回到脈絡、回到學習的本來樣貌。別再推動、別再宣導、別再政令、別再一體要求、別再人有我也要、別再你我他，比來比去。孩子們都要差異化學習，辦學校怎麼還繼續大鍋炒？

當我們越回到孩子的學習、教師的專業、家長的參與，就越會發現：學校的責任，不是要滿足路人甲乙丙丁，而是深度的學習這件事。深度學習這件事，得每天在校園、在課堂、在所有學習的場域之中，實實在在的發生。面對困難與挑戰，不用抱怨，也別批評或自視清高。我們都生存與面對現有教育系統運作邏輯與苦衷，就誠實以對：對自己、對孩子、對家長、對教育。

讓我們的孩子更能掌握自己的學習風格及興趣，好好的生活、健康的長大成人。對學習更有動機熱忱、對自己更能接受認同、對他人更能感同身受、對世界更能懷抱夢想。帶著這樣的理想，一起捲袖努力。

深耕易耨、系統思考、永續發展；長路漫漫，所以同行致遠。

「實驗教育」是再簡單不過的道理。

實驗教育就是：

要學生記得我自己，不是老師要的樣子。

要老師找回我是老師的初衷，不是誰曾經告訴你的樣子。

而老師的存在（being），不是自己，正是孩子。

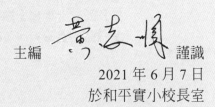

主編　黃志順　謹識
2021 年 6 月 7 日
於和平實小校長室

目錄

第 1 章

實驗教育的本意

　　在接受本書的招待，進入探討實驗教育的殿堂之前，本章將先行闡述為何我們需要正視實驗教育？實驗教育的本質與本意為何？以及我們如何看待實驗教育，以期待透過實驗教育的實施，來回應我們對教育的主張。

　　本章將由教育主導權的鬆動開始談起，接著析論近 30 年來，我們為回應教育的沉痾做了哪些努力。教育，應該要有教育的樣子；實驗教育，也不是為了實驗學生，而是實驗體制、實驗教師、實驗家長，透過實驗教育，最終把「實驗」拿掉，回復到教育的本來面目。

　　請隨本書，感受實驗教育在腦海一呼一吸間帶來的想像和感動。

教育主導權的鬆動，從國家到人民

　　「教育主導權」由誰來掌握、誰說了算數？孩子們爲何而學？學了要做什麼？需要學什麼？應該怎麼學？如何得知學習的情況？怎麼確保學習產出與品質？這些議題長久以來，一直充滿著政治的角力、社會的變遷、文化的脈絡、歷史的演進、經濟的發展、科技的進化、思潮的嬗遞等等因素而糾結複雜（秦夢群，2015；梁福鎮，2017）。

　　尤其，在國民教育階段由國家主導的體系下，政府辦理國民教育之法源爲《國民教育法》。根據我國《憲法》第 158 條：「**教育文化，應發展國民之民族精神、自治精神、國民道德、健全體格、科學及生活智能**」之主張，《國民教育法》第 1 條即清楚宣示「**國民教育以養成德、智、體、群、美五育均衡發展之健全國民爲宗旨。**」爲保障人民學習及受教育之權利、確立教育基本方針，隨後於 1999 年訂立之《教育基本法》更主張「**人民爲教育權之主體**」，並具體指出教育之目的在於：

> 　　以培養人民健全人格、民主素養、法治觀念、人文涵養、
> 愛國教育、鄉土關懷、資訊知能、強健體魄及思考、判斷與創
> 造能力，並促進其對基本人權之尊重、生態環境之保護及對不
> 同國家、族群、性別、宗教、文化之了解與關懷，使其成爲具
> 有國家意識與國際視野之現代化國民。（《教育基本法》第 2 條
> 第 1 項）

　　綜觀《國民教育法》及《教育基本法》兩部直接影響國民教育實質內涵之法源依據，均清楚呈現國民教育的內涵重點，即在以「全人教育」、「人文教育」、「民主法治」、「資訊素養」、「體能健康」、「創造思考」、「生態人權」、「國際教育」等具備現代性之教育觀點，國家說了

算數,已昭然若揭。

　　至於教育之實施方式,《教育基本法》第 3 條明白揭示教育之原則、方法、價值重點、調和個人潛能、人己群性、自我實現的教育理念:

　　　　教育之實施,應本有教無類、因材施教之原則,以人文精神及科學方法,尊重人性價值,致力開發個人潛能,培養群性,協助個人追求自我實現。(《教育基本法》第 3 條)

　　國民教育的本質,在此法理及教育原則的脈絡下,不論是在教育的主體性、目的性、方法實施的原則依據,理論上已然獲得高度之認肯及確保。換言之,若能秉持此理念並施以辦學作為,國民教育的辦理應該可以獲得充分優質的保障。然而事實卻是,我國的國民教育實施狀況,尤其是從教育現場的實踐反思,始終受到教育人員、學術界,甚至是社會輿論相當嚴厲的批判,這些批判也促動長達近 30 年的「另類教育」,例如森林小學、華德福教育系統、苗栗全人中學等等實踐。這些案例以不同於既定之教育現場姿態的辦學經營,和第一線教師與家長一起通過哲學理念的論述、教育現場實踐的歷程,不斷回應、折衝、對抗、妥協和發展。

　　2014 年通過,並於 2018 年再次修訂的「實驗教育三法」,包含了《學校型態實驗教育實施條例》、《高級中等以下教育階段非學校型態實驗教育實施條例》與《公立高級中等以下學校委託私人辦理實驗教育條例》,通稱為「實驗教育三法」。「實驗教育三法」不僅讓另類學校有了更具體的法源,同時也為教育現場投入了更多的動能與各種可能性。這個教育發展的歷程,以綜觀的角度來說,便是教育主導權已漸次地鬆動。「誰來掌握、誰說了算數」的教育主導權,從原本由國家一手包辦,逐漸讓人民有更多選擇及參與的空間與權限。

第二節

「實驗教育」作爲回應教育沉痾的機會

　　長久以來，國民教育階段的孩子深受升學主義之苦，歷次的教改措施均著重在升學制度或入學方式的枝節調整，難以從學生學習的角度切中問題核心。孩子沉重的課業壓力、學校的學習生活經驗，總是以零散碎裂的知識學習方式進行，孩子的學習不僅和現實生活脫節，所習得的概念知識、技能才華，更難有融合貫通、於情境中運用的機會，進而獲得解決問題的能力和自信。學校的學習歷程通過工廠流水線性、帶狀式的加工，直接以單面向的分數衡量孩子學習結果的表現。孩子這樣的學習情況，實難以應付日漸複雜多變的未來生活及環境局勢。

　　長期作爲教育第一線工作者，還是不得不承認，現階段公教育（public education）體制下的公立學校，依然壟罩在「形式主義管理」及「升學主義競爭」雙重斬壓下，學校同仁經常以虛應故事方式應付各種形式管理，教師的專業發展仍然雜亂無章、無法切中需求，學校的運作及發展則難以獲得創新的動能與生機。更爲嚴重的是，孩子在升學競爭爲導向的單一目標與形式化的教育環境裡，仍受到升學制度、家長觀念的交互影響，孩子在學校面對許多不符自我現實的學習期待，加上過多僵化的測驗考試，孩子容易失去求知的喜悅，漸漸享受不到學習歷程的趣味，也慢慢失去應該屬於孩子的熱情以及對未來的想像。

　　遠自 1987 年臺灣政治解嚴後，所伴隨著政治、社會、經濟的發展演進以及政權嬗遞，1994 年「410 教育改革遊行」以降，眾多來自民間教育團體企圖透過體制外辦學的方式，挑戰對傳統威權教育的反動，例如早在「410 教育改革遊行」之前，1990 年最早有「人本教育基金會」的「森林小學設校計畫」、1994 年「種籽親子實驗學苑」、1995 年「青少年全人教育實驗學校」、1997 年「雅歌實驗小學」、1998 年「融合中小學田寮實驗班」等體制外辦學經驗。

　　相對的，中央及地方政府則透過相關法規的修訂與頒布，呼應民間教改及教育實驗的需求。例如於 1997 年臺北市政府研訂《臺北市 86 學年度國民小學學童申請在家自行教育試辦要點》，為國內首度讓「在家自行教育」實驗性教育方式，取得暫時性合法地位（吳清山等人，2016）。1999 年 2 月修訂《國民教育法》第 4 條，明定「**為保障學生學習權及家長教育選擇權，國民教育階段得辦理非學校型態實驗教育。**」同年 6 月所頒布之《教育基本法》第 13 條，透過法律條文的位階，凸顯實驗教育之於國民教育階段之改革關鍵地位：

　　　　政府及民間得視需要進行教育實驗，並應加強教育研究及評鑑工作，以提升教育品質，促進教育發展。（《教育基本法》第 13 條）

　　政府及民間的努力，始於 1999 年民間教育團體與地方政府合作，宜蘭縣政府以公辦民營方式設立的「慈心華德福教育實驗國民中小學」、2001 年「人文國民中小學」、2004 年改制之臺北縣「信賢種籽親子實驗國民小學」等實驗學校。再經過 10 餘年的經營發展，「非學校型態實驗教育」和「公辦民營教育」兩類不同於一般公立學校的辦學型態，在臺灣國民教育的脈絡下已呈現初步的成果，在辦學方式、課程教學、學習表現等方面，頗獲得社會輿論以及教育界的認同。

　　對於教改的企盼與需求，希望讓孩子可以有更多元、豐富、活潑的學習經驗，同時深刻影響同屬國民教育階段公立學校之辦學經營想像及具體策略。尤其是全國各區域之學校類型繁多，開展出許多深具地方特色、親師合作及辦學績效的學校。2004 年起，教育部為鼓勵高中以下學校教師專業成長、團隊合作、創新教學、適性輔導、樹立優質教學典範，提升教師教學績效及提高教學品質，頒布「教學卓越獎評選及獎勵要點」，設立全國獎勵金額最高之「教學卓越獎」，每年均授予一定數量榮譽獎項，讓全國學校有追求卓越的動力及目標。

　　2007 年起，教育部再透過「活化校園空間與發展特色學校實施計畫」、「推動國民中小學整合空間資源與發展特色學校實施計畫」、「推動國民中小學營造空間美學與發展特色學校實施計畫」等計畫，鼓勵學校提出方案爭取補助獎勵，能以學生爲主體，適度融入校園議題、社區特性、家長期望及未來規劃等元素，發展本位特色課程以落實多元創新教學型態，並且將特色課程理念導入學校空間營造，發揮空間領導與空間美感教育功能，涵育人文美學素養。此外，各地方政府亦設立許多獎賞鼓勵機制，讓學校發展出有別以往的辦學目標，例如臺北市所設之「優質學校」、「教育 111」等獎項。

　　至此，國民教育階段之公立學校，經過政策有意的引導，以及教育實踐場域第一線教育工作者長時間的經營與努力，已經與 1994 年「410 教育改革遊行」當時所存在的刻板印象有顯著的差異。看似公立學校在辦學理念、經營策略、教學型態、課程評量、校園營造等面向已有明顯的改變。時至 2014 年的「實驗教育三法」，又對學校的經營有何重要的意義及內涵？

　　若是從辦學理念、經營策略、教學型態、課程評量、校園營造等面向觀之，在國民教育發展的脈絡下，承接臺灣教育改革所走過歷程，包含政府體制內的政策引領所產生一部分公立學校的質變成果，以及體制外教育突破的實踐經驗，已啟發學校營造出讓孩子有更深度的學習改變及成效。正如《學校型態實驗教育實施條例》第 1 條針對立法目的及精神的闡述，正是實驗教育有機會回應教育沉痾的可能性：

　　　　爲鼓勵教育實驗與創新，實施學校型態實驗教育，以保障人民學習及受教育權利，增加人民選擇教育方式與內容之機會，促進教育多元化發展，落實教育基本法第十三條規定，特制定本條例。（《學校型態實驗教育實施條例》第 1 條）

　　「實驗教育」最核心的目標即是「教育創新」，就行政運作、組織型態、設備設施、課程教學、學生入學、學習成就評量、學生事務及輔導等事項，進行整合性實驗之教育。要言之，「實驗教育」所要實驗的對象，絕對不是受教的學生，而是針對學校校務運作的方式進行整合性、根本性的嘗試及改變，其目的是以「學生適性」和「有效學習」為依歸。

　　透過課程教學、學習成就評量、學生事務及輔導等教育措施，讓孩子具備完整的自主學習能力及學習經驗，並且有充分展現學習成就的機會。透過教師專業發展、行政運作、組織型態、設備設施、入學方式、社區參與等配套事項，支持整體校務運作。以整合性、根本性的嘗試及改變，以「學生適性」和「有效學習」為依據，其目的及宗旨便是透過「教育創新」，不僅提供家長不同的教育選擇權，同時引領開創我國教育實踐經驗的可能性，促成我國教育發展的進步及卓越。

第三節

教育就是要有教育的樣子

　　考察各縣市地方政府經由指定所轄學校辦理教育實驗，企圖透過投入資源帶來多樣化學校經營型態。實驗教育，不論是學校型態或公辦民營的學校數量，或是參與各種非學校型態學生的人數，已成為各縣市政府施政的績效表現。

　　另一方面，在教育現場，實驗教育被視為解決學校招生經營困難的解方。當學校轉型實驗學校成為辦學求生的浮木，於是自 2014 年底通過「實驗教育三法」至 2021 年（110 學年度）這段期間，依據《學校型態實驗教育實施條例》所開展的實驗案例，單單就以公辦公營實驗學校的數量來看，6 年內已增加近 10 倍的學校數量。實驗學校數量急劇增加，是否帶來教育質地的轉變，有相當大的疑慮。尤其辦理實驗教育需要依據「特定教育理念」，開展出系統與結構性的教育措施，如何實現所主張的

理念，進而貫徹理念才是實驗教育最關鍵的挑戰，但這卻往往是辦學最困難的問題。

近年來實驗學校蓬勃發展、熱鬧不已，難道家長不懂這個道理？實驗教育到底是在「實驗」什麼？若從實驗的理解出發，參與實驗教育的孩子不就是被拿來「試試看」？而在實驗期間還要父母對學校信任，也要求教師必須改變原本熟悉的教學工作邏輯與方式，更一直要父母和教師要有耐性不能急，因為教育實驗必須經過長期的時間歷程，成效才能被看見。

問題是，萬一有錯，怎麼再改？

如果孩子的學習就像工廠加工品一般，在流水線標準化的工作模式裡，孩子就是原物料，教師就是作業員，學校的主任及校長就是品管員與經理人，主管機關就是工廠運作的廠辦督導與資源分配者。家長成了站在工廠外部等候工廠加工、生產製造產品出來，然後買單的消費者。

精明的消費者當然會對工廠的作業流程及生產方式說三道四，對品管嫌東嫌西。整座工廠為了滿足消費者的需求與潮流，為了符應廠辦督導的規約和績效以獲得酬賞，所有的目光焦點不再是「原物料」，工廠早已遠離教育的目的。

但事實上，我們應該把焦點放在這塊最重要的「料」上面。

每一塊料都不一樣，因為孩子有各自不同的秉性與面貌，根本就不適合用流水線、打磨灌漿般產出一致性的物件。孩子的學習與成長歷程從來不是工廠流水線加工的線性發展，比較像是手作藝術或園藝家手中的作品，透過藝術家的慧眼及工藝，回到每個孩子不同的天賦和狀態，看見這塊料的質地與潛力，經過藝術家們研議討論、設計規劃、打磨成型、拋光亮澤。重點並不是達成藝術家心裡想要的成品，而是根據這塊料所能展現的狀態與姿態，讓孩子參天化育成形。

實驗教育沒有白老鼠。

當我們澈底明白，實驗這個概念以及實驗對象這件事，原來，實驗對象根本不是孩子，而是家長與教師。但家長與教師並不是白老鼠，因為實驗教育的實驗所要「試試看」的方式，其實是我們一直以來根深蒂固對孩

子成長學習的預設、對學校存在的功能與效果。

最根本的則是對教育的價值觀。

當我們開始明白實驗教育裡關於實驗這件事，我們就有機會帶著孩子認識自己、找到自己的學習與成長。不過，這是件冒險的事，充滿不確定性與實驗性。說得更簡單：實驗教育就是要學生「記得我自己」、要教師找回「我是老師」的初衷、要家長回想起你（妳）孩子出生的那一刻。

還有政府。

因為政府最容易忘記，教育就是教育，教育不是工具。

教育就是目的。

我們的目標就是透過實驗教育的歷程，把「實驗」這兩個字拿掉。

教育就是要教育的樣子、回到教育的本來面目。

第四節

本書的章節鋪陳

本書是一本站在關心我國實驗教育現狀及發展的第一線教育工作者、學術研究者、中央及地方教育主管機關，以及所有關切如何為子女的教育選擇做出合宜判斷的爸媽，甚至是輿論媒體在公共利益的角度考量，提供從實踐經驗反思及學理論述層次見解的教科書。因此，章節安排上特別著重以讀者的角度來探討實驗教育各種內涵元素。

本書共計 12 章。**第 1 章「實驗教育的本意」**從綜觀的角度切入實驗教育在教育理論、實踐經驗與宏觀政策回應的角度下，呈現實驗教育的真實本意。**第 2 章「實驗教育的基本概念」**探討實驗教育的意涵、理念、實務運作特性與價值，並且考察我國實驗教育的發展概況及範疇，讓讀者鳥瞰式地掌握與理解。**第 3 章「實驗教育的法規與制度」**，首先探討直接指涉實驗教育運作的法令規範，接著討論各級政府在推動實驗教育時扮演的角色。同時介紹各型態實驗教育的審議機制，並論述實驗教育法制的發

展方向。**第4章「實驗教育的各種辦理型態」**清楚呈現了學校型態實驗教育、委託私人辦理實驗教育及非學校型態實驗教育的概況，同時也提出實務現場的觀察與分析，認為此階段正是我國實驗教育發展的重要分水嶺。

　　第5章「實驗教育的課程、教學與評鑑」與**第6章「實驗教育的教師專業發展」**，這2章以比較特別的方式呈現。筆者捨棄輪廓條列要點式的介紹，轉化為專論的角度，從學理及實踐歷程加以反思論述。針對課程、教學與評鑑，從類型學的映照反思此議題的焦點，實為如何釐清實驗教育的課程、教學與評鑑的實踐內涵。直指對於實驗教育的課程、教學與評鑑，理解和實踐最關鍵的問題就是：不斷地追問「做什麼前先問自己，為了什麼要這樣做」。至於教師專業發展，筆者開宗明義地宣稱對此議題的探究思考應該轉向為「人我互動的演化歷程」。也因此，教師專業發展即成為教師的歷程，是一種「未竟之業」、永遠追尋實踐的長征。

　　接下來的3章，則呈現了教育現場的各種實驗教育的辦學理念及實踐經驗類別。雖然不是百科全書、窮盡式的論述，卻涵蓋目前國內外教育現場最為常見的類型。**第7章「常見的實驗教育理念」**包含了「華德福學校」、「蒙特梭利體系」、「耶拿計畫」、「本土另類教育」及「原住民族實驗學校」。**第8章「跨年級混齡式的教學實驗」**，此一具備實驗性、探究性的教學方式，回應目前我國因少子女化造成各級地方政府與學校辦學壓力，尤其因長久以來我國採班級制與小型學校運作的困境，介紹了跨年級混齡式教學實驗的重要概念，更聚焦在「教師協同模式」，並為此模式提供前瞻性的觀察。**第9章「各國的實驗教育」**則從如何探究各國實驗教育的角度出發，介紹了歐美及東亞各國的實驗教育，在考察國外實例之後，從在地的視角反思臺灣實驗教育在世界中的位置，提出深刻的反省與期待。

　　第10、11章則是邀請了四所深具代表性的學校或機構，敘寫自身的實踐案例經驗。這四個單位同時含括了「實驗教育三法」當中不同型態，足以彰顯實驗教育在臺灣的發展概況。分別是**第10章的「實驗教育案例（一）：學校型態實驗教育」**，描述了臺北市和平實小以及臺南市虎山實

小的辦學運行。和平實小是全新籌設且非常受到眾人關注的實驗國小，虎山實小則是轉型發展相當成功且具代表性的生態學校，這兩所學校分別具備了高度的指標性和參考價值。**第 11 章的「實驗教育案例（二）：公辦民營學校及實驗教育機構」**中的宜蘭縣岳明國小，是全臺第一所由公立國小轉型為公辦民營的實驗學校，其辦學的教育理念及課程教學等實務內涵，尤其是轉型為公辦民營的經驗，展現了實驗教育深具創新動能與發展機會。小實光實驗教育機構則是位於臺北市都會區的「非學校型態實驗教育機構」，不僅在辦學理念的主張、課程教學的規劃執行、辦學績效實地的訪視及評鑑，在臺北市「非學校型態實驗教育」生態裡都頗受肯定，也值得讀者參考。

終章「實驗教育的課題與未來展望」作為本書的結語，自當從實踐經驗反省和理論推究考察，提出實驗教育現階段遭逢的課題，並且嘗試從幾項角度提出思考方向與解決策略。同時，本章也對我國實驗教育展望，從編著者的位置提出深切期許：實驗教育是創造未來的教育新典範。

第 2 章

實驗教育的基本概念

　　教育要能創新與永續發展，需要配合社會的變遷與學習者的需求不斷改進，其中，實驗教育已成為一項現代教育革新的先導試行模式。實驗教育的推動不但可以滿足學習者的多元學習需求，其以先進的思維從局部開始改變，最後更可以擴大成為教育領域全面改革的導引，帶動整個教育體系的發展。我國自1990年代後期鬆綁法規、開放家長可自行教育子女起，異於正規教育體制的另類教育理念，在有志人士努力下已逐步擴大社會的接受度，復以實驗教育相關法源於2014年底立法通過後，更開啟了公私立學校或個人、團體、機構辦理實驗教育的新頁。

　　從另類教育發展到成為今日受矚目的實驗教育，一些原本引自國外的實驗教育的理念，在本土環境中經過不斷的適應、淬鍊與轉化，復結合一些對傳統價值、回歸教育本質等理念的倡議，讓實驗教育的發展綻放出多元的樣貌，漸次成為追求教育創新的代名詞。

　　要了解實驗教育所展現的豐富性，首先應對實驗教育的理念與價值有初步的認識。因此，本章將先闡述實驗教育之核心概念，再介紹我國實驗教育的發展狀況，最後，探討實驗教育的射程，也就是被納入實驗教育範疇，或受到重視的相關議題涵蓋範圍。

實驗教育的意涵

　　本節主要說明實驗教育的意涵。首先，透過對實驗教育的解釋對其進行界定，其次根據實驗教育之定義，比較國際上代表實驗教育精神之相關專有名詞。最後，再從論述另類教育的導入與發展中，探討我國實驗教育的起源。

 實驗教育的定義

　　實驗教育，在英文上可先行譯為 experimental education，它承繼另類教育（alternative education）的精神而來，也帶有在獨特教育理念下進行教育創新的理想。然而，使用「實驗教育」一詞來概括代表體制化後的所有另類教育、理念教育、適性教育及創新教育，在範圍界定上卻不見得完全符合上述教育理念的定義。其次，由於在另類教育法制化前，「實驗」一詞已存在教育領域中許久，因此，當利用「實驗教育」代表另類教育、理念教育或創新教育時，若不完整闡述其概念，便極易與「教育實驗」混淆。也就是說，在未找到可以更精準、可整合另類教育精神以及體制化後的理念教育與創新教育色彩，且能取代「實驗教育」一詞前，仍有必要將「實驗教育」的詞義做一明確的界定。

一、實驗的定義

　　中文的「實驗」一詞，依《教育部國語辭典簡編本》之界定，係有兩項定義（教育部國語辭典簡編本，2021）：

　　（一）科學上為了要明瞭某種現象或驗證某種假設、理論，用各種方法反覆試驗，並觀察其變化。

　　（二）為明瞭某種現象或理論，用各種方法反覆試驗的過程。

　　日文將「實驗」界定為：在自然或社會科學的研究中，將所建構的假

設或既存的理論以實際的做法檢視是否爲眞。實驗包含「規範性實驗」與「設計性實驗」兩種類，前者是用以檢證理論或原理，以理解知識，後者則強調學生的實驗設計能力或問題解決能力（日本大百科全書，1994/2014）。

英文的 experiment 字義，《劍橋辭典》（Cambridge Dictionary, 2021）將其定義爲：

（一）a test done in order to learn something or to discover if something works or is true（爲了學習某些東西或發現某件事情是否有效或爲眞而進行的測試），或是：

（二）to try something in order to discover what it is like or find out more about it（嘗試一些東西以發現它的樣貌，或了解更多相關訊息）

由中文、日文與英文對「實驗」一詞的界定，可以了解三者對「實驗」的看法大致相通，亦即「實驗」必須是依照科學原理並透過觀察、假設與驗證的程序找到事物、現象的本質者，才可稱爲實驗，實驗也是用來檢證某種假設、現象或理論是否爲眞的反覆試驗過程。

二、教育實驗 vs. 實驗教育

教育學門中的「實驗」一詞，有各種不同的定義。例如教學實驗係指導入某種改進教學的計畫／方案，並試圖從中發現增進教學效能與學生學習成就的做法；而教育研究上的「實驗」，則指利用科學研究的方法，例如前測與後測，透過操弄變項去檢證教育方案的效果。一般來說，教學實驗皆屬於比較局部的、小範圍的教育實驗計畫，例如以學科領域作爲改進標的，如美感教育、數位學習、分組合作學習……等，也有以教育制度作爲實驗者，例如小班小校、日本的九年一貫制學校、四學期制等（林雍智，2015a，2015b，2016），這些都可歸類於方法論（methodology）的範疇中，這些實驗通常也會冠以「○○實驗」一詞作爲代表。除上之外，也有以哲學方法，例如邏輯、辯證等方法去探究教育的本質及目的之實驗，例如翻轉教育等。

　　以「學校」作爲實驗單位者，目前國內已有多所由師資培育大學附設的實驗國民中學、國民小學或幼兒園，其爲依《國民教育法》第 19 條之規定，爲辦理國民教育各項實驗、研究與提供教學實習所設置的實驗學校，其起源可溯自日治時期（1895-1945）。這些在名稱上帶有「實驗」兩字，且具有悠久歷史的學校皆屬於「教育實驗」的範圍，與「實驗教育三法」所界定的「實驗教育」意涵並不相同。

三、實驗教育

　　「實驗教育」一詞並非在用以界定「另類教育、理念教育或創新教育」才出現的新詞。早在 20 世紀初，德國學者 W. A. Lay 與 E. Meumann 就已提出使用嚴謹的自然科學實驗方法進行教育的概念。他們將這種新概念定義爲「實驗教育」（experimentelle pädagogik/experimental pedagogy），Meumann（1862-1915）又被尊稱爲實驗教育的創立者，Lay（1862-1926）則是德國與國際上的實驗教育學代表人物，兩人倡導以自然科學實驗法研究兒童心智發展與成長，例如以觀察、統計和實驗的科學方法進行（Hopf, 2004）。Meumann 認爲實驗教育的工作領域非常廣泛，除對兒童的調查外，還包含教育工作本身的研究、對物質教育手段的研究、對教育問題與學校組織的研究（Pedagogía México, 2014, Aug. 30）。我國另類教育的發展與隨後對「實驗教育」的定義亦受到此理論的影響，然而我國相關法規在界定現行的實驗教育上，更強調：(1) 另類教育方法；(2) 教育多元與鬆綁；以及 (3) 教育創新與發展特色。因此，在定義及內涵上，仍與上述 Lay 與 Meumann 所提倡的實驗教育本質有所不同。

四、「實驗教育三法」中的實驗教育

　　要準確爲現行國內所指的實驗教育定義，不能單憑另類教育的概念或者著墨於「實驗」字義上派生，國外以實驗教育爲名的教育方法論，亦無法完整代表實驗教育之意義及其內涵。實驗教育的明確意涵，必須回到法規定義上探求。

　　法規對實驗教育的定義，分布於《學校型態實驗教育實施條例》與《高級中等以下教育階段非學校型態實驗教育實施條例》兩條例中。《學校型態實驗教育實施條例》是規範辦理實驗教育之學校的主法源，在該條例的第 3 條中規定：

　　　　本條例所稱學校型態實驗教育，指依據特定教育理念，以學校為範圍，從事教育理念之實踐，並就學校制度、行政運作、組織型態、設備設施、校長資格與產生方式、教職員工之資格與進用方式、課程教學、學生入學、學習成就評量、學生事務及輔導、社區及家長參與等事項，進行整合性實驗之教育。

　　由該條文可以得知，學校型態的實驗教育必須依據「特定教育理念」，並以「學校」為範圍，從事教育理念之實踐工作。該條文也提到實驗教育可以從事之事項有學校制度、課程教學、學習成就評量等，但必須以整合性方式進行，而不是單一教育事項的局部實驗。

　　至於「非學校」型態的實驗教育，由於承繼自另類教育時期的各種民間教育單位，涵蓋範圍乃較學校型態更為廣泛。非學校型態的實驗教育之定義，亦可從《高級中等以下教育階段非學校型態實驗教育實施條例》第 3 條之規定得知。該條例第 3 條之規定如下：

　　　　本條例所稱非學校型態實驗教育（以下簡稱實驗教育），指學校教育以外，非以營利為目的，採用實驗課程，以培養德、智、體、群、美五育均衡發展之健全國民為目的所辦理之教育。

　　由本條文可知，民間教育單位所推動的非學校型態實驗教育，係以「實施實驗性課程，培育五育均衡發展之健全國民」為目的所辦理之教育。由於民間教育單位並非《國民教育法》及《高級中等教育法》中所論及之學校，因此在辦理上不受針對學校設計之各種法規所限，其辦學空間

更具彈性。

　　綜合二法源對實驗教育的定義，從其法定意義來看，實驗教育應具備特定教育理念，且辦理上也應以非營利（nonprofit）為目的，進行各種整合性的實驗。依此而言，實驗教育之意涵可以界定如下（吳清山，2015）：

　　　　實驗教育係指個人或學校基於特定教育理念，從事各種實驗性的教育，發展更具彈性、多元的課程、教學和評量，以符應學生個別需求，幫助學生有效學習。（吳清山，2015，頁 3）

貳　國際上代表「實驗教育」的專有名詞

　　如同前述般，「實驗教育」一詞既為我國獨自定義之專有名詞，其意涵包括另類教育、理念教育及創新教育的各種實驗，已成為一個涵蓋多義、多面向的新詞。然而，國際上稱呼實驗教育，並非用「實驗教育」或「experimental education」一詞概括之，國際上提及實驗教育相關議題時，係依照「型態、模式」或「辦學特色」兩項特徵，選用合適的代表詞彙。

　　依型態、模式所做的定義上，國際常使用的名詞為 alternative education（另類的）、non-traditional education（非傳統的）、non-conventional（非慣例的）或 educational alternative、non-standard education（非標準的）。其中，以 alternative education 最常被使用，加上「alternative」一字的教育型態，代表了「非傳統的教育」、「可選擇性的教育」，亦可譯為代替教育，我國將其譯為另類教育；中國譯為「選擇性教育」；日本依照外來語譯文原則，將 alternative education 直譯為「オルタナティブ教育」；至於南韓，則譯為「代案教育」（대안교육）（永田佳之，2005；주은희，박선희，2009）。

　　如果要強調實驗教育的哲學思想或是教育方法特色，則實驗教育有時也會被稱為「真實教育」（authentic）、採全體視野觀的「全人教育」（holistic），或是「進步教育」（progressive）。不過，這些用語雖凸顯了模式特色，但以全體來看仍較 alternative 一詞的意涵狹隘。

　　若直接以辦學特色稱之，則國際上各種具備特別教育理念的辦學單位名稱，皆可代表實驗教育的部分特徵。本類別還可以再區分為以下兩項：

　　（一）相異於正規教育（formal education）體制的新教育思想：例如蒙特梭利教育、華德福（史代納）教育、耶拿計畫（Jenaplan）、佛賀內（Freinet）教育等。也有一些透過設立學校展現其教育思想者，例如英國的夏山學校、美國的瑟谷學校（sudbury school）與特許學校（charter school）等（秦夢群，2015）。

　　（二）以「接濟恐懼或拒絕到學校上學者」或是「支援在家教育者」的體制外教育單位：自由學校（free school），或基於各種原因所採行的「在家教育」（home schooling）等 （註一）。

　　由於在對外國介紹臺灣的實驗教育時，若直接使用我國所稱的「實驗教育」，或是「experimental education」一詞，聽者必定難以在一時之間心領神會（市川美亜子，2019a）。為增進其理解，現階段在闡述上，仍宜根據欲介紹之標的，依其「型態、模式」或「辦學特色」選用適當的代表詞彙，或以 alternative education 做概括性的定義。

參　我國實驗教育的起源：另類教育的導入與發展

　　我國今日實驗教育的發展，可以說是在另類教育的茁壯下取得的果實。另類教育一詞有「非主流」的意義，亦有「替代」的意義（唐宗浩、李雅卿、陳念萱，2006），其係指提供學生在主流學校教育以外的其他教育選擇，透過不同的學習方法、教育場域，讓學生有更多的選擇機會，以架構其完整的受教生涯。

　　由於另類教育在國外百年的發展脈絡下，產生各種型態的教育模式與

教育理念。受到國外的影響，我國在 1990 年代開啟教育改革之際，也將國外的各種教育模式介紹至國內，使另類教育在臺灣開始萌芽。

　　從引進我國，到「實驗教育三法」立法爲止的這段期間，另類教育的發展大致上可區分爲兩個顯而易辨的階段：

一、導入期（1990-2000 年）

　　本階段的發展期間，約爲 1990 至 2000 年之間。此階段亦算是另類教育在臺灣的「興學期」（劉若凡，2015）。本階段的特徵在於小規模的教育實驗陸續在全國各地展開，例如在家自行教育、種籽學苑、全人教育實驗等。這些案例部分透過地方政府的行政命令辦理，但大部分仍須自覓場地。此階段的另類教育，由於國家並未賦予法源支持，且「國家教育權」觀念的鬆綁速度仍未跟上另類教育的發展速度，故另類教育也被稱爲「體制外」的教育。不過，受惠於教育的民主化，另類教育在本階段已獲得少數地方政府支持，取得了有限的合法辦學空間。

二、成長期（2000-2010 年）

　　2000 年前後，是國內教育發展上極爲重要的關鍵年代。《教育基本法》於 1999 年公布，將教育權的主體由國家還給了人民，並強調學習權的地位。該法也明定了「政府及民間得視需要進行教育實驗」的條文。2000 年亦是第一次政黨輪替的一年，隨著在野黨在地方執政期間對另類教育的包容，上台後亦陸續修訂了相關法規，讓另類教育取得更大的發展空間。長期研究臺灣教育民主化運動的日本學者篠原清昭（2017）曾提到，政治上的民主化成爲臺灣教育民主化的引爆劑，但教育民主化下的結果透過教育運動的展現，亦反過頭來再次促進政治民主的深化。若將本階段另類教育的發展視爲是一個接續今日實驗教育的轉接期，則此時法規、自治條例的頒訂及辦理案例規模的擴大（例如宜蘭縣的公辦民營學校風潮）等，確實導引了實驗教育的成長。

第二節

實驗教育的理念

實驗教育係依據特別教育理念，透過可選擇性的教育模式提供學生適性的學習環境，其目的在於協助學生有效的學習並開展完整的人格。實驗教育理念可彙整為下列四項，茲先說明，後再比較實驗教育與傳統教育之差異。

 ## 突破傳統思維與現行體制的框架

傳統的正規教育，謹守著制度設定時的各種框架，並以效率性、整體性為名，傳遞教育是用來培育合格公民的「國家教育權」思維。在此思維下，一致性、規律性、服從性（管理主義）主宰了整個教育系統，並使各種教育制度（例如學制、學校制、學期制、班級制、授課時間數）、課程與教學（例如課程標準／綱要以及審定本教科書）、學生評量等運作趨向一元化。此種傳統思維更配合各教育法規的交織規範，形成環環相扣的複雜教育體制。

實驗教育的理念，從另類教育發展時代起，便急欲透過更民主的、更有彈性的思維打破上述現行體制的框架。在多元社會的深化發展下，實驗教育所標榜的多元、彈性、自由、開放，也成為突破傳統思維的信念，帶來教育發展上的突破，特別是教育改革推動迄今超過 20 年，所帶來的變革成果仍受到不少質疑，實驗教育乃成為不願受傳統思維與體制束縛者之選項。

重新界定學校教育的發展定位

保障義務教育的品質，使其能達成教育機會均等理念，不因地區、種族、財政因素而在品質上有落差為政府應盡之義務。然而「均質」的思維亦是造成學校全面平庸化之主因。傳統的學校教育，受法規之嚴格規範與

財政之限制，在革新上無法立即拋開既有束縛，只能做局部的嘗試。政府雖鼓勵學校建立發展特色來提升存在價值，然學校所能施展的力道仍有侷限。

學校型態實驗教育帶來的創新空間，可以讓學校排除部分重點法規的限制，在制度、行政運作、課程教學、評量等項目上進行幅度更大的創新。倘若實驗學校可以獲取成功經驗，則該經驗即能成為正規學校改革上的典範，進而重新界定未來學校教育的定位。另外，由於學校進行的實驗較民間教育單位更具規模，因此其經驗亦可提供民間教育單位參考。

參　尊重孩子的個別性向與學習自主權

實驗教育根據孩子的個殊性與學習自主權，提供選擇學習模式的機會，此為正規教育缺乏的彈性空間。實驗教育亦提供家長為其保護的子女選擇最適教育模式的機會，家長可以為孩子的興趣與學習需求，從各種不同教育理念的實驗教育單位中，選擇最適合孩子的學習方式（秦夢群，2015）。

實驗教育單位由於課程設計與教學方法更有彈性，孩子可以在少人數及共同學習目標的引領下進行學習。學習進度、評量方式也較正規教育更加多樣，因此可將學習的自主權還給孩子，發展孩子的潛能。也就是說，實驗教育鬆綁了學齡孩子依法必須「就『學』」的規定，將這個被限定為「學校」的「學」字還給孩子，成為「就『學習』」。另在針對恐懼或拒絕上學孩子所準備的「自由學校」中，實驗教育則解放了孩子對於學校的刻板印象，透過各種柔性的安排，找回孩子的學習意願。

肆　反思教育本質、找回人的尊嚴

在討論教育原理時，人的發展與社會的發展路徑不必然是相符的，兩者之間有可能是乖離的、價值衝突的。不同學派雖然對「教育的本質為人」大致上皆有共識，但在目標和手段上則有差異，而對於如何將「人」

作爲教育的主體產生不同的主張。例如傳統教育雖標榜五育均衡，然而受社會現實的制約，長期以來也出現了以考試領導教學，以智育凌駕四育的弊端。

　　實驗教育的出現，正可以提供教育者和家長反思教育的本質。不論何種型態的實驗教育，其理念都提供了找回教育本質的線索，儘管不同的實驗教育對教育目標的詮釋，對「五育是哪五育？」「什麼是全人教育？」有著各自梳理的脈絡，但他們對於反思教育本質、找回人的尊嚴仍是有所堅持的。於是，實驗教育帶來了重新思考教育圖像的機會，更帶給我們對人的尊嚴與學習價值的認識，其不僅協助孩子追求幸福權，也促進了教育的正向發展。

伍　實驗教育與傳統教育的比較

　　實驗教育依據其教育理念與突破傳統體制的思維，在進入體制之內後，已成爲一種新興的典範。實驗教育的發展是針對正規、傳統教育的反思而來，兩者間必然會在教育宗旨、思考脈絡、願景任務、教育實施上有所不同。吳清山等人（2016）曾以 10 個面向比較實驗教育與傳統教育的差異，歸納出如表 2-1 所示之異同。不過，在關注兩者間的差異時，亦須注意到取向的不同並不一定可直接連結至成效的優劣，孩子適合與否、制度框架與配套措施是否齊備，還有家長期望等因素，亦可能影響最終成效的展現。

表2-1　實驗教育和傳統教育之異同

類別	實驗教育	傳統教育
教育理念	以學生為中心	以教師為中心
體制	多元	一元
課程	鼓勵自行設計或借用特別教育理念之課程	遵循國定課程（課程標準/綱要）
教科書	自編教材	偏重審定版教科書

類別	實驗教育	傳統教育
教學	多樣化	偏重講授
學習編組	依課程需求功能性編組 / 混齡編組	同年齡班級編組
學習評量	彈性自主	遵守全體規範
師資來源	不必完全具備教師資格	具備教師資格
教學場域	家庭或其他場域	以學校為主
辦學績效	個別化	標準化

註：修改自吳清山、劉春榮、林志成、王令宜、李柏佳、林雍智、吳雪華、余亭薇（2016）。**實驗教育手冊**（頁4-5）。教育部國民及學前教育署委託計畫成果報告。

　　由上表可知，實驗教育更尊重自由、選擇與彈性，其核心價值來自於特別的教育理念。另一方面，傳統教育的特色是以團體施教、標準化教育實施作為規範，在該規範下課程、教學、評量等都須有一致性。因此，若將實驗教育與傳統教育之間，對比為「適性主義」vs.「管理主義」，亦能傳遞兩者相異的概念。然而，這是一種價值上的選擇，一個孩子在不斷推進的時間軸線上無法同時選擇兩項模式，是非對錯、成功或失敗亦往往牽涉更多因素。在《教育基本法》及相關法規賦予人民興學自由與人民為教育權主體的前提下，家長和孩子要選擇傳統教育或是實驗教育，其意願應被尊重。

第三節

實驗教育的特性與價值

　　實驗教育以更符應孩子個別需求的理念，突破傳統思維與現行教育體制的框架，試圖重新界定教育的本質與應然的發展方向。也因此，實驗教育就具備了一些以下敘述的特性與價值。

壹　實驗教育的特性

　　依據實驗教育之定義與相關法規對實驗教育內涵之界定，可以歸納出實驗教育具備以下四項基本特性：

一、理念性

　　實驗教育必須基於特定教育理念推動。所謂「特定」的教育理念，係指根據對孩子身心發展之相關理論與教育學中各種理論依據所形成的價值觀，研訂出課程、教學與評量模式並進行實驗，以實踐教育理念。在案例上，英國的夏山學校、日本的緒川小學（成田幸夫，2016）、南韓的以友學校（김주현，2007）等，都具備特定的教育理念與價值觀。

二、多元性

　　辦理實驗教育的單位和方式，相當多元。公立、私立學校，民間的個人、團體、機構等單位皆可以辦理實驗教育。在辦理上，即使是基於相同的教育理念，但風格與做法亦可以因地、因人制宜。由此也衍生出在課程設計與教學實施上的豐富樣貌。

三、鬆綁與彈性

　　推動實驗教育的可行性，來自於對正規教育的鬆綁，因此法規也明訂了實驗教育可以透過排除一些既有法規，取得更寬廣的辦學空間。另外，在實驗教育實施的過程中，亦可以針對學生的需求，靈活運用各種教育方法，也就是說實驗教育較正規教育可施展的幅度更大，實驗內涵等機制變換的週期也更短。

四、個別性

　　實驗教育較正規教育更重視個體的需求。這種觀念反應在課程設計、教學實施與學習評量中，例如實驗教育更傾向不以紙筆測驗評定學生成績，而改以實作、展演、團體互動等方式，促進學生依照興趣和志向進行個別化、個性化的學習。

實驗教育的價值

實驗教育的核心價值，在於其係在特別教育理念的引導之下，對孩子的需求更為尊重，且能透過各種多元、彈性的做法提供孩子適性的教育。吳清山等人（2016）認為實驗教育彰顯了「促進教育創新動力」、「增進教育多元發展」、「提供家長教育選擇」與「保障學生受教權益」的時代價值；林錫恩等人（2018）認為實驗教育的價值有「提供主流體制宰制的反思」、「看見適性學習期待的真實」、「營造適切體驗情境的系統」與「連結教育理想追尋的動能」四種；馮朝霖（2015）則歸納實驗教育的普遍價值，包括：「彰顯孩童的真實圖像」、「洞察孩童的遊戲天性」、「珍惜孩童的內在自發性」、「重視學習的人權價值」、「實踐教育的民主責任」、「進行學校的文化反思」、「肯定教師的轉化角色」、「鼓勵親師的合作創造」、「開顯教育的美學意涵」等。

概覽上述看法，本書將實驗教育的價值綜合整理為「**反思體制教育、創新教育發展**」、「**重視普世人權、提供學習選擇**」、「**適性教學、自主學習**」及「**促發學校革新、提升教育品質**」四項。這些價值的彰顯，也是實驗教育為何吸引關注，成為一種當代教育思潮的主因。

第四節

我國實驗教育的發展概況

以實驗教育在我國發展近 30 年的期間來看，可以根據不同時代（時間點）的特性，將整個發展階段區分為六個各自具有不同特色的時期（林雍智，2016 年 10 月 14-15 日）。以下說明之。

萌芽期（1996 年以前）

　　此一時期的時間範圍，與另類教育的導入期（1990-2000 年）在時間上有重疊之處，吳清山（2015）將本階段稱為「醞釀期」。然而以「實驗教育」的發展來看，1989 年是人本教育基金會提出森林小學設校計畫的時間點，此為國內開啟體制外實驗教育的出發點。當時由於法令的限制，使得設校過程歷經艱辛，民國 82 年（1993 年）還被臺北士林地檢署以涉嫌違反《私立學校法》，未經立案招生為由提起公訴（後經法院判決無罪）。

　　本時期另一個辦理實驗教育的案例，是全人教育實驗學校於 1995 年的設立。該校設於苗栗縣卓蘭鎮內灣里大坪頂山區，在 1996-1999 年間，屢次遭到建管、農業單位取締、裁罰與斷水斷電處分，此時的民間與民意機關對其雖表示同情，但因無法律依據，該校的設立問題須等到《教育基本法》立法通過之後，才獲得圓滿的解決（註二）。

　　本時期，家長也表達了「在家『自行』教育」子女的意願，但是這種「自行」教育，亦牴觸相關法規，不得其門而入。此時能獲許可進行「在家教育」者，僅有障礙類別在中重度的特殊兒童，其他一般兒童的在家自行教育，並不在法律允許之範圍內。

 試辦期（1997-1999 年）

　　1997 年以後，政府對待體制外教育的態度開始緩和，相關法規雖仍不允許設立體制外學校，但也不嚴格取締。另一方面，臺北市一些家長一方面透過「與市民有約」向市府陳情，一方面透過向市議會表達辦理在家自行教育的意願，終於得到善意的回應。1997 年，臺北市政府教育局擬定《臺北市八十六學年度國民小學學童申請在家自行教育試辦要點》，開始實施在家自行教育。

　　時任在家自行教育指導教授的吳清山回憶，當年有五位國小一年級學生提出申請，其中一位後來中途回校就讀，他和前臺北市立教育大學林天

祐校長受教育局邀請，進行學生輔導工作。一年之後，試辦效果經評估良好，可以繼續辦理，於是第二年又增加了五位學生。此模式後經媒體報導，陸續於臺北縣、新竹縣、桃園縣、花蓮縣展開試辦，並一直持續到1999 年（吳清山等人，2016）。

法制期（1999-2000 年）

本階段《教育基本法》的立法公布，無疑是實驗教育推動上重要的灘頭堡。《教育基本法》確保了人民興學自由與進行教育實驗之權利，大大的提升了另類教育朝向體制內教育發展的動能。

本階段中，體制外的學校紛紛成立，選擇在家自行教育的人數也越來越多，此現象也造成了教育行政機關改變了執法觀念，政策上從過去的消極性防堵，朝向積極性的輔導方向作為。此時期又逢《國民教育法》的修法工作正在進行，為使這些另類教育合法化，因此透過朝野協商方式將其納入修正條文中。

然而，這些類型的教育實難以用一個特定名稱予以概括，因此採取較為籠統的名稱，即「非學校型態的實驗教育」，將體制外的各種學校，包含理念學校、在家自行教育、自主學習實驗等名稱都包括進來。修正後的《國民教育法》第 4 條增列第 4 項：「為保障學生學習權，國民教育階段得辦理非學校型態之實驗教育。」法律修訂通過後，各縣市乃分別訂立各種實施辦法，使非學校型態的實驗教育開始有了法源依據。

將體制外教育、另類教育以非學校型態的「實驗」教育予以概括定義，原本可能係在思維上認定此類型的教育，充其量也只是「實驗、實驗看看」而已。這樣的詞彙選擇，或許也連結到了今日外界在論及實驗教育時會提到的「教育能『實驗』嗎？」等批判，又或許實驗教育的辦學者根本上對辦學的認知是「理念」，也是「教育應有的本質」，根本不認為是實驗，但無論如何，回首本階段法制化的經過，確實是實驗教育發展上的里程碑。

成長期（2000-2014 年）

　　本階段的特徵亦符合另類教育發展的成長期（2000-2010 年）特徵。本階段中的在家自行教育與體制外學校的實施，皆已取得法律依據，參與各種實驗教育的件數與人數越來越多，其範圍也涵蓋了北部（例如臺北縣的種籽學院、宜蘭縣的慈心華德福實驗國民小學、公辦民營的人文國民小學）與中部（例如臺中的磊川華德福學苑）。

　　本階段的另一項特徵是，體制外教育隨著在各地紛紛展開的辦學活動，也取得了過去未曾關注過這種教育模式的家長青睞，例如宜蘭的實驗學校，也吸引了來自臺北的家長，為讓子女就讀而遷居到該縣，並在北宜高速公路的雪山隧道通車之後（2006 年）更擴大此趨勢。體制外教育也因本階段的成長，取得了在國內教育市場上的一定空間。實驗教育單位在「實驗教育三法」立法通過後隨即出現大幅度的成長，就是在本階段所累積下的動能。

伍 精進期（2014-2018 年）

　　實驗教育的骨幹法律，原本係由《國民教育法》及《高級中學法》的修法與各種授權命令所包攝，然而在實施上，卻很難突破中央法規的規範，許多相關的法令規定，也限制了實驗教育的發展空間。因此，自上階段以來，從事實驗教育工作者，便紛紛建議訂立專法，使實驗教育獲得更明確的保障。

　　「實驗教育三法」即在上述的背景下，於 2014 年 11 月 19 日制定公布。法律的公布，使實驗教育朝向一個全新的發展方向前進。一來，它是「後立法」的特別法，並且規定可以視辦理實驗教育的需要排除相關特定法規，擴展實驗教育的彈性空間；二來，除了原有的非學校型態實驗教育和委託私人辦理學校外，亦加入了公立學校辦理實驗教育的規定，使得本階段以來，公立學校辦理實驗教育在數量上大幅的增加；三來，「實驗教育三法」公布後，隨著媒體的報導，許多縣市開始將實驗教育視為教育創

新的好方法，因此在政策上亦開始有更積極的推動作為。

轉折期（2019 年—）

自「實驗教育三法」於 2018 年修訂，進一步放寬實驗教育的辦理比例後，隨著各型態實驗教育的強勁發展，實驗教育已經進入一個可謂是「轉折期」的發展階段。

進入 2019 年後，隨著大量出現不同型態的實驗教育辦學案例，整個社會開始關注實驗教育的內涵與學生的成果表現。此時期的實驗教育展現的特徵是：(1) 師資培育大學開設課程，培育推動實驗教育之學校主管；（例如臺北市立大學的實驗教育與創新學分班），以及將來有意從事實驗教育之師資生（例如國立臺北教育大學之實驗教育學程）；(2) 許多以實驗教育為名，但實際上是用來回避被裁併的學校紛紛出現；(3) 實驗教育單位開始接受法制化後的第一次評鑑；(4) 體制化後接受實驗教育的國小學生，面臨升學轉銜之需求，因此地方政府亦開始急設實驗國中、實驗高中（或實驗完全中學）因應。

本階段的實驗教育取得了量的快速成長，例如 2019 年的參與學生數已達到 2 萬多人，學校型態的實驗教育也增加至 90 餘所，公辦民營的學校增加至 11 所，更出現了私立實驗學校（臺中市磊川華德福實驗教育學校）（教育部，2019）。但在量的增長之外，質的確保仍未成為本階段的話題焦點。本階段能走多久，將視整個實驗教育辦理單位數的消長，以及個別特定教育理念是否經得住教育市場的汰劣留良而填上終止的時間點。

為便於區分上述六個實驗教育發展階段，本章以圖示方式，呈現於圖 2-1 處。

圖 **2-1** 我國實驗教育的發展階段

1. 萌芽期（1996 年以前）　2. 試辦期（1997-1999 年）　3. 法制期（1999-2000 年）　4. 成長期（2000-2014 年）　5. 精進期（2014-2018 年）　6. 轉折期（2019 年-）

註：引自「**實驗教育計畫的擬定**」簡報（頁 9）。林雍智，2019 年 3 月 26 日。臺北市政府教育局實驗教育與創新學分班，臺北市立大學，臺北市。

第五節　實驗教育的射程（範疇）

當實驗教育法制化後，經由定義、理念與價值的界定，它的射程（關心的範疇）已變得更為明確。對實驗教育的看法，也從過去「體制 vs. 非體制」、「正規 vs. 另類」的二元對立論，轉變為實質議題上的探討。這些射程將擴充實驗教育的理論與實踐基礎，豐富其內涵。實驗教育的射程，可用行為主體，例如學生、教師、學校或機構等區分之，亦可以巨觀方式從制度議題切入，探討如何使實驗教育運作更為穩健，本節茲列舉幾項較為重要之項目。

壹　實施型態

我國實驗教育的類型，依「實驗教育三法」之規定，區分為學校型態、委託私人辦理以及非學校型態等三型態。此三型態的法源將於第 3 章詳細闡述，並在第 4 章做更詳細之說明，本節僅介紹其概況。

一、學校型態實驗教育

　　學校型態實驗教育係為依據特別教育理念，以學校為範圍所從事之實驗。「學校」兩字，在《國民教育法》及《高級中等教育法》兩法源中係指國民小學、國民中學及高級中等學校。因此，依《學校型態實驗教育實施條例》之規定，公立與私立學校都可以申請辦理實驗教育。公、私立學校可以透過「新設」或「轉型」方式申辦，但須以整校性範圍進行實驗教育，亦即不得從事特定單一領域的局部實驗之意。

二、委託私人辦理之實驗教育

　　「委託私人辦理」，即通稱的「公辦民營」方式。政府為鼓勵私人參與辦理公立高級中等以下學校的實驗教育，因此開放公立高中以下學校皆可由私人辦理。辦理時，主管機關須與私人簽定行政契約，將學校委託給私人經營，但定位上仍屬公立學校。委託的方式實際上有幾種不同做法，例如有單純向地方政府租賃土地者，亦有將整個校舍及教師委託出去，此時校內的原教師若為合格教師，則其待遇依原公校之規定，若為學校獨自招聘之教師，則比照公校代理代課教師待遇，或依學校與教師之契約而定。

三、非學校型態實驗教育

　　非學校型態實驗教育是目前國內辦理案例數最多的，其又可以分為個人式、團體式及機構式三大類。個人式為學生個人所實施之實驗教育，以「在家教育」的方式辦理，其教育方式有：(1) 個別家庭自行教育；(2) 家庭共學；(3) 參與團體共學三種。團體式的人數為 3 人以上，30 人以下之學生，於共同時間、場域所進行的自學式實驗教育；機構式為由非營利法人（nonprofit organization, NPO）所設立的實驗單位，此類型的每班學生數不得超過 25 人，且國民教育階段之學生數不得超過 250 人，高級中等教育階段不得超過 125 人，且生師比不得高於十比一。機構式實驗教育由於在規定上較團體式為嚴格，因此目前此類型的案例數仍然較團體式少。

　　基於以上說明，各型態的實驗教育可歸納如圖 2-2 所示之系統。

圖2-2　實驗教育型態一覽

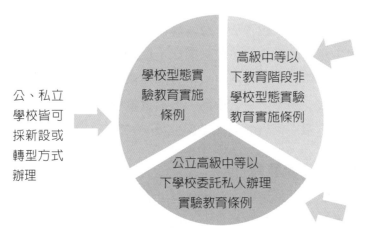

非學校型態主由民間以個人式、團體式、機構式三模式辦理

公、私立學校皆可採新設或轉型方式辦理

即「公辦民營」實驗學校，定位上屬於公立學校，方便辦理者推動教育實驗

註：引自「**實驗教育計畫的擬定**」簡報（頁11）。林雍智，2019年3月26日。臺北市政府教育局實驗教育與創新學分班，臺北市立大學，臺北市。

貳 課程與教學模式

　　相對於正規教育受限於課程標準／綱要的法律拘束力，而使教師在教學上成為「有限度的自主」狀態，實驗教育的課程與教學模式擁有更大的自由度。教師由於在實驗教育範疇內，可依據教育理念自編課程、實施教學，因此課程與教學模式作為實驗教育的射程之一，永遠是各界關注的焦點。以下，簡單歸納實驗教育主要的三種課程與教學模式。

一、「自編─替代」課程模式

　　自編─替代模式係將既有的國定課程（課程綱要），透過法規之授權予以整個排除，並以自編的課程完全、部分或漸進式替代的課程模式。實施此模式者在學校型態實驗教育上的做法，例如有將實驗教育理念設定為「自主學習」（self-regulation learning），再透過建構各種跨領域統整課程予以系統性貫穿幾個學年，以培養具備自主學習素養的學生者。由於全

盤打破課綱規定、另創學校實驗課程並非易事，因此亦有部分實驗學校採部分或漸進式的自編—替代模式處理課程之問題，例如設定轉型後的前 2 年，先排除 30% 課綱，到了第 5 年後，才達到排除 50% 的狀態。至於非學校型態的實驗教育，亦有許多單位採用本模式，透過自行定義的教育理念展開全面性的實驗，例如全人教育、多元智能教育、讀經、六藝等。

二、「＋α」課程模式

「＋α」的課程模式亦可稱之為特色課程的擴大模式，其係在現行的課綱課程以外再加上某部分的特色課程，以構成整個實驗教育的課程。這裡所指的 α 即具有特色的實驗課程之意。此也屬於一種擴大特色之課程模式。本課程常見於學校型態與委託私人辦理的實驗教育上，也有少數非學校型態實驗教育單位採用。

在特色課程上，我國當前較令人矚目的特色課程，有生態議題、海洋議題、原住民族語言與文化、探索性教育、美感、自造者（maker）等，種類多元。例如原住民族實驗教育，乃在兼顧保障學生基本能力要求的現行課程下，再加入原住民族語言與傳統文化課程，本模式亦常見於公辦民營學校中。

三、借用模式

此模式係指借用國外或國內較為成熟的理念，以形成課程與教學模式來辦理實驗教育，再透過實施經驗或本土化的轉化打造實驗教育特色。此模式最常被非學校型態實驗教育所採用，但在學校型態中亦有出現。目前我國採用此模式者，有援引華德福、蒙特梭利等國外知名教育理念，或是採用國內已在其他實驗教育單位實施的理念，例如宗教教育、全人教育、華人文化的課程與教學模式。實施上，從他處直接借用之目的，在於減少教師自編課程的壓力，也在於藉成功經驗獲取招生之效果。

四、教學模式

實驗教育的教學模式，在實驗理念的牽引下，大都可以採取多元的方式，透過實作、發表、展演、討論、學習歷程檔案等方式進行教學。在教學策略的運用上，對於新興教學方法在運用上也較為積極，例如主動學習（active learning）、分組合作學習、利用資訊與通信科技（information and communication technology, ICT）做混成學習、心智圖、翻轉學習等。在編組上，非學校型態實驗教育多採用混齡模式，期待打破學生的年級別，建立學習上的鷹架效果。此編組模式還被活用於活動性的課程中，例如家族時間、學校法庭、戶外壯遊等需要凝聚全體學生共識並一起動手操作的場合。然而，相較於極具說服力的實驗課程，實驗教育在教學模式上由於與正規學校在可運用的種類上差異不大，且採用何種教學模式也會因課程而異，因此也可見到實驗教育單位在教學方法的論述上，仍較課程為低。

參 實驗教育的學生學習開展

學生是實驗教育的主體，同時也是受體。實驗教育既為給予學生不同於正規教育的學習模式而立，在學生從實驗教育畢業之後，其能否具有完整的人格、積極的學習動機、良好的社會適應能力與富有潛力的發展機會，結果將指向於接受實驗教育期間的學習歷程。目前，「學生」向度的射程，大致如下：

一、型態選擇

學生與家長要選擇哪一類型態的實驗教育，正規的學校教育係作為一個對照的標準。仍然適合在學校接受教育者，家長會傾向於選擇「學校型態」的實驗教育。若性向與理念更趨近非學校型態者，則會以「在家自學」方式加入共學團體，或參與機構式的實驗單位。然而，在學校選擇上，仍然受到學區分布、交通方式、實驗類型、升學轉銜、師資素質、學校設施設備條件等影響。而選擇非學校型態者，則易受學費、課程完整性、活動場域、師資素質、同儕組成方式等所左右。

二、學習與評量

接受實驗教育的學生，雖可能免除了傳統正規學校中常使用的紙筆測驗評量方式，但取而代之的實作、展演、發表、學習歷程檔案等評量方式亦不見得較紙筆測驗更爲輕鬆。學生在眞實性評量（authentic assessment）的情境之下將會與本身是否對「學習有興趣」做直接性的連結，若對學習，或是對某議題有興趣之學生，將可以更投入該學習，連帶影響其評量結果。

此外，教師和家長經常會關注到該學習階段的學生，相較於同年段的正規教育學生在學業成就上的發展狀況。基礎能力的培養課程，因此乃成爲實驗教育過程中不可忽視的「課業」。

三、升學轉銜

升學轉銜議題，是學生在各教育階段的銜接上必須經歷的過程。從實驗教育幼兒園起，到小學、中學、高中，以及大學階段，有數個階段必須經過升學之考驗。目前，學校型態實驗教育已設有合併「高中、國中」的完全中學；公辦民營學校亦有「幼—高中」的一貫性轉銜；大學部分亦有國立陽明交通大學開設「百川學程」等做法。然而，「因學區不同無法從實驗小學銜接實驗中學」、「各教育階段的實驗特色並不相同」、「缺乏完整的九年一貫制實驗中小學」、「實驗學校／單位升學後回歸正規教育的適應」等問題，仍待進一步解決。

肆 實驗教育的品質保證

體制化後的實驗教育回應了教育機會均等的訴求，但同時也被置於教育品質的保障下，受到放大鏡般的關注。在本射程中受到注視的，有教師素質、辦學品質的保證等議題。

一、實驗教育的教師專業發展

　　實驗教育的教師專業發展議題，包含師資的職前培育、任用、在職專業發展等三項子題。師資培育大學是否有系統的培育實驗教育所需師資、師資生是否願意畢業後擔任實驗教育教師，是第一項子題應處理之焦點；第二項任用問題上，實驗教育教師應任用具備合格教師資格者？或是應規劃獨自的合格證照制度？其待遇如何保障？第三項在職專業發展問題，回歸到政府、師培大學、學校／實驗教育單位是否提供增能課程？以華德福教育為例，目前國立清華大學設有華德福教育中心進行師培與增能，華德福系統的實驗教育單位亦有辦理共同研習。另外，實驗教育教師應參與十二年國教的核心素養研習嗎？還是更應將時間用於自主增能活動？這些教師專業發展議題，皆亟待正視。

二、如何確保辦學品質

　　多元的實驗教育如何確保受期待的辦學品質？對家長來說，璀璨的、百花齊放的實驗教育風潮，至多了解其教育理念與課程模式，要談到辦學品質，可能只能從口耳相傳或畢業生的發展來應證。

　　三種型態的實驗教育，依相關法規，皆有其審議單位與辦理期程規定。例如高級中等以下階段學校型態實驗教育之辦理期程為 3-12 年。提出實驗教育計畫者應在期程結束前 6 個月提出成果報告，作為是否續辦之判斷。然而，上述期程亦可以延長，也無次數限制，這代表期程設定僅為最低限度之保障。如此看來，對實驗教育進行評鑑，似乎可以作為一種品質保證的機制。關於實驗教育評鑑，在相關法規中已有明文規範，評鑑模式更能參採實驗教育的特色，透過事先約定評鑑項目進行品質保障式的事後外部評鑑。另在評鑑之外，如何保障實驗教育的辦學品質，是否建立各種發展評比機制，但機制又不能扼殺實驗教育的獨創性與多元性，此議題亦值得思考關注。

　　涵蓋於實驗教育射程所及的相關議題，隨著實驗教育的擴展，關注者增多了，論及的面向也變得更為廣泛。在實驗教育的推動上，中央與地方

政府因此有其應做好的角色責任；學術界、師資培育大學兩者身爲支持實驗教育理論發展與人才來源的提供者，也有可盡力的空間；家長在主張教育權的同時，該機制亦同時課以其作爲利害關係者（stakeholder），家長不但須爲子女選擇最適的教育模式、和子女一起成長，亦要扮演敦促政府健全實驗教育機制的行動者（actor）。在這種公民參與式決策發展下，實驗教育不僅是另類教育時代前人爭取來的成果，也是當代關心教育者經由實踐所開拓出的道路。實驗教育的發展過程正恰似民主的深化過程，其所開創出的教育治理（governance）模式轉變，亦讓受教育成爲眞正的國民權利。實驗教育，正帶領著我們從對教育的想像中，開始尋找可行、有價值的革新方案。

註 釋

註一：因爲心理恐懼、不適應學校團體生活等原因拒絕到學校上學，而導致長期缺席之孩子在先進國家時有所聞，除了由民間教育單位開設各種「類學校」組織提供孩子一個可安心學習的「生活場域（基地）」外，部分國家亦透過立法，以政府力量保障其受教權利。不過，此處所指的「在家教育」模式，並非是拒學孩子的專屬模式。選擇在家教育之理由，部分爲宗教因素，部分則爲家長願意且有能力提供較學校更好的教育，部分則爲了參與團體共學所需才選擇本模式。

註二：全人教育實驗學校，已於 2009 年通過立案申請，改名爲「苗栗縣全人實驗高級中學」。

實驗教育經驗談

我的實驗小學生活

公立實驗國民小學畢業生 林君彥

　　我讀了實驗小學四年。剛進這所學校前，和一般的小學生一樣就讀於普通的公立國小，但是國語、數學的考試成績卻一直徘徊在 80 分到 90 分之間，每次想到要為了提升一點點成績而更加努力練習，且考試時也需要反覆檢查，以免粗心又被扣分，就覺得很辛苦。和爸媽討論後，決定帶我來讀實驗國小。一開始，我聽到這所學校的學生都會有自己的平板電腦以及長達 30 分鐘的下課時間，我也很興奮的期待進入這所學校就讀。

　　過了一段時間，我大概清楚了這所學校的特色。我的學校沒有段考，代替段考的，是「學季主題」。學季主題分春、夏、秋、冬四季，每一個學季都會有一項主題，主題的內容可以選各種喜歡的事物進行探討，整個學季的學習成果，會以成果展的方式，透過海報設計、發表、販售商品……等展現給老師和家長們看。

　　在這裡，我學到了很多在一般國小學不到的東西，準備成果報告時，要針對課程主題，以小組合作方式研究，也需要事先想一想在規劃學習活動時，所需的時間是否足夠來完成計畫？還有「壯遊」，這是一種戶外學習的課程，所有的壯遊行程規劃，不管是需要的經費、訪問地點、邀請受訪者等都要自己一手包辦。最後是星期五固定上的「家族課」，帶著弟弟妹妹一起參與有趣的活動，同時也能增加感情並學到領導的能力。

　　雖然我和同學走上了與一般教育不同的路程，但也能用其他的方式來學習。接受實驗教育不一定需要花非常多的腦力背誦，而是可以用輕鬆簡單的方式學，課業壓力也能大大的減輕。但是在做任何一個方案時，都需要負責任盡力做好，我覺得為自己的學習負責，是這四年帶給我最珍貴的經驗。

第 3 章

實驗教育的法規與制度

　　實驗教育的發展，與相關法規能否跟得上快速的腳步，為其進一步開拓辦學空間息息相關。在我國實驗教育的發展歷程中，偶爾可見相關法律零散的為其解決適法性的爭議，直到「實驗教育三法」公布後，實驗教育方具備全方位性的法源依據與後續的發展空間。

　　實驗教育三法，代表三部與實驗教育相關的法律基礎，分別是《學校型態實驗教育實施條例》、《公立高級中等以下學校委託私人辦理實驗教育條例》與《高級中等以下教育階段非學校型態實驗教育實施條例》。由於這三部法律皆在 2014 年底立法通過，因此通常將其統稱為「實驗教育三法」。在「實驗教育三法」的規範下，三種型態的實驗教育有了具體明確的辦理方向。

　　本章以「實驗教育的法規與制度」作為論述重點，配合前章建構讀者對實驗教育之完整理解。本章共分四節，第一節概論實驗教育的法令規範；第二節探討中央及地方政府推動實驗教育所扮演之角色；第三節則敘述各型態實驗教育的審議機制；最後，以第四節實驗教育的法制與發展作為結語。

實驗教育的法令規範

在過去，各教育法規雖有零星對於實驗教育提供適法的空間，但都是單項的或局部的規定，並不足以形成全面性的覆蓋。「實驗教育三法」通過之後，一方面讓實驗教育解決了過去法源不充足的問題，二方面，也擴充了《教育基本法》所規定的人民的教育權及家長教育選擇權（school choice）的行使內涵 **(註一)**。「實驗教育三法」在法律的適用關係上屬於「特別法」，相較於訂定一般廣泛事項適用之「普通法」，特別法是針對特別事項之適用進行規範的法律（陳文貴，2021）。由於特別法有優於普通法之適用原則，因此可以突破現行教育法規的綿密網絡限制，提供實驗教育辦理上的彈性空間。本節茲分別概論三型態實驗教育的法令規範，惟「實驗教育三法」未規範之處，仍必須適用相關的法源，因此亦會一併說明涉及之相關法規。

壹 學校型態實驗教育的法令規範

要了解學校型態實驗教育的法令規範，可從《學校型態實驗教育實施條例》的立法目的及各條例的內容概要談起，最後再提到本條例所規定的相關子法與關聯法規。

一、立法目的

《學校型態實驗教育實施條例》的立法目的，在於「為鼓勵教育創新，實施學校型態實驗教育，以保障人民學習及受教育權利，增加人民選擇教育方式與內容之機會，促進教育多元發展。」本條例之立法，代表立法者將過去主要由另類教育單位所構成的體制外教育陣容擴大至學校，使學校亦可加入辦理實驗教育的行列。特別是將公立學校納入，也擴大了實驗教育概念的涵蓋範圍。就立法技術來看，也不難看出政府欲透過公私立

學校辦理實驗教育，一來推展較跳躍的教育創新理念，二來藉由實驗教育提升公教育品質的意圖 (註二)。

二、條例內容概要

本條例在 2014 年底（民國 103 年 11 月 19 日）制定之初原分為四章，全文共 23 條，近期再於 2018 年（民國 107 年 01 月 31 日）修訂。修訂後，本條例成為五章、28 條（林雍智，2018 年 3 月 26 日）。這五章分別為總則、學校型態實驗教育之許可、私立實驗教育學校之許可、評鑑、監督及獎勵與附則。

本條例之規範事項，包含：「適用對象」、「申請許可與程序」、「實驗教育審議會」、「學生權益之保障」、「實驗教育計畫」、「續辦、變更申請與經營不善停辦之處理」與「品質保證機制」等（李柏佳，2016）。

（一）適用對象：本條例所規範的學校型態，係指以「整校性」、「整合性」為主，依據「特定教育理念」 (註三)，以學校為範圍進行實驗教育之型態，不是過去推動的單科、局部式教育實驗。本條例適用對象包含公立及私立學校。以教育階段區分，可自國民小學到專科以上的高等教育學校；以類別分，包含一般公私立學校與原住民學校；學生數上，則限定高中以下學校每班不得超過 50 人，全校不得超過 600 人。

（二）申請許可與程序：實驗教育的申請許可之規範對象係以私立學校（包含學校法人及非營利之私法人所申請的學校型態實驗教育）的新設立或轉型改制申請兩項為主。學校法人及非營利私法人要申請辦理實驗教育必須經過嚴謹之程序，包含實驗教育計畫、招生人數、法人組織、校地面積、財務狀況、經費概算等都須明確提出，由實驗教育審議會做事前審查及事後監督。至於公立學校可準用私立學校之規定，但因學校已正常運作，因此程序上較為精簡（薛春光等人，2016）。

（三）實驗教育審議會：實驗教育審議會是實質審查學校型態實驗教育的組織，由主管機關設立並定期召開。審議會委員置 9 至 25 人，為無

給職，且不得參與其所監督的實驗教育學校。

　　（四）學生權益保障：本部分係列於第 6 條中，爲學生基本人權與營造友善校園之規定，內容包含九項。在教育相關法規中，屬於積極對學生基本人權規範之首創。此外，各條文對於學生人數的規定、師生比例，定期評鑑、監督輔導等都有詳細之規定，此亦算是對學生人權的保障。

　　（五）實驗教育計畫：本條例第 7 條規定申請實驗教育之主持人，應提出實驗教育計畫，計畫中須記載 17 事項，且計畫期程在高級中等以下階段學校訂爲 3-12 年、專科以上階段則訂爲 4-12 年。計畫年限在主管機關許可下得予延長，且無次數限制。

　　（六）續辦、變更申請與經營不善停辦之處理：本條例對於續辦（第 11 條）、變更申請（第 13 條）與經營不善時之相關措施（第 19 條、第 20 條）皆有規定。此賦予辦學績優之學校持續推動之依據，也賦予主管機關對辦學不力學校採取措施，維護學生權益之公權力。

　　（七）品質保證機制：除了上述的輔導與退場規定之外，本條例亦賦予主管機關進行監督及提供支持之機制。監督機制係以評鑑方式處理，做法與一般學校評鑑模式稍異，且評鑑成果將併同實驗計畫成果報告書，作爲申請續辦之參考；在支持機制上，則有獎勵、舉行公開發表會、學術研討會或教學觀摩會等。

三、相關子法

　　根據本條例之授權，教育部應訂定各種相關子法，以促進學校型態實驗教育之辦理。教育部目前已發布的子法，有本條例的《施行細則》、《學校型態實驗教育評鑑辦法》、《國立高級中等以下學校辦理學校型態實驗教育辦法》、《高級中等以下學校型態實驗教育許可辦法》及《高級中等以下實驗教育學校及機構僱傭外國人辦法》等；除中央政府外，地方政府也須依據本條例之授權，訂立類似《私立學校型態實驗教育申請許可辦法（要點）》或《指定公立學校辦理學校型態實驗教育實施辦法（要點）》等，對學校型態實驗教育的各種應遵行事項建立法源依據（李柏

佳，2016；葉明政、鄭玟君，2017）。

貳　公辦民營學校的法令規範

　　通稱爲公辦民營學校的法源依據，係爲《公立高級中等以下學校委託私人辦理實驗教育條例》。在本條例公布前，1999 年修訂的《國民教育法》其實已列入「公立國民中小學得委由私人辦理」之條文（第 4 條），之後，許多縣（市）依據該法訂定公辦民營學校的自治法規，然而自治法規的位階因較法律低，有許多規定難免牴觸法律，這些問題隨著本條例公布後各縣（市）自治法規消滅，回到母法規範，問題才得到解決。以下，簡述本條例的立法目的、內容概要及相關子法。

一、立法目的

　　本條例原稱爲《公立國民小學及國民中學委託私人辦理條例》，後在 2018 年修法後將辦理對象放寬至高級中等學校階段，再加上「實驗教育」四字，使法律之代表性更爲精確。其立法目的，在於「爲促進教育創新，鼓勵私人參與辦理公立高級中等以下學校實驗教育，以保障人民學習及受教育權利，增加人民選擇教育方式與內容之機會，促進教育多元化發展。」（第 1 條）從立法目的中，可以看出將公立學校委託給私人經營，係在回應《教育基本法》第 2 條所規定之「人民爲教育權主體」要求，增加選擇教育方式與內容的機會。另一方面，政府在保障學生學習權及受教權的原則下，也可透過委外經營，促進體制內學校多元化的發展。

二、條例內容概要

　　本條例在 2014 年底（民國 103 年 11 月 26 日）制定時，原分爲八章，全文共 33 條，最近一次修訂公布的日期爲 2018 年（民國 107 年 01 月 31 日），修訂後新增 1 條，全文共 34 條。這八章分別爲總則、申請及審查程序、教職員工權利義務、招生班級學生人數及教學設備、評鑑獎勵及輔導、契約處理、罰則與附則。

本條例之規範事項，可依序歸納為以下重點：分別是「名詞界定」、「經費提供」、「得不適用之法規」、「申請及審查」、「教職員工權利義務」、「招生及班級學生數」、「評鑑、獎勵與輔導」、「契約處理」與「罰則與附則」等。

﹝一﹞名詞界定：界定「委託私人辦理」、受託人、受託學校之定義及相關法規適用及排除適用之情形。委託私人辦理係指「學校之主管機關依學校之辦學特性，與受託人簽訂行政契約，將學校全部或一部分（例如分校或可明確劃分之校地）委託其辦理。」

﹝二﹞經費提供：將學校委託給私人，必然牽涉學校相關經費的提供與使用。因此本條例第 4 條乃規定主管機關須負擔的經費項目，例如人事費、建築設備費、業務費等，此為課以身為「學校設置者」之責任。其次，本條例亦有規定受託學校應遵守之條件，以保障學生的受教權（公益性、公共性、效能性、實驗性、多元性及創新性）。

﹝三﹞得不適用之法規：為營造公辦民營學校之空間，本條例列出得不適用（可排除）之法規，例如《國民教育法》、《高級中等教育法》及《教育人員任用條例》等條項（第 5 條）。

﹝四﹞申請及審查：包含專案評估及公告（第 6-7 條）、提出經營計畫（第 8 條）、簽訂行政契約（第 9 條）、簽約後準備事項（第 10 條）等四程序。審議流程為專家學者初審、地方教育審議委員會複審後，經主管機關核准後通知申請人。公辦民營學校的經營計畫類似於學校型態實驗教育的實驗教育計畫，內容涵蓋申請人、辦學目標、人員進用方式、課程與教學等 12 項目。

﹝五﹞教職員工權利義務：政府將學校委託給私人辦理，牽涉到教職員工權利義務的改變，因此予以規範在第三章中（第 11-20 條）。其內容包括原校教職員的留任續聘或轉任安置、聘兼人員的任期與勞動條件、聘用校長與教師之權責、聘僱外國人之教學用途、獨自聘僱職員之契約與相關人事管理規章。

（六）招生及班級學生數：包含學區內學生之保障與調整、學區內學生之轉介與協助，以及班級編制和教學設備。

（七）評鑑、獎勵與輔導：包含由主管機關組成評鑑小組進行評鑑，根據評鑑結果予以獎勵、糾正與輔導等規定。本條例亦授權主管機關訂定相關自治規則辦理上述事項。

（八）契約處理：包含續約、接續辦理、契約終止及期滿之處理等事項。此列出受託人或主管機關終止契約時之規定與教職員、學生如何安置之規定。

（九）罰則與附則：包含違反利益衝突迴避法之處罰，以及在本條例實施之前已委託之學校，於過渡期間之效力。

三、相關法規

委託私人辦理實驗教育之學校性質上仍屬於公立學校，因此必須遵守一般公立學校相關的法規。教育部目前亦訂有《國立高級中等以下學校委託私人辦理實驗教育評鑑獎勵輔導及接續辦理辦法》等子法規。不過，由於我國缺乏專為「學校」規範的《學校教育法》，因此學校必須遵循之法規散布於各教育法規中，相當繁多。以下僅簡要歸納幾項法規。

（一）教育及行政法規：含教育人員任用條例、教師待遇條例、教師法、公立學校教職員退休條例等。

（二）公務員任用、服務、獎懲、考績、保障等相關法規。

（三）行政程序法及公職人員利益衝突迴避法等。

（四）勞動相關法規：例如勞動基準法、勞工保險法、就業服務法等。

（五）地方自治法規：例如地方政府依本條例之授權所訂立之「評鑑辦法」與「申請委託私人辦理實驗教育之申請作業要點」等。

（六）原住民族教育法規：依《原住民族教育法》規定，得委託原住民族、部落、傳統組織或非營利機構法人辦理實驗教育。

非學校型態實驗教育的法令規範

　　非學校型態實驗教育以《高級中等以下教育階段非學校型態實驗教育實施條例》為法源。支持辦理的相關法律起初並非完全針對實驗教育需求而修法，例如 1982 年（民國 71 年）修訂的《強迫入學條例》中，係針對當時稱為智能不足、體能殘障、性格或行為異常的國民提供「在家自行教育」的入學替代方案 **（註四）** 。隨後，當實驗教育發展到「法制期」階段，在《國民教育法》修訂相關規範後，教育部方訂定相關辦法，讓法源更加充足。以下，簡述本條例的相關規範。

一、立法目的

　　本條例第 1 條揭櫫非學校型態實驗教育的立法目的，為「為保障學生學習權及家長教育選擇權，提供學校型態以外之其他教育方式及內容，落實教育基本法第 8 條第 3 項及第 13 條規定。」《教育基本法》第 8 條之規定內容為家長教育選擇權及參與教育權，第 13 條則是鼓勵各項教育實驗之規定。本條例之立法也是《憲法》第 11 條「保障人民講學自由」與《教育基本法》第 2 條「人民為教育權主體」之具體展現。

二、條例內容概要

　　本條例在 2014 年制定之初，全文原有 30 條，最近一次修訂為 2018 年（民國 107 年 1 月 31 日），全文修訂為 31 條。條文規定之主要事項，有「名詞界定」、「辦理方式與申請程序」、「實驗教育計畫」、「審議機制」、「申請許可與籌設立案」、「學籍安置」、「學習成果報告」、「訪視輔導及定期評鑑」與「支持系統與學力檢測」等。

　　(一) 名詞界定：界定非學校型態實驗教育，釐清參與各教育階段非學校型態實驗教育之學生，可不受《強迫入學條例》之規範。

　　(二) 辦理方式：將非學校型態實驗教育區分為個人、團體及機構三種辦理方式。個人係指學生個人式的實驗；團體係指 3 人以上，於共同時間及場所進行者（最高 30 人）；機構係指由非營利法人所設立之實驗教

育機構（每班最高 25 人，國教階段總數最高 250 人、高中階段總數最高 125 人，且生師比不得高於十比一）。不同辦理方式之申請程序，亦有不同（第 5 條）。

（三）實驗教育計畫：三種辦理方式所應提出之實驗教育計畫，各有不同。個人式的計畫書應記載實驗教育名稱、目的、方式、內容、預期成效、主持人與參與人員等七大項；團體式的計畫書除包含個人式外，還須檢附「教學資源相關資料」等五項；機構式的計畫書在團體式的計畫書外，還須再檢附「法人及擬聘實驗教育機構負責人之相關資料」等七項。實驗計畫的期程與教育階段的修業年限相同，即國小最長為 6 年、國中 3 年、高級中等學校 3 年（高中可申請延長），但禁止重行依本條例規定申請參與同一教育階段之實驗。

（四）審議機制：由地方主管機關組成非學校型態實驗教育審議會，並置委員 9 至 21 人進行審議。

（五）申請許可與籌設立案：三種類之申請均應經審議會決議通過、由主管機關許可後才能辦理，其中，機構之許可籌設期間以 1 年為限。

（六）學籍安置：參與個人實驗教育之學生，學籍設於原學區學校；參與團體或機構實驗教育之學生，學籍設於受理辦理實驗教育申請之主管機關指定學校；三種類學生若停止實驗教育，則應返回設籍學校、戶籍地學區之學校或其他公私立學校就讀；學生得申請使用設籍學校之設施設備；畢業證書，由設籍學校發給。

（七）學習成果報告：三種類之實驗教育，每學年皆應提出教學計畫及學生學習成果報告書，報主管機關備查或核定。

（八）訪視輔導及定期評鑑：主管機關每學年應邀集審議會委員或委託相關學術團體、專業機構辦理個人與團體實驗教育的訪視。對於實驗教育機構，則在實驗教育計畫期滿三個月前實施評鑑。

（九）支持系統與學力檢測：主管機關對於學生、家長、團體或機構在辦理實驗教育的過程中應提供必要之協助，也應建構學生若有輟學、遭遇家庭暴力、性侵害事件或有社會救助需求者等之協助通報、救援與保護

服務網絡；實驗教育機構得設家長會；參與實驗教育之學生，得參加相關學力鑑定考試。

三、相關子法

　　本條例在公布前，教育部原依《國民教育法》、《高級中學法》及《強迫入學條例》授權所訂定之行政命令，例如非學校型態實驗教育準則或辦法等，已於 2020 年 2 月廢除。目前與本條例相關之子法，有依據本條例第 22 條第 2 項之授權所訂立的《非學校型態機構實驗教育評鑑辦法》（2015 年發布，2018 年修訂），以及《高級中等教育階段非學校型態實驗教育未取得學籍學生受教權益維護辦法》（2019 年 7 月發布）。

　　地方政府部分，尚須依本條例訂立各種補充規定，例如「高級中等以下教育階段辦理非學校型態實驗教育補充規定」、「學籍管理規定」與「補助要點」等，地方政府為明確申請流程，亦會訂立作業要點（例如「高級中等階段實驗教育學生學習歷程檔案作業要點」等），規定申請程序。

第二節

各級政府推動實驗教育的角色

　　要使實驗教育順利推動，除了必須具備充足的法源外，各級政府也有應盡的角色。教育部身為中央主管機關，其必須依據「實驗教育三法」的授權訂立相關辦法，以提供地方政府明確的依循方向；地方政府是國民及學前教育階段的主管機關，其看待實驗教育的態度也會影響實驗教育在該縣（市）的發展。本節以下說明中央及地方政府在實驗教育上的角色與職責。

壹　教育部的角色與職責

　　教育部是實驗教育的中央主管機關，扮演了「監督機關」、「執行機關」與「補助機關」的三重角色，也是青木榮一（2021）所稱的「制度官廳」（決定制度框架的中央機關）。其職責除依法律授權訂定相關辦法，提供明確的辦理依據，最後形成完整實驗教育制度外，同時也是國立學校（含大學及高級中等學校）及私立學校法人的主管機關，也要補助地方辦理實驗教育。綜合上述事項，教育部概具有：(1) 建立法源規範；(2) 品質保證與監督；(3) 支持及推廣實驗教育等三項角色職責，以下概述之。

一、建立法源規範

　　在建立法源規範的職責上，教育部首要職責為推動實驗教育相關規範的立法工作，使實驗教育取得完整法源。推動立法工作時，教育部須邀集教育、法律等專家以及實驗教育經驗者、校長、教師及家長等代表，針對實驗教育的發展需要，尋求立法或修法的共識以及對立法技術的改進。其次，教育部需要根據法律授權，進一步訂立各種更細部之實施辦法，使規範更為明確；教育部也需要進一步釐清「實驗教育三法」中實驗教育的內涵異同（周志宏，2018），讓地方主管機關與實驗教育辦學者能明確依循。

　　在實驗教育計畫、公辦民營學校經營計畫的撰寫上，法規雖有明訂應列之項目，教育部仍須提示計畫撰寫之基礎需求，供辦理者遵循撰寫，並核定申辦地方政府送出之申辦學校的實驗規範；辦理實驗教育的事前審議機制上，教育部需要提示審議機制與流程基本要項，供地方政府研訂相關審議機制之參考。同時，教育部也負有責任協助解決實驗教育在推動上與其他法規適用或競合之問題。例如外國人教師如何取得實驗教育單位之聘僱許可？哪一些法規可以排除、哪一些是全國性的基礎骨架，雖不可排除，但卻可以彈性調整的？例如依《各級學校學生學年學期假期辦法》第3條之規定，一學年分為二學期，此為實驗教育相關法律並未授權可排除的法規，但地方政府可彈性調整起迄日期，便於將二學期再區分為數個學

季（林雍智，2015a）；教育部亦有責任說明實驗教育辦理上，如何在排除相關法規後，以可行的方案替代之。

二、品質保證監督

　　教育部在確保實驗教育品質之作為上，須依「實驗教育三法」之授權，訂立「評鑑辦法」，詳列各種實驗教育評鑑機制中的所需之項目。教育部對於私立實驗學校提出的實驗規範擁有最後核定權，此亦為一種對實驗教育的品質確保機制。其次，私立專科以上實驗學校應建立教學品保機制，教育部對於專科以上教育階段之實驗教育計畫的藍圖擘劃、審查、變更、續辦、指定之廢止、恢復原有辦學型態、監督、獎勵及其他應遵行事項，亦有主管權限。

　　教育部在實驗教育辦學品質的保證與監督中，目前已初步做到對辦學結果的管控，然而，在建立高品質的師資來源上，仍待更積極的作為。由於實驗教育具備公共性，因此不論各型態的實驗教育教師是否具備合格教師資格，教育部對實驗教育教師的職前培育及專業發展需求，亦應負建立師資專業標準之責。未來此部分仍值得其重視，以確保及提升實驗教育師資素質。

三、支持及推廣實驗教育

　　實驗教育的推動、維持或發展，皆需要教育部的支持與推廣。由於「徒善不足以為政、徒法不足以自行」，有好的教育創新配方而無具體政策，無法將實驗教育推行成功。已取得的相關法規依據，缺乏教育部在執行上的協助，實驗教育的辦理者與身為監督者的地方政府亦可能不甚了解法規之立法與適用意義。因此，教育部亦需要扮演支持者及推廣者角色，例如追蹤及評估實驗教育的辦理狀況，適時修正法規（例如調整各縣市辦理之比例上限、每校學生數上限等）使實驗教育的發展符合需求。

　　教育部可依相關法規編列預算，補助辦理實驗教育之縣（市）政府，讓其可以透過專款對實驗教育再行補助，亦可獎勵積極辦理實驗教育，並獲有成效之縣（市）政府。由中央對於實驗教育的補助，亦是一種保障教

育機會均等及維持提升教育水準的做法。

在推廣上，教育部還有諸如宣傳實驗教育、規劃專科以上學校（例如實驗大學）之發展藍圖（周志宏，2018）、辦理實驗教育成果分享、補助實驗教育單位辦學經費、提升實驗教育教師專業素質、媒合公私立大學課程擴展實驗教育學生生涯發展選項、開設實驗教育師培課程（楊振昇，2018）、獎勵實驗教育研究等全國性事項可以進行。例如教育部曾委託臺北市立大學編擬《實驗教育手冊》（吳清山等人，2016），目前亦委託國立政治大學辦理實驗教育推廣工作，並出版《實驗教育作業手冊》與《自學手冊》（鄭同僚審訂，2020；鄭同僚、詹志禹審訂，2021）等資料。實驗教育能否連結至教育創新，成為國家發展的動力來源，教育部扮演著重要的角色。

地方政府的職責與運作

地方政府是國民及學前教育階段的主管機關，直轄市亦有市屬高級中等學校的管轄權。因此，對於推動與監督實驗教育負有最主要的職責。地方政府看待實驗教育的態度，從過去的取締、默認、被動接受到積極協助，經歷了許多階段。「實驗教育三法」通過之後，地方政府已成為兼負提供實驗教育相關服務與對其進行監督、評鑑、訪視等品保機制之角色。地方政府在推動實驗教育上，應扮演下述各項角色：

一、理念宣導

實驗教育是一種理念先行，再經由實際執行，檢證方案是否可行的教育創新計畫。一開始國民對許多較具理念、較跳躍式的實驗教育思維，必定充滿了疑惑及不確定的看法，此時必須要有地方政府的支持與宣導，才能導引實驗教育往健全的方向發展，並與正規教育系統聯絡對照。地方政府負有宣導「為何學校需要辦理實驗教育」之責，對於非學校型態實驗教育，也須協助引導達到開辦的條件。

二、政策規劃

地方政府對實驗教育的態度，會影響實驗教育政策的落實程度。在實驗教育法制化之前，國內已有部分地方政府走在時代的尖端，對實驗教育採取寬容的態度，法制化後，在有些腳步較快的縣（市）中，隨即出現一些學校型態的實驗教育，非學校型態的實驗教育單位也紛紛成立。部分地方政府則較為慎重，在發展上採取緩步的節奏。

地方政府依法須訂定各類實驗教育的辦法或要點，以推動實驗教育政策，落實父母的教育權並保障學生的學習權。地方政府也須擬定短、中、長期的實驗教育的發展目標，並且為了使實驗教育制度更加完備，需要擬定並逐步落實各種政策，例如建立完整的升學銜接管道或對非學校型態實驗教育的補助政策等。

三、依法審議

地方政府應依法行政，使實驗教育具備完善的發展空間。地方政府除了根據法規授權訂定各種實施辦法（要點）外，還須成立各型態的審議組織，包含學校型態及非學校型態實驗教育審議會，或是提供負責審議公辦民營實驗教育的地方教育審議委員會充足之資訊，以利其審議。除了籌組審議會外，也需要規範實驗教育審議會之審議機制、功能與運作方式，讓審議有明確的遵循路徑。其中，審議委員的來源，除應具備實驗教育相關專業與實務經驗外，亦須注意到實驗教育的市場相互競爭性，遴聘公正、具備熱忱與品德之人選。

四、資源確保

身為實驗教育的主管機關，地方政府除監督實驗教育外，還須擔任資源提供者進行後勤（logistics）支援，以確保實驗教育的辦學環境。例如在師資準備度、課程教學可用資源、學生輔導與轉銜相關資訊、辦學所需設備和場地都須進行資源確保。對於實驗學校及公辦民營學校，地方政府應籌措相關之設施、設備與經費等；對於非學校型態實驗教育，地方政府

可以協助其取得合適辦學用地，並提供人、事、物等資源上之協助。地方
政府在資源確保上可邀集專家學者與辦學經驗者成立諮詢服務團隊，亦
可成立專責實驗教育業務之單位（例如臺北市成立實驗教育創新發展中
心），還可邀集社會與企業協力支持實驗教育。實驗教育法制化迄今時間
尚短，地方政府在辦學資源的確保上，仍有許多可努力的空間。

五、溝通協調

　　實驗教育是一種異於正規教育的教育型態，現階段人民對其仍較正規
教育陌生，因此，地方政府仍有許多應進行溝通協調之處。如家長對於實
驗教育理念看法差異、實驗學校和正規學校間的競爭關係、非學校型態實
驗教育對於學生設籍學校可提供的輔導與支援、特殊需求學生選擇實驗教
育時的安置輔導、實驗教育學生升學銜接不同型態實驗學校之輔導等，
地方政府皆負有溝通協調的責任。此外，教育主管機關為了推動實驗教
育，針對涉及其他局處的事項亦須做好跨局處協調工作，以形成地方政府
的完整實驗教育政策。

六、品質保證

　　確保實驗教育的品質，地方政府責無旁貸。舉凡實驗教育計畫提交前
的預審、實驗學校、公辦民營學校與實驗機構的評鑑，以及個人與團體
式實驗教育單位的訪視，地方政府皆必須建立完整的規則與程序，才能
正確評估實驗教育的辦理成效，並建立改善機制，以確保實驗教育的品
質。地方政府可自行辦理或委託大學或專業評鑑機構辦理評鑑與訪視工
作，但在進行評鑑前，即應確定評鑑項目、人員、形式與程序，再透過與
受評（訪）單位的協調會議，確認評鑑如何進行的共識。地方政府亦可和
師資培育大學合作，解決實驗教育教師的培育及專業發展的需求問題。
最後，辦理結果優良的實驗教育單位，地方政府亦有責任提供研習、研
究（討）會、公開觀課、實驗教育博覽會、網路平台等各種管道協助其
推廣。

在國外，辦理另類教育通常是辦學團體與家長的責任，政府介入程度較爲不高。然而，我國「實驗教育三法」賦予了中央與地方政府在推動、管理、監督、推廣實驗教育上的角色，可以說政府積極參與的態度，是我國實驗教育的特色，也是實驗教育能快速拓展的關鍵因素。不過，實驗教育是一種理念性、創新性的計畫，在辦理上如何與主流的正規教育同時並進，兩者間是否會互相影響而稀釋教育資源；當實驗教育發展到一定規模時是否予以管控，以免衝擊正規教育體系；如何避免違法、營利及教育商品化等課題，正考驗著政府。主管機關過去曾以守護「教育機會均等」之名，抑制教育的自由化發展（青木栄一，2021），但在實驗教育快速發展的今日，游移於「選擇」和「集中」的態度是否依然存在於意識當中？政策工具與實施手段當然受其對實驗教育「如何放、如何收」的態度影響，但如何行使，則有賴各級政府持續的、通盤的評估，並據以精準的施策。

第三節

實驗教育的審議機制

「公民參與」（civic engagement）是現代法治國家追求民主深化的過程中，受到高度重視的治理模式（governance model）轉變思潮（內政部，2020）。實驗教育是教育上的創新議題，透過審議機制議決不但能夠確保實驗教育品質，也是國民教育主權的具體展現，因此法規對三型態的實驗教育皆設有審議機制。本節以下將簡述各型態實驗教育的審議機制，但由於地方政府依法規授權，可再詳訂審議的組織架構及流程，因此，實驗教育的申請者應遵循主管機關之規定辦理。

壹　學校型態的審議機制

學校型態實驗教育的審議機制，係依《學校型態實驗教育實施條例》第 5 條之規定，由主管機關召開「學校型態實驗教育審議會」（以下稱爲

審議會）辦理。此規定代表審議會為依法設置之機關，也具有議決之責。因此，審議會對於實驗教育能否順利運作便扮演了重要角色。

在設置上，審議會由各級主管機關設置。主管機關在中央為教育部，在地方則為直轄市或縣（市）政府，至於私立實驗學校之主管機關，則視該學校法人辦理之最高教育階段學校而定。

審議會的委員人選，須在 9 到 25 人間，由主管機關遴聘擔任，包含以下數種身分：(1) 教育行政機關代表；(2) 具有會計、財務金融、法律或教育專業之專家、學者；(3) 校長及教師組織代表；(4) 具有實驗教育經驗之校長或教學人員；(5) 實驗教育家長代表、本人或子女曾接受實驗教育者；與 (6) 實驗教育相關團體代表。

在實驗教育執行過程中，會有三項須審議之事由：(1) 申請新計畫時；(2) 實驗學校辦理變更時；(3) 進行評鑑的相關程序時。在實驗教育辦理期滿後，審議會可以針對學校送交的結果報告進行審議，學校若提出續辦申請，亦須對其審議。

由於實驗教育的理念相當多元，因此，審議委員需要在合乎教育規準的前提下，就申辦學校提出的計畫是否符合「特定教育理念」、「整校性原則」、「以學生學習權優於家長教育選擇權」與「計畫合理及可行性」等重要原則進行審議。審議上，雖然須考量主管機關的實驗教育政策規劃，但若能以「辦理從寬、掌握過程、確保成效」的角度審議，將有助於實驗教育的正向發展。

貳　公辦民營學校的審議機制

委託私人辦理實驗教育學校（以下簡稱公辦民營學校）之審議權責，與學校型態由實驗教育審議會主責審議的規定不同，其係由「地方教育審議委員會」負責進行審議（以下簡稱為教審會）。教審會是在《教育基本法》立法後新增的一個組織，主要負責主管教育事務的諮詢與審議工作，其成員包含專家、行政官與一般人民，是一種依據教育分權化理念，落實素人（layman）統治的治理模式（林雍智，2010）。

　　教審會之設置，乃為地方政府依《教育基本法》第 10 條之規定設立之審議組織，其委員組成包含熟悉教育事務之代表，如教育學者、教育行政人員、學校代表、教師代表、教師會代表，以及關心教育發展的一般人民，例如家長會代表、社區代表、弱勢族群代表與原住民代表（若涉及原住民族教育事務時）等人，召集人通常由主管機關首長兼任。由此看來，委員的組成多元，不但符合審議式民主與經由協作決策的新公共性（new public）等理念，也改變了既有由專家「統制」教育事務的治理模式（王麗雲，2007）。

　　教審會審議之事項，為主管機關認為須提交審議之議案，例如十二年國教的免試入學區域劃分、地方教育發展基金執行情形等。由於教審會並非專為審議公辦民營學校所設，委員亦不一定具備相當程度之實驗教育經驗，因此，仍須邀請熟悉實驗教育的專家在初審階段先行把關。

　　教審會針對公辦民營學校進行的審議，以許可申請為例，其審議流程主要包含：(1) 提出申請；(2) 專家初審；(3) 報請教審會審議；(4) 進行複審；(5) 決定結果；與 (6) 刊登公報及簽約。

　　將公立學校委託私人，以「公私協力」的方式彌補政府施政上的侷限，創造更多的附加價值，是近來公共服務上的新模式（曾冠球，2017）。然而，政府為維持教育機會均等，亦在編列教育預算、制定課程綱要等制度上擁有免受其他行政機關或私人之介入，由教育主管機關全權決定之空間。在將公立學校委託給私人辦理時，這種「外包業務」將不免會開放教育市場，教育事務自此亦可能會有營利、商品化或讓外部力量成為影響政府教育政策的「間接統治」之虞（青木栄一，2021）。因此，在審議時，主管機關應妥善運用兩階段之審議過程，教審會在審議上也應以學生學習權與公共利益為依歸妥適審議，以營造公、私部門間的信任與互惠規範（Thomson & Perry, 2006），共同為教育努力。

非學校型態的審議機制

非學校型態實驗教育的審議機制，主要依照《高級中等以下教育階段非學校型態實驗教育實施條例》第 10 條之規定，由直轄市、縣（市）主管機關設置審議會辦理。由於非學校型態實驗教育區分為個人、團體及機構式三種，因此審議會得依類別分組審議。審議會的委員人數，在 9 到 21 人之間，其組成類別與學校型態實驗教育審議會的代表相同。審議會的主要任務，為辦理非學校型態實驗教育之申請、變更、續辦及其他相關事項。主管機關亦會在每學年度邀集審議會委員辦理個人式及團體式實驗教育之訪視。

審議會的基本審議流程，以申請來說，流程包含：(1) 提出申請；(2) 書面審查；(3) 報請審議會審議；(4) 召開審議會審議；(5) 決定審議結果；與 (6) 依結果辦理或籌設。前五項與學校型態之流程相同，第六項則區分為個人式及團體式，與機構式兩種處理方向。個人式及團體式實驗教育在取得主管機關核可後即可辦理，機構式實驗教育在辦理上因考量需要時間來籌措各種軟、硬體必備條件，因此在取得主管機關核可後，即可開始籌設。由於實驗教育機構並非學校，因此不得使用「學校」名義招生，以避免產生混淆。

非學校型態實驗教育是三型態實驗教育中最活潑與多元的，因此審議上須特別注意到要「保障學生學習權與落實家長教育選擇權」、「計畫內容要有合理性及可行性，尊重學生的多元需求」。同時若申請的類別為團體式或機構式的實驗教育，更應加以考量申請人、實驗教育機構負責人、計畫主持人與參與實驗教育人員之資格與專業能力，以及計畫經費來源及財務是否健全、收費是否合理，與授課時間安排之適當性等因素。

在監督與品質保證上，若實驗教育單位違反法規，或是評鑑、訪視結果不善，主管機關應予輔導並令辦理者限期改善。若未改善者，經審議會審議通過後，應廢止其辦理許可。由於非學校型態的辦理單位來自民間，辦學上不免牽涉利益與市場競爭因素，審議委員在審議時，更應秉持

專業、自律、利益迴避，保護個資等職責。主管機關亦須經常查核審議委員之公正性，確保審議品質，健全非學校型態實驗教育之發展。

第四節

實驗教育的法制與發展

實驗教育的推動與發展，有賴法規、制度與政策三管齊下，缺一不可。法治國（德語：Rechtsstaat）的政府行使權力時，必須受到法律的拘束（制約），異於正規教育制度的實驗教育，立法上須在各教育法規中明定實施依據，或是另行制定特別法，才能賦予實施的正當性。例如美國各州對在家教育和特許學校的設置都有制定明確的法源；南韓在引進代案學校時，其教育部亦有依《初・中等教育法》之授權，發布《代案學校的設立與營運規則》等。

我國的實驗教育在「實驗教育三法」立法後，已取得明確的法源支持，解除了另類教育時代的適法性疑慮。因此，實驗教育得以進入另一個階段──即制度的規劃與建構作業。制度與政策的差異，在於制度較具恆常性，而政策的變動性則較高。制度係在於數個政策的支持下才可形成，但也非永久不變，其仍然得視發展需要變革。

實驗教育的發展，正是一個新生法制的成長過程。過程中，政府應透過政策的執行讓制度體系更為完整、周延。實驗教育發展迄今，在現行法制上仍存在許多不明確之處，例如實驗教育的內涵認定差異；腳步較快縣市的方向，經常成為後進者之仿效標的，但各地教育文化的差異，卻無法套用同一辦理標準；實驗教育申請者提出的特定教育理念與辦學規劃，是否對學習路上無法逆行的學生是最佳的方案；非學校型態實驗教育學生的設籍學校對其之責任如何釐清等灰色地帶。這正說明了實驗教育的政策、制度與法規在今後仍會有依據發展需要，而持續性變動之可能，在形成實驗教育制度中，也會再多次連結到相關教育法制的修正，形成一個

循環。

　　然而，實驗教育的核心精神在於法規的「鬆綁」下賦予的「開放性」，在討論如何健全法制時，也應切記別再讓疊架的法規將其又帶往了「閉鎖性」的方向。

　　對實驗教育的發展來說，法制的整備只是滿足了形式要件而已，並無法決定實驗教育的理念及內涵，也未明確擘劃實驗與創新的方向（詹志禹，2017）。也就是說，「內涵」才是支援實驗教育能茁壯與穩定發展的實質要件。有關實驗教育內涵，例如課程與教學的規劃、教師的專業發展等議題，將在後章詳述之。

註　釋

註一：教育選擇權之英文為 school choice，直譯應為「學校選擇權」，國內將其譯為學校選擇權者有林孟皇（2000），亦有將其譯為「教育選擇權」者（吳清山、林天祐，2009；秦夢群，2015）。然而，林雍智、葉芷嫻（2004）以日本公立小學實施的「學校選擇權」為例，指出日本公立學校設有學區，法規並無賦予學生從設籍學區學校轉至他校就讀的權利，僅在法規鬆綁的改革特例中才能在不變更戶籍下轉至他校就學。儘管如此，家長在子女就學後，仍只能將子女的教育委託給學校，並無法直接主張及行使其教育權。不過，我國自「實驗教育三法」通過之後，家長可為子女選擇學校型態與非學校型態就學，亦可自行教育、參與甚至是設立實驗教育團體，可算是擁有了完整的教育選擇權。

註二：公教育係指為了公共目的所進行的，帶有公共性格的教育。包含了由國家或地方政府以預算維持、管理的公立、私立學校及社會教育，其意涵並非單指在公立學校進行的教育。

註三：特定教育理念為三型態實驗教育在辦理之前首先應具備的實驗教育核心理念。擬定特定教育理念時應合乎教育的規準，即英國學者 R. S. Peters 所提出的合價值性（worthwhileness）、合認知性（cognitiveness）、合自願性（voluntariness）三項（歐陽教，1988），也應在不違反基本國策與顧及公共性下訂定。

註四：當時所稱之智能不足、體能殘障、性格或行爲異常等兒童，經《特殊教育
　　　法》於 1997 年修訂後，改以障礙類別稱之，例如智能不足改稱爲智能障
　　　礙；由於特殊兒童在家自行教育時亦需要專業教學與輔導，「在家自行教
　　　育」一詞中的「自行」二字明顯與原意不符，隨後乃逐漸改以「在家教育」
　　　稱之。由於針對特殊兒童的在家教育與一般在家自學之脈絡並不同，閱讀
　　　相關文獻時應特別注意。

實驗教育案例探討

　　我國的在家教育興起於 1990 年代，當時的需求背景有宗教因素、
家長自願且有能力在家教導孩子，或是孩子不適應學校教育環境等。
剛開始時選擇這一條路備極艱辛，不但缺乏法規支持，孩子在校還會
受到「風評被害」。隨後，以加入共學團體爲目的之在家教育案例越來
越多，「實驗教育三法」通過之後，更開啟了以「自學搭共學」的非學
校型態實驗教育風潮。

　　然而，有位國立大學教授幫孩子向就讀學校申請自學，其目的在
於趁著教授到國外休假進修時，也帶孩子出國讀當地的學校（而不是依
照出國就讀就必須向學校辦理「轉出」的規定）。因爲教授擔心孩子
不知道能不能適應國外的教育，回國後又有升級銜接的問題，若不適
應，就回國取消在家自學，若可適應，就繼續在國外讀下去，等回國
後又能升一個年級。

　　請想一想，「在家教育」的原本宗旨爲何？較一般人擁有更多專
業知識的教授爲孩子這樣安排，雖於法有據，但是否合適？

第 4 章

實驗教育的各種
辦理型態

　　2014 年立法通過的「實驗教育三法」，係為我國實驗教育發展上最重要的里程碑，亦與於 1999 年《教育基本法》及《國民教育法》的公布（修訂），一同成為實驗教育發展上獲得法律體系支持的重要大事紀。

　　根據教育部的統計，「實驗教育三法」公布以降，參與實驗教育的學生，在自 103 學年度到至 109 學年度之間，人數足足上升了 4 倍（教育部國民及學前教育署，2021），未來，學生數推估會再持續成長，成為與正規教育並行的重要軌道。

　　然而，快速發展的實驗教育，辦理上也出現一些問題，需要在面對參與或選擇實驗教育的理念及方式時停下腳步，慎重討論以謀求改善。諸如：經營不善、校務評鑑結果不佳、長期輔導未果的傳統學校，卻欲透過轉型為實驗學校尋找再生契機；家長長期幫孩子請假在家進行學習，卻認為此即屬於參與個人實驗教育；實驗教育團體的家長教育理念產生歧異，影響學生的受教權益；實驗教育機構以「學校」之名招生，令外界混淆等。這些問題仍需要實驗教育推動者、參與者與學術研究上多方思辨，方有助實驗教育更加健全。

　　鑑於實驗教育的蓬勃發展，關心實驗教育者實有必要釐清實驗教育現行的辦理狀況，因此，本章將就第 3 章所介紹之實驗教育的各種型態與辦理方式進行延伸說明。

學校型態實驗教育

自「實驗教育三法」通過後，參與實驗教育的學生有明顯的增加，由圖 4-1 可知近學年參與實驗教育的學生有穩定成長的趨勢，足見實驗教育於我國有一定程度的需求。

根據教育部統計處的統計及教育部國民及學前教育署（2021）公告之學校名單，自《學校型態實驗教育實施條例》公布施行以來，學校型態實驗教育近學年學校及學生數狀況如表 4-1 所示，接受學校型態實驗教育的學生人數由 104 學年度之 277 人發展到 109 學年度的近 8,911 人，實驗學校的校數也由原先之 8 所，成長至 91 所。

圖4-1　103-109 學年度參與實驗教育之學生數變化狀況

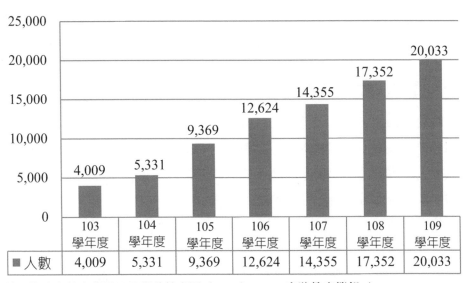

	103學年度	104學年度	105學年度	106學年度	107學年度	108學年度	109學年度
■ 人數	4,009	5,331	9,369	12,624	14,355	17,352	20,033

註：修改自教育部國民及學前教育署（2021）。**109 實驗教育簡報**（https://www.k12ea.gov.tw/files/common_unit_id/d8533636-0498-4fd6-b456-2bcda3a8b4d9/doc/109 實驗教育簡報 .pdf）。

表4-1　學校型態實驗教育近學年學校及學生數表

學年度（年）	103	104	105	106	107	108	109
校數（所）	0	8	35	53	64	79	91
學生數（人）	0	277	2,764	5,139	6,244	6,949	8,911

註：修改自教育部國民及學前教育署（2021）。**109 實驗教育簡報**（https://www.k12ea.
　　gov.tw/files/common_unit_id/d8533636-0498-4fd6-b456-2bcda3a8b4d9/doc/109 實驗
　　教育簡報 .pdf）。

　　學校型態實驗教育是三種辦理型態中最具規模的一類，也是我國實驗
教育的特色。目前學校型態實驗教育已可延伸辦理至專科、學士及碩士階
段，未來將形成涵蓋初等、中等及高等教育階段的一貫發展體系，成為學
制上的一項特徵。也就是說，在推動學校型態實驗教育上，將不可避免的
談到各階段實驗學校的發展，與階段間的銜接等課題。

　　我國學校型態實驗教育係採公、私立的二分法來進行區別，而無論公、
私立，辦理實驗教育上皆包含新設立、轉型或改制等三方式。本節將針對
學校型態實驗教育各種辦理方式，分別說明之。另由於原住民族實驗教育
係屬於一種特別的辦理方式，因此本節亦將加述原住民族的實驗教育。

壹　公辦公營之實驗學校

　　將公立學校稱之為「公辦公營實驗學校」，係為了與委託私人辦理實
驗學校進行區隔。依照我國法規，委託私人辦理，即通稱的公辦民營學校
在身分上亦屬於公立學校。因此，此處特別將公立實驗學校稱為公辦公營
實驗學校，以便針對其特性做精準之說明。

　　公立學校，依《國民教育法》之規定，本屬於中央及地方政府之權
責，公立以國立、直轄市立、縣（市）立稱之，並規定公立國民小學及國
民中學，由直轄市或縣（市）政府劃分學區，分區設置。高中部分，則依
《高級中等教育法》設立，成為十二年的國民基本教育，以接續九年國民
教育。公立實驗學校在辦理上，自相關法令如《高級中等學校辦理實驗教

育辦法》及《專科以上學校型態實驗教育許可與設校及教學品質保證辦法》通過後，得以向上延伸辦理至專科、學士及碩士階段，是故，中央及地方教育主管單位可籌設各級實驗學校。

　　公立學校辦理實驗教育，依法有新設立及轉型或改制的方式，茲介紹如下：

一、新設立

　　《學校型態實驗教育條例》公布之初，原訂公立實驗學校辦理比例為地方所屬學校同一教育階段總校數之 10%，後經 2018 年修法後上調至15%，放寬了占比上限（惟不得超過全國同一教育階段總校數 10%）（中央通訊社，2017 年 12 月 29 日）。另一部分，國民教育階段至高級中等教育階段學校的全校總學生數，亦從 480 人放寬至 600 人，足見我國國民對實驗教育需求的提高。我國第一所新設立的公立實驗學校係為臺北市和平實驗國民小學。和平實小之校地原為籌設正規國小而徵收，但因市中心少子女化發展而無再行開設新學校之需求，隨後在「實驗教育三法」實施後，臺北市政府為推動實驗教育，遂令其以成立實驗學校方向繼續籌設，並於 2017 年開校。往後的各縣市，亦分別有新設的實驗學校產生，例如新竹市華德福實驗學校、臺中市立善水國民中小學、彰化縣立鹿江國際中小學等學校型態實驗教育學校等，而以原住民族實驗教育為宗旨的桃園市立羅浮高級中等學校也於 110 學年度首屆招生。

二、轉型或改制

　　當前我國的整體教育環境受少子女化的影響，小型學校校數日益增多，偏鄉學校學生人數亦急速減少，許多學校為求免於整併裁撤，不得不開始尋求轉型。然而，轉型或改制並非僅有裁撤與合併一途，實驗教育亦不失為解方，且如今教育的思潮蔚為多元開放，配合教育者對傳統教育進行反思，因此部分學校乃搭上實驗教育的風潮，轉型或改制成為實驗學校。

　　國小部分，雲林縣古坑鄉的山峰華德福教育實驗國民小學即爲一個公立學校轉型的案例，其亦是「實驗教育三法」公布後，我國第一所轉型的公辦公營實驗學校；臺南市仁德區的虎山國民小學，曾爲百年老校，然因糖廠關閉後失去生源，一度面臨廢校的危機，幸得實驗教育的開辦成功轉型，如今已成功取得國際生態學校「Eco School」的認證，成爲著名的實驗學校。另外，尚有如苗栗縣南河國小、臺中市中坑國小等爲推動混齡式教學實驗，轉型爲實驗學校的案例。

　　國中部分，位於臺北市大安區的芳和實驗中學，轉型前受到周邊學校的競爭，一度減班至 10 個班級，在面臨學校存併之際，校長及學校教師通力合作轉型爲實驗國中，又爲解決學生升學銜接之需求，復於 2020 年通過成立實驗高中籌備部，成爲全國第一所公辦公營的實驗完全中學。

貳　原住民族之學校型態實驗教育

　　實驗教育本係一種特定理念的教育模式，原住民族教育亦不在話下，教育部與原住民族委員會於 2016 年推動「發展原住民族教育五年中程計畫」，其當中引用《聯合國原住民族權利宣言》、《公民與政治權利國際公約》、《中華民國憲法增修條文》、《原住民族基本法》等，宣示原住民族教育的重要性，並在當中的「提升原住民族國民教育成效」策略的具體作爲中提到，將輔以「實驗教育三法」規劃並推動設立原住民族實驗學校或課程。最後，在 2019 年修訂的《原住民族教育法》中，正式將原住民族實驗教育納入規範，後又於隔年公布《公立高級中等以下學校辦理部分班級原住民族實驗教育辦法》，足見實驗教育在原住民族教育中受到重視的程度。

　　打造一個與正規教育平行的，專屬於原住民族的教育系統，一直以來係爲原住民族自治上的重點議題。現階段，教育部與原住民族委員會自 2021 年起推動的「原住民族教育發展計畫」中，將持續推動原住民族實驗教育政策作爲計畫的核心目標之一，教育部國民及學前教育署亦爲就近

協助原住民族實驗教育，特於國立清華大學、國立臺中教育大學、國立屏東大學、國立東華大學、國立臺東大學分別成立北、西、南、宜花、臺東區原住民族課程發展協作區域中心，以協助各校推動實驗教育。

在案例中，首要提及的即爲臺中市和平區達觀部落的「博屋瑪國民小學」，其前身爲達觀國小，在2016年申請獲准成爲全國第一所原住民族實驗國小，並正式更名爲「臺中市博屋瑪國民小學」，爲原住民族的實驗教育，開創了歷史的新頁。

 ## 民辦民營之學校型態實驗教育

民辦民營之學校，即私立學校。此類學校係由私立學校法人在政府鼓勵私人興學，增加國民就學及公平選擇之機會的原則下，依據《私立學校法》所設立之學校。私立學校若以新設或轉型、改制方式辦理學校型態實驗教育，經學校主管機關評鑑辦理完善，且評鑑結果績效卓著者，政府可依法予以獎勵。學校法人辦理實驗學校，亦可依《學校型態實驗教育實施條例》的規範，享有更寬廣之辦學空間，不受既有《私立學校法》及相關法規之限制。其目的乃在鼓勵私人透過辦理實驗教育，在享有較多的自主性下創新教學。

《學校型態實驗教育實施條例》係我國參考先進國家之立法先例，針對學校型態實驗教育所訂立的法律，主要係規範私立學校所辦理的實驗教育，公立學校辦理實驗教育實屬例外許可。該法第4條之規定，私立實驗教育學校的設立，可以申請設立，亦得將現有私立學校改制。

依照教育部國民及學前教育署公告的學校型態實驗教育學校名單，在2017至2020年間，私立實驗學校的數量僅由3所成長至8所。由於私立學校在辦學上受教育市場機制的影響甚大，且私立學校要辦理實驗教育時，在學生數上受《學校型態實驗教育實施條例》第14條之限制，不得超過600人，此較一般私立學校動輒可大規模辦學之條件更爲嚴苛。因此，私立實驗學校的發展速度，仍較公立緩慢。在案例上，有率先通過設

立的為 106 年臺中市的磊川華德福實驗教育學校，該校亦是全國第一所民辦民營的實驗學校。

肆　專科以上的實驗學校

專科以上教育階段，國內目前並無核准設立公、私立學校型態實驗學校，僅有國立陽明交通大學以實驗教育型態所設立的「百川學士學位學程」、國立清華大學所辦理的「學士班實驗教育方案」及國立東華大學的「縱谷跨域書院學士學位學程」，為實驗教育的學生開啟了不同的道路（林芳如，2020 年 3 月 2 日；曹松清，2021 年 9 月 26 日）。

在實驗大學方面，目前已知有職業類科學校及宗教團體提出申請籌設私立實驗大學，然而目前皆處於報請教育部審查階段（聯合報，2020 年 5 月 14 日）。近年來實驗教育的呼聲高漲，實驗教育學生的升學銜接需求亦成一項重要的課題。因此，實驗大學的出現亦指日可待。屆時，實驗教育學校將形成自初等教育階段到高等教育階段的一貫性學校選擇，其發展不僅豐富了我國學制的多元性，更開創我國學校教育的新視野。

第二節　委託私人辦理實驗教育

《公立高級中等以下學校委託私人辦理實驗教育條例》的制定，意指辦理實驗教育的「學校」，亦可由「委託私人辦理」的方式辦理實驗學校。委託私人辦理之實驗教育，在性質上亦屬學校型態之一種，惟經營模式之概念有異於公、私立之學校。截至 2020 年（109 學年度），教育部國民及學前教育署（2021）公告之委託私人辦理實驗教育學校名單計有 13 所，其概況如表 4-2 所示。有關委託私人辦理實驗教育的模式、特色與限制，茲說明如下：

表**4-2**　委託私人辦理實驗教育近學年學校及學生數表

學年度	103	104	105	106	107	108	109
校數（所）	3	3	5	9	10	11	13
學生數（人）	1,186	1,357	1,620	1,887	1,940	2,158	2,378

註：修改自教育部國民及學前教育署（2021）。**109 實驗教育簡報**（https://www.k12ea. gov.tw/files/common_unit_id/d8533636-0498-4fd6-b456-2bcda3a8b4d9/doc/109 實驗 教育簡報 .pdf）。

 壹　公辦民營學校的模式

　　委託私人辦理之概念等同於公辦民營學校（private management of public management），其產生背景為公辦教育為公共行政中的一環，受到科層、財務的弊端及限制，此弊端及限制將對教育的服務品質與總體成效形成阻礙，故透過適時引入民間的挹注、取其民間企業管理之長及適度鬆綁相關法令，來對公共行政進行的反動（吳清山、林天祐，2009）。

　　為提升公共行政及服務的品質，政府引進企業經營的理念，擴大民間參與公共事務的機會，透過將公辦事業所承擔的功能，透過轉移或委託的機制，交予民間經營，並使其提供對等服務的方式，此類經營模式即為「公辦民營」。

　　公辦民營的模式多以行政契約的方式委託私人辦理，而早期亦有地方政府依《教育基本法》訂定學校委託私人辦理自治條例，後因《公立國民小學及國民中學委託私人辦理條例》的頒布，委託私人之部分已在該條例中進行規範，為避免法規競合，故各地方政府乃依法予以廢止自治條例。

 貳　公辦民營學校的特色與限制

　　以公辦民營的模式來辦理實驗學校，可突破傳統公、私立學校的經營框架，為學校帶來更大幅度的創新。然而，隨著公辦民營學校的出現，新、舊的爭議仍屢見不顯，茲說明公辦民營學校的特色與限制如下（秦夢

群，2015；張金田，2018；許家齊，2017；陳麗嬌，2004）：

一、公辦民營學校的特色

公辦民營的經營模式係商借企業管理的長處，並應用於教育領域上。茲說明公辦民營學校的特色如下：

（一）教育選擇權的實踐

傳統的學校教育拘泥於學區學校，其學生來源仰賴設籍於地方學區學生，也因地方傳統學校生源穩定，較無一制衡的方式，故透過公辦民營的學校，來提供家長另一種不同的選擇，充分落實家長的教育選擇權利。

（二）績效責任制的彰顯

透過降低公部門行政傳統上的限制，並適度引入民間資源的挹注，藉以提升學校經營的靈活性。政府亦運用與民間訂定行政契約方式，規範雙方的權利義務與相關績效責任機制，以確保民間單位能夠確實執行契約的服務。

（三）減輕公共財政負擔

公辦民營學校透過政府將經營權委外，維持原有校地、校舍、經費及人力資源的提供等，其最大的特色在於降低政府的教育成本，提供多元的教育環境，一方面兼顧教育經費的支出，一方面兼顧公立學校的教育績效。

（四）教育創新與彈性化

公辦民營的辦理模式可因地制宜，依照環境現況、家長或學生需求，在一定的範圍內將課程、教學及師資來源等解構，再透過教學內容及學校經營的創新與彈性化，賦予教師充分的自主權，並發揮學校本位管理的精神。

(五) 提升品質與競爭力

有別於傳統的經營模式，公辦民營的辦理方式受到法規較少的限制，透過上述較為彈性化的創新經營，輔以政府與民間的契約協議與規範，使學校不斷地改善與提升教育品質，進而強化其競爭力。

二、公辦民營學校的限制

實驗教育法制化已有數年，然而公辦民營學校至今仍只有 13 所，且在執行過程中亦衍生出許多爭議，茲說明如下：

(一) 產生另一種教育機會的不公平

民營化所追求的目標即為績效、利益，然教育的本質仍有其公共化的價值，在過度看重結果的情況下，恐掀起另一波教育商品化的浪潮，而中輟、邊緣、弱勢或特殊需求等學生，將容易被忽略。這可能產生了另一種教育機會的不公平，亦會延續階級再複製，無助於階級向上的流動。

(二) 政府與民間的權責劃分不清楚

公辦民營仰賴契約的執行，然倘契約中諸多名詞諸如「辦學不力」、「行為不檢有損師道」及「不能勝任工作」等，皆涉及不確定法律概念。由於教育有其複合性、爭議性、多樣態等性質，其責任歸屬若無法釐清，遇到爭議時將難以解決問題。

(三) 學校團隊成員間的磨合與安置

辦學的過程中，須仰賴諸多人力資源的配合，然公辦民營學校為民間團體進入學校辦學，多方人馬如何在過程中取得共識，又或造成劣幣驅逐良幣的情形，且學校運作的穩定及持續性較無法與傳統公立學校比擬。是故，宜建立輔導轉銜、安置及退場機制，以避免影響學生的學習權益。

(四) 欠缺足夠誘因，減低投資意願

教育的價值有其公共性，然民營化則相對注重績效與結果，在義務教育階段之公共性，如何建立與營利導向的經營模式形成平衡，而公辦民

營的商業模式如何在教育現場體現，又如何能吸引到民間能兼顧教育本質，且又能適當經營的團隊，是為公辦民營教育成功的前提之一。

公辦民營的經營模式不論是在民間資源的挹注，亦或人力資源的彈性編配，皆有其良效，2016年位於宜蘭縣蘇澳鎮的岳明國民小學正式改制為公辦民營學校，為公辦民營學校結合實驗教育開創新的紀元，成為「實驗教育三法」通過後，全國第一所公立學校成功轉型為公辦民營實驗學校之案例。

公辦民營的經營模式有其亮點，亦有其限制，近年來某縣曾有飽受爭議的公辦民營實驗中小學校，因收費、課程、人事和會計等問題，造成該縣教育審議委員會於2017年底決議提早終止委託辦學契約，並交回地方政府接管。隨後，雖然如期找到新委託對象並締約，使此事圓滿落幕，但發生此類事件，無疑是為實驗教育敲響警鐘，值得相關單位警惕，為學生的學習權益把關。

第三節

非學校型態實驗教育

依據《高級中等以下教育階段非學校型態實驗教育實施條例》（以下簡稱非學條例），我國目前非學校型態實驗教育的態樣有三，包含「個人式」、「團體式」、「機構式」三種。三辦理方式的參與學生數變化如表4-3所示。茲就其意義或內涵、申請或成立動機、運作模式及限制分別說明如下：

表 4-3　非學校型態實驗教育近學年學生數表

學年度	103	104	105	106	107	108	109
學生數（人）	2,823	3,697	4,985	5,598	7,282	8,245	8,744

註：修改自教育部國民及學前教育署（2021）。**109 實驗教育簡報**（https://www.k12ea.
　　gov.tw/files/common_unit_id/d8533636-0498-4fd6-b456-2bcda3a8b4d9/doc/109 實驗
　　教育簡報 .pdf）。

 個人式實驗教育

一、個人式實驗教育的意涵

　　個人式實驗教育，依據《非學條例》第 4 條所述，係指學生個人在家
庭或其他場所實施之實驗教育，其內涵包括一般社會大眾觀念上所認知的
個人自學或在家教育、適性教育及家長參與等。《非學條例》將其概念予
以法制化，象徵我國教育發展之自由與多元，展現其個人實驗教育之彈性
化、適性化與個別化的特色（吳清山，2019）。

二、個人式實驗教育的申請動機

　　家長在申請個人式實驗教育時，大致上會面臨以下問題：為何要申請
個人的實驗教育？有無申請實驗教育的必要性？申請實驗教育有哪些好處
及限制？家裡經濟條件，可否負擔孩子參與個人式實驗教育等。

　　家長提出參與個人實驗教育的申請時，不僅要提到申請動機，且其申
請動機及教育理念亦會反應在申請計畫書中。動機的強烈與否，以及有無
必要性，往往影響著未來計畫實際的執行以及審議委員會的審議結果。

　　個人式實驗教育計畫的申請動機繁雜，諸如學生不想去學校、想讓學
生睡晚一點、不想寫作業、不想參與學校的各種考試、學校教的內容太過
簡單、不喜歡學校授課教師等。此處將申請動機歸納為三個方面，茲分別
說明如下（劉彥廷，2021）：

(一) 持有特定的教育信條

透過第 2 章之闡述，吾人可以了解到實驗教育理念的多樣性，受到不同教育哲學及其理念的影響，持不同教育理念的教育者，亦會產生不同的教育模式。

此類的學生家長並非對傳統教育的不信任，對他們而言，該教育階段的校園有太多的懸缺課程（null curriculum）或稱空無課程，常見的教育理念包含自然主義的教育、實用主義的教育、宗教教育、讀經教育、永續教育、人權及性別教育等，相較於同年齡層的學生，他們認為學校內的基本學科僅要達到基礎的知識水準即可，反倒是應該花更多時間去思考、延伸懸缺課程中的內容。

(二) 對傳統教育的反思

參與個人式實驗教育計畫的過程中，其中不乏對傳統教育不信任的家庭，畢竟歷經一連串的教育改革，仍無法產生立竿見影的良效，使得部分家庭對於傳統學校教育心生忌憚。

對於傳統學校教育所產生的質疑，加上國人普遍社經地位的提升，使得部分家庭欲對傳統教育文化進行批判，如同奧地利哲學家伊萬・伊里奇（Ivan Illich）於《去學校化社會》（*Deschooling Society*）一書中對於傳統學校教育的批判論述（Illich, 1971/2020），進而提出參與個人實驗教育的計畫。

(三) 符應個人實驗教育者的身心發展需求

為了因應個別差異，國內多數教師會採行差異化教學。然而依照國內的師生比以及教師編制來看，一名教師要最大化的顧及學生個別差異，且須兼顧每位學生的個別差異及身心發展，實有難度。以下，概要的分享實務上為符應學生的身心發展需求而申請參與實驗教育的情況：

1. 培養或訓練「技能」：有些家長或學生認為傳統學校的課程不足以應付未來性向的發展所需，因此需要自行尋找進行適性發展的課程規

劃，諸如：繪畫、棋類、球類、舞蹈、機械等，以培養相關技能。

2. 職涯探索與建立興趣：有些學生認爲傳統學校教育無法激發學習動機，課業壓力又大、同儕間分數排名的不良競爭等，且又在其性向未定的情況下，希冀藉由參與個人的實驗教育，進行職涯探索或建立興趣。

3. 特殊教育與醫療照護：部分學生因身心情況，無法有效的融入班級，或於特定領域的表現資賦優異，欲尋求、或正在接受特殊教育的支持與協助，或學生擬接受醫療照護，爲確保身心有更爲妥適的照顧及發展，因而以參與個人實驗教育爲解方。

4. 其他身心需求：包含學生輔導及文化適應，諸如僑生歸國或睡眠不足等。而在學生輔導中，最常見的諸如懼學（school phobia）、拒學（school refusal）、逃學（truancy）、社交障礙或其他精神疾患等情況，以家長、學校、教育主管機關等持續地介入輔導與關懷，並透過參與個人實驗教育來減緩其焦慮、恐懼或行爲表現。

三、個人式實驗教育的學籍處理

參與個人式實驗教育的學生，屬於國民教育階段者，依目前規定，學籍仍應安置於學校。依《國民教育法》規定，國民仍應履行九年、兩階段的受教義務。此兩階段之前六年爲國民小學、後三年爲國民中學，應在學校就學。另在《強迫入學條例》亦指出「入學」之「學」字即指學校，國小及國中學生仍應以戶籍所在學區的學校爲學籍學校。至於高級中等教育階段，則可選擇是否與學校合作來進行設籍，或可選擇不與學校合作，其設籍單位爲地方主管教育行政機關，其差別在於得否享有學校所提供的公共資源或由地方政府另外安排，以及領有學籍學校的畢業證書，因《非學條例》提到，倘完成相關條件，直轄市、縣（市）主管機關應依申請，發給學生參與高級中等教育階段實驗教育證明（非畢業證書）。

四、個人實驗教育的限制

《非學條例》提及，實驗教育係爲保障學生學習權及家長教育選擇權，可採行有別於學校型態的教育，然在參與個人式實驗教育的同時，亦

衍生出許多挑戰，茲將其歸納說明之：

（一）現行制度的規範

依照現行的制度規範，偶有發生家長有意或無意的取得雙重學籍、實驗教育淪爲高風險家庭的避風港、普通型高中與技術型的補助不同、競賽或展演名次的相對剝奪與無法參與、特殊教育（含資賦優異）學生鑑定與跳級的採認等，諸多挑戰仍有待解決。

（二）課程與學習內容

在執行實驗教育計畫的前後，亦有發生補習教育與實驗教育之競合、師資的選擇與學習成效的把關、人際的互動與道德價值判斷的建立、課程內容爲家長獨斷的決定等問題，這些皆會影響實驗教育精神的展現與學生的學習權益。

（三）與設籍學校關係

許多家長採部分時間到校上課，造成學校管理與班級經營的問題，亦或是學校教師勸誘問題學生之家長申請個人式實驗教育，又有學校團隊對參與個人式實驗教育之學生予以標籤化等。此類問題，也會影響到學生的學習。

　團體式實驗教育

一、團體式實驗教育的意涵

當前在教師專業發展上，提倡教師共組專業學習社群（professional learning community），共同探究與分享交流教學實務。將主體轉爲學生亦同，一群有著共同教育理念及理想的家長或學生，爲了實踐自身的教育理念，在與學生充分溝通後，因而齊聚一堂，共組學習社群。如此一來，既多了人際互動，又可分攤單獨聘任家教、師資或購買教學資源的開銷。《非學條例》第4條規定，團體實驗教育係指爲3人以上學生，於共

同時間及場所實施之實驗教育。

二、申請或參與實驗教育團體的動機

團體式實驗教育在 3 人以上即可成立，且除申請書及實驗教育計畫外，在申請時亦須教學資源相關資料、場地同意使用證明、學生名冊、經費來源、財務規劃及相關聲明書等相關資料。故申請實驗教育團體時，宜先思考成立的動機及有無其必要性，以及成立前後可能會面臨到的問題。因參與團體式實驗教育之動機或多或少與個人式實驗教育重疊，故此處不再重複說明與個人式實驗教育相同部分，僅將申請或參與團體實驗教育之動機說明如下：

(一) **分攤教育成本**

家長或學生在規劃課程時，家庭財務負擔亦為安排課程與教學的一個考量因素，倘要聘請家教、軟體及設備添購等所費不貲，面對教育環境不確定的情況下，透過組成團體分攤及降低教育成本，或由團隊成員的家長貢獻其專長，透過無償或低價的方式教授課程。

(二) **為爭取公共資源**

許多公共資源係針對團體所設計，包含博物館或美術館的導覽申請、公共空間的租借、競賽展演，或是公家單位所辦理的小班制教學課程等，均須以團體的方式進行報名與參與。倘若以個人名義，雖能享有設籍學校所提供的公共資源，然在參與個人有興趣的團體活動時，卻僅得向隅。

(三) **為籌設機構、學校做準備**

在執行團體實驗教育計畫的過程中，其中亦不乏欲針對未來辦理實驗教育機構及學校之團體，在以團體經營的模式中，已可清晰看見，諸如有系統性的課程與教學、師資的送訓及穩定的財源，甚至是學生的制服設計等，其等待的即為規模的穩定與契機。

(四) 錯過個人實驗教育的申請時間

採行團體式實驗教育的模式可進行對外招生，於就學期間得隨時進行轉出入，故成為了部分學生申請個人實驗教育前暫時的寄託。依照《非學條例》規定，由於個人實驗教育須於每年的 4 月及 10 月提出，然有家長不諳法令規定，或有申請實驗教育之急迫性，在不違背中央法令的情況下，乃選擇加入實驗教育團體。

三、團體式實驗教育的學籍處理

若採行團體方式來辦理或參與實驗教育，其學籍的處理於《非學條例》中亦有規範，其學籍設於受理辦理實驗教育申請之直轄市、縣（市）主管機關指定之學校。但在實務運作上，除由地方政府指定外，亦得透過團體自行尋找地方學校合作進行設籍，惟須報請地方教育主管機關核准。也由於受《非學條例》限制，須向團體成員設籍占最多數者之直轄市、縣（市）之學校進行辦理設籍，而高中以下（含高中）教育階段學生之設籍辦理模式，則與個人實驗教育的方式相同。

四、限制

實驗教育的團體雖多為志同道合的家長們和議共同組成，然就現行制度下，仍有其限制，以下就常見的議題，歸納為幾點說明：

(一) 團體運作

實驗教育團體的運作過程中，因財務多託付於某位代表或外聘他人集中管理，倘無和議或契約不完善，將導致收、退費的疑義；且一般學生之法定代理人不一定熟諳建築或公共安全相關規範，亦將導致場地認定或許可之問題。

(二) 學生權益

家長間的理念發生競合，或家長對外聘教師有疑慮，導致教師流動率提升所衍生教學的責任歸屬，甚至造成團體的廢止等。這些在安置、生涯

銜接、轉銜輔導上的規劃，皆會直接影響學生的學習權益。

(三) 性平及霸凌

不管實驗教育團體人數的多寡，只要是團體，就有可能會發生違反性別平等及霸凌的事件，然在通報的過程中，經常發生設籍學校對團體或機構的不熟悉，導致調查的困難，或衍生額外行政資源的開銷，故相關的機制仍有待建立，以兼顧多方的權益。

機構式實驗教育

一、機構式實驗教育之內涵

依照《非學條例》的規範，機構係指「由學校財團法人以外之非營利法人進行設立」之組織，而相關法人之規範於我國《民法》、《人民團體法》及學校、醫療、宗教、研究或社福機構等之特別法，較為常見的非營利法人有社團法人，或是財團法人所成立的基金會、策進會、勵進會、協進會、協會、學會與工會等。實驗教育機構在設立時，須為在固定場所實施之實驗教育，並以實踐實驗課程為主要目的。

二、參與或設立實驗教育機構的動機

相較於成立實驗教育團體與個人實驗教育，機構式在申請時除提供申請書及實驗教育計畫外，尚須依《非學條例》之規範，檢附包含法人及擬聘實驗教育機構負責人、機構名稱、教育理念、場地限制、財務經費等資料，再由非營利法人之代表人，向機構所在地直轄市、縣（市）主管機關提出申請。在人數上，《非學條例》規定，實驗教育團體之學生人數上限為 30 人，機構則可達 375 人（國民教育階段上限為 250 人、高級中等教育階段為 125 人），其規模與性質上已接近「準學校」，故辦學的範圍牽扯甚廣，在核准、監督上更需要行政機關慎重行事。因為參與機構式實驗教育之動機多少與個人式及團體式重疊，故此處僅說明機構式專有之動機如下：

(一) 籌設學校

許多非營利法人欲致力於辦學，且無論是親自經營或委請專業人士穩定從事教育並進行招生者，成立實驗教育機構不失為一實踐教育理念之機會，且其成立該機構的出發點即為建立一個實驗教育體系，待規模穩定，再進而申請私立實驗教育學校，例如臺中市私立華德福大地實驗學校、高雄市私立南海月光實驗學校及高雄市私立光禾華德福實驗學校等，其前身皆由團體轉型為機構，再進而成立學校。

(二) 推廣、發揚該社團或財團之教育理念

常見的非營利法人，包含某社團及某財團，其成立之初的宗旨即包含教育理念，包括關懷弱勢、中華文化、培養領袖、偏鄉教育、科技領航、社會公益或永續發展等，希冀藉由成立機構，實踐實驗教育的課程，進而推廣、發揚該社團或財團之教育理念，達成其使命。

(三) 補習班轉型

自「實驗教育三法」通過後，開始出現補習班轉而申請實驗教育機構。相較於傳統補習班，實驗教育機構的科目較為彈性，人事要求亦較為鬆綁，且有更充裕的時間來實施教學，林林總總的規範較為靈活，進而使補習班能有多元的進路。

(四) 特色課程招生

部分非營利法人的設立除了共同理念與志趣外，尚能有能力辦理特色課程，並透過相關課程進行招生，諸如：輔導就業、國際化教學、雙語教育、IB（國際文憑）課程、研讀經典等，皆為實驗教育機構招生上的特色。

三、機構實驗教育的學籍處理

在籌設或參與實驗教育機構的學籍處理方式，依《非學條例》規定，與實驗教育團體的運作模式亦同，且其身分不論係以個人或參與團體與機構，皆享有同等於設籍學校學生之資格，得平等參與各類競賽展演、健康及醫療檢查等。

四、限制

實驗教育機構雖提供了家長多元的選擇，然就現行制度下，仍有其限制，以下就常見的議題說明如下：

(一) 機構運作

在機構運作方面，常見的問題有家長或教師與機構間財物的糾紛、機構與教師於執行契約時衍生的責任歸屬、傳統補習班實驗教育機構化、機構家族化衍生的師資品質保證、場地租借及建築或公共安全等諸多挑戰。倘某個環節一出現問題，將對學生的學習權益造成影響。

(二) 學生權益

若參與實驗教育機構的家長與機構無法保有一定的信任度，諸如家長有意或無意的隱瞞學生狀況、機構隱瞞營運不良的訊息進行招生、教學場域的監視器安置等，進而引發學生所需要的輔導轉銜或安置等，又如機構隨意的將學生留級或重讀等，皆會對學生的受教權造成不小的衝擊。

(三) 性平與霸凌

性別平等及霸凌等傳統學校的問題，隨著機構人數的成長，亦相應而生，因目前相應的機制仍不純熟，且實驗教育偶採混齡或跨年級的教學，在其通報機制上仍有其討論的必要性，以免對學生的身心靈造成負擔，進而影響學習狀況。

無論係選擇何種實驗教育的模式，師資與學生的學習檢證一直以來都是一大挑戰。實驗教育團體與機構的師資及課程較具彈性，原則上是招聘具共同理念的人才進駐，常見的教育理念諸如蒙特梭利教育、華德福（史代納）教育、杜威的教育哲學、阿德勒（Adler）的心理學、全人教育、國際教育、讀經教育等，第 11 章介紹之「小實光實驗教育機構」，其特色課程即為走讀課程的發揮。不同的教育哲學，透過理念師資與特色課程的實踐，進而產生磁吸效應，吸引志趣與理念相符的家長與教育工作者一同加入，為學生提供更好的課程。

第四節

實驗教育發展分水嶺

　　我國實驗教育之推動，彰顯了家長教育選擇權及保障學生的學習權。為此，不論學生與家長選擇何種教育模式，皆應受到我國最低門檻之教育水準保障，然而，「如何保障？」乃進而使得實驗教育由誰來教，以及如何確保學生的學習品質與教學成效等疑義，成為廣泛討論之議題。

　　學生要有好的學習品質，有賴具備高度專業知能與教育熱忱的教師。往年，如欲擔任實驗教育之教學者，可於實驗教育學校、機構與團體擔任教師，而有別於過往的教師甄試，除傳統教師甄試的組別及一般實驗教育學校自辦的教師甄試外，目前亦有縣市開始甄選「實驗教育組」的教師，為我國多元的教學環境，挹注新的活水。

　　實驗教育實為我國後起之秀，目前實驗教育的發展可謂到了一個分水嶺，過去的實驗教育發展定下今日的基礎，未來的發展則需要進一步的就每個影響實驗教育品質的方向做更細部的改進。除上述師資素質外，例如教育理念如何落實在每一日的教學上、課程設計與教學實施、教師的專業成長、學習評量的設計等，皆需要進一步的檢視、監控與改進。

　　實驗教育的美，即在彈性、靈活、創新化。要彰顯實驗教育的美學，相關議題仍亟待多方專業人士的努力。

實驗教育我想想

　　實驗教育團體與機構的學生，於國民教育階段皆有其設籍學校。面對這些「外掛或外加」的學生，設籍學校該如何協助辦理相關事項，諸如：各種測驗、諮商輔導、健康檢查等，團體、機構與設籍學校該如何協調辦理？

　　當前要就讀實驗教育團體或機構，各學期應支出的費用所費不貲，而當面對學生有特教或輔導諮商需求，或發生性別平等及霸凌的案件時，依現行法規規定及作業流程，仍得回到設籍的學校處理。當然，學校接受學生的學籍，也並非沒有好處，最明顯的好處在於帳面增加了，設備和預算就會比較充足些，有些因為學生數少必須減班的問題也得到解決，讓校內教師不必因減班而調校。

　　然而，當實際就學於實驗教育團體或機構學生的各種需求，由設籍學校處理時，所衍生出來的行政資源開銷，該如何辦理？

第 5 章

實驗教育的課程、
教學與評鑑

Everything you can imagine is real.

—Pablo Picasso

　　要使任何的教育活動產生意義及價值，將知識和經驗透過系統性的重組，再傳遞給學生，必然要將「教什麼」和「如何教」兩部分進行詳細的衡量，一般教育是如此，實驗教育亦不例外。「教什麼」在研究領域分類中，是屬於課程領域探討的主議題，「如何教」則是教學領域研究的主範疇。依照特定教育理念辦理的實驗教育，必然在課程與教學上綻放出多元、豐富的樣貌，吸引眾人的目光。

　　為吸引家長與學生，實驗教育的課程可能會與正規教育有所不同，這種「不同」需要實驗教育教師透過課程設計、課程經營將理念轉化為具體的活動，再以彈性的教學方法教給學生。為了確保課程具有完整的理論體系背景、連貫的系統脈絡，能夠讓學生學到完整的能力和素養，則需要透過評鑑掌握實施狀況，以求改進。

　　實驗教育的課程、教學與評鑑議題，係為實驗教育最重要的內涵，也是掌握實驗教育辦理成敗的主因。實驗教育的型態與辦理方式相當多元，難以針對特定案例進行探析，有關實驗教育的課程模式與教學模式，第 2 章已做歸納，本章則將焦點進一步鎖定於全體實驗教育的課程、教學與評鑑進行論述，協助讀者釐清實驗教育的本質。

問題的核心

　　本章的核心概念，是要打破一種對於實驗教育課程、教學與評鑑的偏見，認爲所謂的實驗教育，更該具備了一種不同於現存於正規教育學習現場的課程、教學與評鑑方式。簡單地說，所謂的實驗教育課程教學內容與方式，以及怎麼確保或維繫品質，關於評鑑的事，就被設定爲應該要與「非」實驗教育學校有明顯的不同，才是所謂的「實驗」。

　　上述觀點，正是禁錮了實驗教育的辦學者，讓其誤認爲必須要透過「不同」的課程、教學與評鑑的歷程，才能達成辦理實驗教育的核心要旨。本章正是要正本清源此一謬誤。

　　本章論證的最關鍵問題意識：實驗教育的課程、教學與評鑑，不是爲了與眾不同，而是爲了實現「特定教育理念」，並且是「應以學生爲中心」而做的努力與實踐。唯有當實驗教育工作者，尤其是第一線的校長與教師，以及投入實驗教育的師資培育者能夠清楚體察這件事，實驗教育的課程、教學與評鑑，才有機會貼近「實驗教育三法」爲辦學者撐起「爲鼓勵教育創新、促進教育多元化發展」，此一實驗教育宗旨的基本初衷。

類型學的映照

　　如果評斷一個實驗學校或實驗教育機構，甚至是個人自學所端出來的課程、教學與評鑑沒有與眾不同，要怎麼能宣稱自己的學校與別人的差異，甚至比較厲害的吸引家長青睞，讓孩子進來就讀，或是獲得主管機關的支持與資源投入，以及通過審議委員會的准駁取得辦理機會呢？

　　上述疑問，從「類型學」（typology）的映照，可以提供進一步的思

索。施植明（2021 年 5 月 25 日）所主持的「建築思維研究室」對於「類型學」的論述指稱，類型是「一種分組歸納方法的體系」，類型的各個成分是以各個「特別屬性」來識別的，這些屬性彼此之間互相排斥，而集合起來卻又包羅無遺。楊裕富（1998）對類型學的內涵進一步界定如下：

> 類型學理論並不在於具體的操作，而是把一個連續、一致的體系（continuum）作分類處理的方法。這是一種「認識論」的思考方式。它刻意忽略個別的枝節問題，以分析廣泛的整體性。常言說：「物以類聚」，就是類型之意。

當實驗教育在辦理上，尤其聚焦在課程、教學與評鑑，這類實質操作與經驗層面，期待能端出有別於既有課程教學評鑑的「菜色」時，在類型學的思考理路中，實驗教育的課程、教學與評鑑是處在怎麼樣的處境？是如何被認識及看待？如果實驗教育的課程、教學與評鑑被視為一個與既有存在樣態的相互連續體，那麼又為何需要大費周章的，非得和正規教育不一樣？

第三節
釐清實驗教育的課程、教學與評鑑

在辦理實驗教育，規劃課程、教學實施與評鑑上，必須要釐清實驗教育的課程、教學與評鑑的本質與定位，方能確定辦學的核心思想。以下，透過「實驗教育與正規教育的對比」、「如何確保以學生為中心的教育」與「如何符應特定教育理念」三面向之討論，來釐清實驗教育的課程、教學與評鑑上的迷思。

壹 實驗教育的課程、教學與評鑑，不是為了與既有的「不一樣」

從上述類型學的討論及觀點，若是我們思考實驗教育的課程、教學與評鑑，停留在「和現狀有什麼不一樣」這件事，便會陷入了迷魂陣，甚至是死胡同。因爲，那會是在一個「連續體」（continuum）裡打轉。但弔詭的是：辦理實驗教育不就是透過課程、教學與評鑑，讓孩子的學習內容與經驗有所不同，以達成「讓教育不一樣」的目標，進而回應「爲鼓勵教育創新、促進教育多元化發展」實驗教育的基本初衷嗎？

若回到問題本質的思考及實務運作層次的理解，不管是「學校型態實驗教育」、「非學校型態實驗教育」或是「委託私人辦理實驗」的實驗教育型態，關鍵在於這二件事情：「特定教育理念」以及「應以學生爲中心」，這一體兩面的概念到底有沒有釐清及落實，將會是探究此問題的關鍵。

以「學校型態實驗教育」爲例，法規已明確指出實驗教育辦學是依據特定教育理念，以學校爲範圍進行「整合性實驗之教育」。因此，課程、教學與評鑑的面向當然是在其中「實驗」的向度。實驗教育各式各樣的類型或是辦學者，帶著各種「特定教育理念」開展與撰寫實驗教育計畫，並通過各類審議委員會的審議機制以獲得辦學的許可。課程、教學與評鑑內容所謂的「不一樣」就會看似百花齊放、繽紛錯落。但是，這個「不一樣」所爲何來？卻是在實驗教育的學習現場裡鮮少探究的。

再以《學校型態實驗教育實施條例》第8條，實驗教育審議會審議實驗教育計畫時，應考量的下列因素說明之：

（一）保障學生學習權與落實家長及學生教育選擇權。

（二）計畫內容之合理性及可行性，並應符合第三條第二項規定。

（三）預期成效。

從上述這個審議實驗教育執行的角度來說，「做哪些？」及「怎麼落實？」是審議計畫通過的重點，而能不能「保障」及「落實」則是二個關

於評鑑概念的關鍵字。尤其提到關於「應符合」第三條第二項的內容，更直接牽引出問題的核心：

> 前項特定教育理念之實踐，應以學生為中心，尊重學生之多元文化、信仰及多元智能，課程、教學、教材、教法或評量之規劃，並以引導學生適性學習及促進多元教育發展為目標。

然而，「應以學生為中心」這件事根本就不是新鮮事。

攤開「十二年國民基本教育課程綱要」的「總綱」當中的「基本理念」，明白指出，課程綱要就是「應以學生為中心」（教育部，2021），而實驗教育與十二年國教課綱兩者，不論是精神也好、目的也是，根本就不謀而合，並無不同：

> 本課程綱要以「成就每一個孩子——適性揚才、終身學習」為願景，兼顧個別特殊需求、尊重多元文化與族群差異、關懷弱勢群體，以開展生命主體為起點，透過適性教育，激發學生生命的喜悅與生活的自信，提升學生學習的渴望與創新的勇氣，善盡國民責任並展現共生智慧，成為具有社會適應力與應變力的終身學習者，期使個體與群體的生活和生命更為美好。（頁1）

從這個理路出發便能夠理解：實驗教育的課程、教學與評鑑，不是為了與既有的「不一樣」，而是到底能不能「保障」及「落實」應以學生為中心這件事。

貳 實驗教育的課程、教學與評鑑，是回應與確保「以學生為中心」這件事

正如前節所論述，實驗教育的課程、教學與評鑑，不是為了與既有的「不一樣」，而是要「保障」及「落實」以學生為中心這件事。但是，「以

學生爲中心」該怎麼達成呢？

王金國（2018）指出，從「以學生爲中心」這個概念開展，其相關名詞包括：「以學生爲中心的教育」（student-centered education）、「以學生爲中心的教學」（student-centered instruction）、「以學生爲中心的學習」（student-centered learning）、「以學生爲中心的教室」（student-centered classroom）、「以學生爲中心的取向」（student-centered approach）、「以學生爲中心的課程」（student-centered curriculum）、和「以學生爲中心的評量」（student-centered assessment），其內涵應該包括：

㈠在教育上，將學生視爲教育的中心，其他的教育作爲，都以協助學生達成教育目標爲準則。

㈡課程設計上，要根據學生的背景、能力與需要來設定教學目標、選擇與組織教學材料或活動。

㈢評量設定上，也要個別化、差異化地依學生的背景而調整。

更具體簡要地說，「以學生爲中心」，在教學／學習上，學生是學習的主人（owner），教師要扮演引導者、輔助者、陪伴者，來協助學生發展對學習過程的擁有感並達成個人有意義的學習目標；透過學習策略來自主學習；超越教室界限，針對眞實的生活情境有感（Lee & Hannafin, 2016）。

當實驗教育是要經由課程發展、教學實施與評鑑反思，以達成與落實以學生爲中心這件事，而不是爲了與既有的「不一樣」，去陳顯自己和別人的不同，以獲得實驗教育目的以外的利益，這才是吾人面對實驗教育的課程、教學與評鑑時，必須坦誠以對的態度。

參　實驗教育的課程、教學與評鑑，須扣準「特定教育理念」這件事

綜觀源自於近 30 年前另類教育的發展，並延續透過政策引導及教改脈絡的梳理，目前，國內已經累積不少有關於實驗課程、教學與評鑑的

「實例」。爲什麼是實例,而不是類別?正是因爲這些實例最大的目的,不是在創造有別於現狀的差異,而是辦學者到底能不能積極扣準「特定教育理念」這件事?也唯有透過對此的反思檢視,才能落實「特定教育理念」,並且爲「以學生爲中心」而做的努力與實踐。

詹志禹曾於 2017 年時,針對當時國內辦理實驗教育或是創新者的課程教學樣貌進行歸納。他將其大致統整爲十大方向(詹志禹,2017),如下列舉:

(一) 在地特色課程

採用主題課程或專題學習,結合當地文化或生態特色,激發學生學習動機,兼顧培育基本能力,並常跨科實行統整教學。實例包括雲林古坑華南國小的山林與咖啡生態教育,宜蘭岳明國小的帆船課程等。

(二) 探索體驗課程

重視探險、體驗與團隊合作建構,實例包括新竹光武國中的「法拉第少年」學習之旅,將登山、溯溪、單車環島、山海交流等探索活動結合科學與體育等課程。

(三) 美感教育

重視美感探索課程,並結合生活實踐與自然環境。實例包括臺南後港國小,利用當地的黑面琵鷺、蚵殼、漂流木等生態特色,融入生活美學,結合戲劇與海洋教育等等。

(四) 創客教育

結合資訊科技,重視開放創新與體驗探究,強調做中學以及從創造中學習。實例包括宜蘭三民國小教師詹勝凱,透過木工與電工課程,引導學生自我創造、用手感知世界;花蓮高農建構植物工廠,將農業科技和有機栽植融入課程等等。

（五）民主教育

重視人權、平權、尊重、正義與互信等價值觀，強調自主、多元、對話和批判思考等教育觀，學生可參與學校的許多決策和課程設計，甚至組成學生法庭學習民主自治和衝突解決。

（六）華德福教育

以德國哲學家魯道夫・史代納的人智學為根據，強調身、心、靈整合發展，特別重視學習的節奏、藝術的啟發和手腦的並用，對於人類心理發展與課程設計原理自成一套系統。全國並有頗多華德福共學團體和實驗教育機構。

（七）特色教學法

在某一個學科領域發展一套有效的創新教學法，並可類化應用至其他領域。實例包括南投爽文國中教師王政忠所發展的 MAPS 教學法，臺北市中山女高教師張輝誠所發展的「學思達」教學法，臺東高中教師羅勝吉則成功地將「學思達」教學法應用至化學領域。

（八）國際教育

強化國際觀、外語教學、跨國互動與多元文化理解。實例包括嘉義竹崎高中教學生以越南語連結新住民，用英語導覽阿里山，並推動多元文化課程、藝術國際交流和模擬聯合國等活動。

（九）混齡教學

將部分或全部課程混合年級教學，重視分組教學、合作學習、同儕互動和個別化指導。實例除各類型非學校型態實驗教育單位外，實驗學校如嘉義豐山國小、臺中東汴國小，苗栗南河國小等學校。

（十）綜合改善體質

把曾經走下坡或學生人數外流的學校，綜合改造體質，提升品牌形象，讓學校止跌回升。實例包括汐止白雲國小，採用了強化科技教育、善

用雲端教育、建構友善校園並提供優質課輔等等。

　　正如詹志禹認為前述這些案例正在逐步累積當中，而且每一個案例也可能顯現多重創新方向：

　　　　這十大方向並非窮盡列舉，也不交互排除，其目的不在分
　　類，而在觸發實驗創新者的擴散思考。（詹志禹，2017，頁15）

　　問題來了。這些課程、教學與評鑑是否有扣準「特定教育理念」這件事？

　　必須指出，在上述十個方向的案例中，僅有關於「民主教育」的「新北市烏來種籽親子實驗小學」、「苗栗全人中學」，以及華德福教育系統的「宜蘭慈心華德福學校」、「臺中海聲華德福學校」等非學校型態的機構團體，較能在明確堅實的「特定教育理念」支持下，透過課程發展、教學實施與評鑑反思，落實「以學生為中心」這件事。

　　更明白地說：至於其他方向或實例，即便不是在實驗教育的法源依據下，也能夠執行或辦理。也就是說，此取向的課程發展、教學實施與評鑑反思，雖然具備整體校務革新求變的動能，也讓基層教師發展出教師專業的自主性及主體性，而學生也在這類取向的學校變革和經營裡，獲得各種學習經驗的擴展及延伸。或許，這些對於我國整體的教育發展、教學的創新求變、師生的增能展賦，也帶來不同的機會與氣象。但是，這並不是實驗教育的課程、教學與評鑑的初衷與目的。因為，其他的實例明顯地缺乏堅實的「特定教育理念」支持，更沒有落實「以學生為中心」這件事。更甚者，沒有「特定教育理念」支持，並未落實「以學生為中心」的實驗教育，很快就會被教師、家長、社區等利害關係者發現辦學上的盲點，而使價值「不在」的實驗教育「不再」受到支持，上述十大方向中的案例，有些已經退出實驗教育的行列，衡諸箇中原因，相當值得省思。

　　實驗教育的課程、教學與評鑑，須扣準「特定教育理念」這件事，然後在落實以學生為中心的課程、教學與評鑑實務運行下以達成，以解決新

時代所帶來的新問題。詹志禹的提醒是吾人面對此議題的警世晨鐘：

> 　　學校在選擇實驗創新的方向時，自然要回歸在地、反省當
> 代、展望未來最值得關心的教育問題，才可能進一步思考理念
> 基礎、學生圖像、課程結構、教學方法、教師社群與組織領導
> 等議題，畢竟，實驗教育不是爲創新而創新，而是爲了解決新
> 時代所帶來的新問題。（詹志禹，2017，頁 17）

第四節
做什麼前先問自己，爲了什麼要這麼做

　　實驗教育的課程、教學與評鑑，不是爲了與眾不同，而是爲了實現「特定教育理念」，並且是「應以學生爲中心」而做的努力與實踐。越是把這個問題意識嵌入在規劃、思考及執行實驗教育的現場裡，我們便越能掌握所發展的課程、教學的實施及評鑑，是不是能貼近教育的本質、孩子學習的眞義。

　　在教學的現場及實務運作脈絡，我們總是急著要做好料理、端出菜色，而上菜前總是一再試口味、嚐淡鹹，期待讓孩子能有豐盛的學習內容與胃口，吃得開心、吃得與眾不同。這樣一來也能展現出我們當老師、辦學校、做實驗教育的努力及用心。老實說，這麼做很重要，卻還少了一件最重要的關鍵。而這個關鍵思考卻是辦理實驗教育最核心的要件。

　　思考實驗教育的課程、教學與評鑑，我們打算要做什麼之前，一定要先問自己以及教師同儕：我們是爲了什麼要做這些、要這麼做？

　　唯有扣準「特定教育理念」，並「以學生爲中心」而做的努力與實踐，才是實驗教育的初衷及本意。

實驗教育經驗談

浸潤式的語言學習和多元價值觀的培養

在家教育家長 藍久美子

我是住臺北的日本人，我有兩個臺日混血的孩子，國二的女兒跟小五的兒子，他們從國小中年級開始自學。

女兒三年級的時候，我發現她專注力較弱，難以在固定的時間內專心做完學校規定的功課，但只要運動量足夠就會專心。所以，我幫她安排白天學花式滑冰、下午到晚上做知識性的學習。足夠的運動給她很好的一面，她利用自學的時間投入滑冰，每天吃苦，也受過傷，但努力的結果，獲得中華民國花式滑冰備取國手資格，這是一個磨耐心辛苦追求目標的經驗。兒子特質不一樣，他觀察力及藝術性佳，跟同學的互動也很好。他一半的時間在學校上國語、數學，其他時間在家裡自學，例如繪畫、練習樂器（大提琴）、學日文和德文、閱讀、做料理等。

兩個孩子的共同點是雙語教育。他們在學校跟生活上接觸中文，在家裡跟我說日文、看日文書。浸潤式學習的結果，女兒國二時已考過日檢 N1 級（最高級），聽力更滿分。兒子目前的日文能力跟日本同年齡孩子差不多，效果相當好。他們從小同步學習母語跟外語的結果，進度雖然比較慢，但是有不一樣深度跟廣度的收穫。他們一直保持學習語言的胃口，女兒現在學英文、韓文的意願很高，每天積極用軟體自學；老二對德文很有興趣，目前在線上跟德國的老師上課。常聽到「先學好英文再學別的語言」的說法，但我覺得這是想法的框架。他們在學外文時，頭腦一定在用別的語言思考著，其實都在學習當中。

我們家自學還有一個重點是讀報（聽新聞），早上一起看或聽電臺播放臺灣跟日本的新聞，然後把各國的報導拿來比較。我跟他們說，就算是同一個新聞也有說法上的不一致，我們可從不同觀點看一件事情，這是很有趣的。我會參考臺灣跟日本的教材、歷史年表等資料，有時候加註臺、日、中、韓等整個亞洲相關的重大事件。每個國家的

社會科基本上是從自身出發，較少介紹同時代別國的模樣。亞洲的鄰國彼此有很密切的關係，我們必須合作，才會有未來。我用這樣的方式跟孩子一起探索多元的價值觀。

　　教育沒有最好的捷徑，只有最適合每個孩子的方式，日本的在家自學可以參考臺灣的例子，最後仍要找到適合日本的做法。我最近以與談者的身分參加「2021 均優學習論壇」，邀請日本在家自學的家長與實驗機構校長分享日本在家自學跟實驗教育的現況，跟臺灣的觀眾探討彼此的異同。期待在實驗教育議題上，臺日今後有更多交流的機會。

第 6 章

實驗教育的教師
專業發展

每一個不曾起舞的日子，都是對生命的辜負。

——尼采

　　教師的素質，決定教育的品質，因此教師需要透過持續的專業發展，以提升教學素養，此點對實驗教育的教師來說亦不例外。本章對於實驗教育有關教師專業發展的論述，源自於筆者創辦臺北市和平實驗國民小學及主持學校型態實驗教育計畫的切身理解，以及同時擔任臺北市「非學校型態實驗教育審議委員」及多個縣市「學校型態實驗教育審議委員」實務經驗，所匯聚的思考與反省。透過這些思考歷程，探究「教師專業發展」的概念已然轉向，「教師專業發展」指涉的核心實踐意義即「成為教師的歷程即是人我互動與演化」。

對探究「教師專業發展」概念的轉向

　　考察「教師專業發展」的實徵研究與理論建構，實際上，不僅對於教育政策的規劃制定、教育研究的範疇派典以及教育現場的實踐，「教師專業發展」從來不是什麼新鮮的議題。正如洪詠善（2019）梳理我國歷年來教育改革脈絡後，指出課程改革與教師專業發展的政策和論述，是相互回應並交互影響的。隨著教育改革的開展，教師的角色從「忠實傳遞者」演變到多元的專業角色，教師專業發展政策也隨之從強制規範進展到協作支持上的多元化發展。尤其到了十二年國民基本教育課程綱要（108 課綱）在實施階段強調以學習者為主體、素養導向、連貫統整、學校本位課程發展、多元適性、協作共好等主要理念下，教師專業發展透過「法規制度」的設計和中介，促進動態系統有機連結，讓教師得以開展自發、創生和協作共學的學習網絡，期望透過協作支持系統建置課程實踐的鷹架，以持續推進教師專業發展的動能。

　　洪詠善的觀點，也呼應了筆者所謂探究「教師專業發展」概念的轉向。「人我互動演化歷程」的內涵，更為本章論述實驗教育教師專業發展的問題意識。精要地講，當實驗教育從法制層面開拓出機會，若期待讓有志辦學者能夠和一群有本事、有熱誠、有見地、有執行力的教師們，在特定教育理念下「進行整合性實驗之教育」，最關鍵的因素就是教師。「老師對了，什麼都對了！」彰顯教師主體意識的覺醒，以及對於「實驗教育教師專業發展」意涵最基本的詮釋與實踐。

教師專業發展即成爲教師的歷程

教師專業發展,即成爲教師的歷程,亦是人我互動與演化。此不論是正規教育或是實驗教育教師皆通用之。以下,先闡述現代教師工作處境與姿態,再以和平實小想找什麼樣的教師、如何找到教師爲例,說明如何在學校透過各種實驗理念的具體實踐建構專業發展的歷程。

 教師的工作處境與姿態

作爲現代教育系統底下,並承繼社會文化脈絡的教師工作處境,尤其在公立學校教師的範疇裡,更受到國家政治體系與權力機制的界定。「學習成爲老師」這件事,往往停留在教師專業資格的「內涵和面向」、「條件及項目」、「訓練或研習」、「確保與維繫」等等外顯可見、可估量計算的事情。事實上,此與教師的工作處境與姿態不僅是斷裂脫節,甚至是南轅北轍。若再透過師資培育或教師專業發展政策的規劃及執行,復以投入大量的資源後,進而期待其能有實質效益,便往往難以落實成眞(梁福鎮,2014;黃政傑,2020)。

如果我們肯貼近教師在教學現場、在校園教室、在師生互動、在教師同儕、在親師關係等實踐的理路考察,重新理解與界定教師的工作處境與姿態,正是回應「老師對了,什麼都對了!」這句辦學現場裡的關鍵話語。

 和平實小要找怎麼樣的教師

和平實小自 2017 年開辦即以公辦公營學校型態實驗教育運作,相對於公立小學有既定的教科書等教材,學校規劃由教師團隊 100%「自編學習教材」的方式運作。因此,如何讓整個教師團隊頂住如此高工作量的負擔及壓力,並且希望開展嘗試做出不同的教學樣態與學習方式,是整個實

驗教育計畫的核心所在。

　　和平實小教師進用的甄試採「獨招」的方式。「獨招」不是特立獨行，根據《教師法》及《教育人員任用條例》的立法精神，教師甄試的權責本就屬於學校，只是許多縣市及學校一來為求甄試的公平性、二來為減少辦理教師甄試時人力和物力的耗費，而將此權責委託上級主管機關，以「介聘」、「聯招」的方式代為甄試分發招聘自己的學校教師。本於學校權責、自己的教師自己考的方式在教育圈裡則以「獨招」稱之。和平實小自設立起至 2021 年為止，我們一共辦理過 4 次教師甄試。

　　我們第一年（2017）辦理的教甄簡章內容，明確載明了本校教師工作要求與應盡之義務：

　　　　本校為學校型態實驗教育學校，為兩學期四學季制，無使用教科書，所有教材、教學資源與學習資源皆由教師自編；教師工作除依《教師法》等相關教師工作義務規範外，並應遵守下列事項：

一、課程設計與學習教材開發

　　　　每學季的主題課程、基礎課程、體適能課程、選修課程與家族時間之課程內容與學習教材，皆由本校教師共同設計與開發。

二、進行多領域備課與教學

　　　　（一）導師任教課程：主題課程、基礎課程與家族時間。

　　　　（二）科任教師任教課程：主題課程協同教學、體適能課程、選修課程及家族時間。

三、協同教學與觀課對談

　　　　本校的主題課程以年級為單位，由該年級導師及科任教師協同教學，透過分組學習、分站討論、學習角安排及個別化學習等方式，引導學生朝向自主學習的境界；此外，教師間除協同教學外並重視說課、公開觀課與議課，以了解學生學習狀況並調整教學策略。

四、協助學生策劃學習成果展

　　本校每學季之主題課程皆有不同形式之學習成果展示，教師須協助學生進行成果展之策劃等相關事宜。

五、建置學生學習歷程檔案

　　本校以質性評量方式為主，每位學生每學季一份「學生學習歷程紀錄」，運用質性的檢核方式，記錄學生學習歷程、引導學生逐步成長。

六、參與每日教師團會議

　　(一) 滾動修正主題式課程

　　(二) 教師協同教學討論

　　(三) 學生學習需求分析

　　(四) 全校性共同事務討論

七、持續性專業成長與發表

　　透過每月固定之專業成長活動及學季間假期之蹲點、參訪與工作坊，精進教師教學、建立同儕默契並持續更新實驗教育新思維；此外，藉由研究與發表，分享實驗教育理念與實務。

八、支援行政工作

　　因應本校行政扁平化，教師須支援行政工作（例如招生、教育參訪、親職教育等），以利學校整體運作順暢。

　　和平實小這樣的「教師工作要求與應盡義務」與委託上級主管機關以聯招代為甄試自己學校教師的做法有何差別？從本校所在地臺北市的各級公立學校聯招簡章內都會出現的「臺北市立高級中等以下學校及幼兒園教師工作守則」中，可以找到重要線索。

　　臺北市政府教育局所發布之「臺北市立高級中等以下學校及幼兒園教師工作守則」，共涵蓋了九大面向，包含：「專業責任」、「教師教學」、「學生學習」、「學生安全」、「學生輔導」、「班級經營」、「專業發展」、「教師自律」及「禁止不當行為」。尤其在其「前言」所

指出：

> 教師從事一種神聖志業，具有培育人才和傳承文化之責，
> 教導學生時，應永保專業與熱情，言教與身教並重，謹言慎
> 行，足爲學生典範；並致力維護專業尊嚴和提升專業形象，確保
> 教師專業地位爲依歸，特訂定本工作守則，以供教師遵循。

在「專業發展」的層面，更具體論述教師專業發展應然的要件：

> 教師透過持續的專業發展，教師專業素養才能獲得滋養，
> 持續注入成長的動能。教師工作作爲一種專業，進行持續的專
> 業發展既是一種權利，更是一種專業的責任和義務。教師應致
> 力做好下列事項：
> 一、積極進行在職進修及研究，每學年度至少參加 18 小時以上
> 　　之專業發展活動。
> 二、建立教師同儕合作夥伴關係，主動參與教師專業學習社群
> 　　運作，提升專業知能。
> 三、透過備課、觀課與議課，進行合作觀摩學習。
> 四、進行公開授課，接受基於提升教學品質所進行之教學視導
> 　　及評鑑。
> 五、善用專業發展的學習成果，提升教學工作品質。
> 六、持續省思自身教學實務，促進自我精進與成長。
> 七、覺察專業發展需求，參與專業發展活動，成爲終身學習
> 　　典範。

考察本校獨招與各級學校聯招這兩個實例，對於教師生存姿態及專業
發展最關鍵的差異便在於：和平實小把教師這個身分，不是當作一份工
作，也不視爲高超神聖的非凡職業。和平實小是把教師視爲一種透過在教

學現場、校園教室、師生互動、教師同儕、親師關係等實踐歷程,去理解與界定教師身分認同的歷程,也正是教師人我互動演化的歷程。

人我互動演化的歷程

有
一種老師
為教育而工作
肯花時間了解孩子
用很多時間與同儕備課
能在觀察中發展孩子的特質
對孩子的眼神與話語充滿著關懷
隨時與夥伴對話怎麼做對孩子是更好
主動發現問題並與孩子家長進行了解溝通
一直在自我與團體中主動的自我充實與成長
這就是
和平實小的老師

上述這段文字,同樣是和平實小教甄簡章的內容,而且寫在簡章的最開頭,明確地讓對報考本校教師有興趣的教師們,理解學校對教師圖像的樣態。我們明白師培切入點的核心做法,是經由課程發展的實作歷程,是來自教師同儕之間的對話討論、詰問爭議,並且逐步讓積累在教學經驗的觀念和思考歷程,在依循和平實小重新看待孩子的學習和教師教學的角度,透過彼此鬆動而有機會辯證、重組的歷程。經由教師同儕之間的深度對話,澄清課程設計方向、豐厚課程設計內涵及檢視課程設計脈絡,建構符應和平實小自主學習教育理念與願景,以達到自主學習境界之完整課程規劃。

這所真正「實驗辦學／辦學實驗」的學校,「實驗的受試者」從來不

是孩子們，而是每一位身爲和平實小的教師。因爲教師才是支撐孩子們自
主學習的根基。教孩子最重要的是身教。要孩子做到的事，我們當教師的
人自己要先做到。就像在教和平的孩子，當我們有機會不再只是聽命行
事，而是帶領孩子進入理性思辨，根據事實、憑藉價值、邏輯推演、審愼
思考，傾聽弄清楚對方的想法、清楚有條理表達自己的觀點，然後一起面
對問題。這來來回回的學習過程中必定繁複、或許迂迴，但這就是我們民
主社會最珍貴特質，也是和平實小實驗教育計畫的理念與價值。就像本
校教師柯慧儀曾在「家長學校日」前夕發的 FB 貼文「學習成爲教師的歷
程」，仍意猶未盡：

<blockquote>

這條路 猶如攀大山 航大海

不時得破風前行

每一步都是努力

實踐教育夢想是初衷

摸著石頭過河是日常

看的見的是天鵝般優雅亮麗的姿態

看不見的是水面下賣力划動的雙足

是

沿途風景的奇巧壯麗

同行夥伴的支持幫補

引人不斷奮力向前

不起步永遠不曉得

理想與現實的差距 這麼大

而我們

也就在這使勁上攀的過程中 茁壯

（柯慧儀，2018 年 3 月 2 日）

</blockquote>

未竟之業

本章從辦學的角度及長期參與實驗教育審議工作，所接觸各類實驗教育單位的教師團隊及個人，從實務經驗裡深刻理解「教師專業發展」的探究路徑，需要轉向為「教師人我互動演化的歷程」為思考。更從理論的推演，指出教師專業發展即學習成為教師的歷程，而此歷程是對於教師工作處境與姿態的理解，把「成為老師」視為透過在教學現場、校園教室、師生互動、教師同儕、親師關係等實踐歷程，理解與界定教師身分認同的歷程。

實驗教育的教師專業發展指涉對於既存教育樣態的對比，尤其針對校務經營與辦學實務運作當中最關鍵的因素：教師工作處境與姿態，關於自我身分的認同。在此呈現出實驗教育所關注教師在面對實驗教育所存在高度的未知、變動與不確定性，教師的專業發展是一種「未竟之業」。

正如和平實小教師專業發展歷程中所展現，正是從未竭盡之處出發，然後繼續前行。歷程中每一個環節都深深覺得使得力道還不夠、想完成的境況還不到。「未竟」（not yet）的概念，與 Carol Dweck 在其著書《*Mindset: The New Psychology of Success*》中所談的「The Power of Yet」非常的接近（Dweck, 2007），Dweck 提及的未竟，談到「我們不是不夠好，而是慢慢更好」，Dweck 更提到這個「未竟」，更是促進我們成長，相信我們未來一定辦得到的力量。

這份「未竟」（not yet）一直是每位教師心裡揮之不去的壓力，也正是策動我們所有教師們共同著力的平台與動力。

在和平實小擔任教師，就是誠實面對自己的問題，然後肯聆聽、願對話、勇敢修正。在前面沒路的情況下，一起思索探究我們可以怎麼一起走；當每件事都不如預期時，怎麼彼此協助與學習才不會被自己卡住、彼此羈絆。在這裡，每件事都是備極辛勞卻對學校永續發展、孩子自主學習

非常重要的事。在這裡當教師，沒有觀眾或旁人，每一位都是主角。每位教師得找到自己的認同，以成就我們的孩子。

　　你是一個這樣的教師嗎？在每個實驗教育路程上的日子，我們翩翩起舞。

實驗教育經驗談

像陀螺慢慢學會站穩

自學經驗者 林芳如

　　我 16 歲確診罹患罕病，發病率 50 萬分之 1；21 歲念完高一，參加過三次的高中新生訓練，參與過高中及高職的體制。

　　青春的記憶中，那一段歲月黯淡無光，對未來感到茫然焦慮。當時閱讀三島由紀夫的文字：「我覺得，少年就像一只陀螺。剛開始轉動的時候，很不容易穩住重心，就這麼歪著陀身，不曉得要滾向何方去。總之先轉了再說。隨著轉動，陀螺就能逐漸站立起來。」來自文學的力量，讓面對疼痛的青春、惶然不安的我想要相信：相信自己有一天，一定能像陀螺慢慢學會站穩，並自信的往自己渴望方向，慢慢轉去。

　　2015 年我選擇自學，因熱愛提問找答案，也喜歡親身觀察世界，因此為自己規劃新聞編輯與採訪、文創寫作的課程。期間，我擔任公民記者、關心教育問題，深入傾聽與採訪並參與教育研習。專題研究選擇了採訪投身於教化監獄中的青年與中輟學生的作家。我也拜訪香港，採訪詩人攝影師及書店哲學家 Flowbooks。不同角落的人們，將不同的價值觀帶進我的生活，透過傾聽、思考那些觀點與生命經驗，讓我更加認識世界、認識不同的文化、認識自己。

　　2016 年在教育部 EDU Talk 演講中，我回顧中斷學業的時光，花 4 個月的時間練習與建立信心，如何控制時間、將講稿架構得精簡有條理，直到站上舞台，細述成長與自學面臨的困難。我發現自己有能力感動別人、為喪氣的人帶來啟發。口條清楚、思路清晰的特質使我

有幸擔任多場講座講者。我相信教育是為了思考學習，自學生的身分讓我有充裕的時間和彈性的空間，追求自我實現、獨立思考、尊重異見。我也被遴選為「課程審議會」的學生代表，讓決策者與學生相互看見、朝向開啟雙向的公民參與的目標邁進。

4年前，我透過特殊選才管道進入清華大學，申請第一屆實驗教育方案。我度過了自由、充實、精彩的大學時光。在不幸中打開生命的新篇章，獲得成長的養分是我感恩的幸運，我提醒自己要不斷自問學習的本質是什麼。一路上伸出援手的人們，讓我期許自己會是一個善待孩子的大人，整合資源與力量、建立支持的系統，讓更多人能像我一樣，有機會得到實驗教育的滋養。

我來自一個勞工家庭，念過高中與高職，回首來時路，我知道選擇自學的背後，可能失去學校的支持。然而，有些解決問題的能力，需要親身行動，才有機會創造改變。

第 7 章

常見的實驗教育理念

　　要完整了解實驗教育，確認其實施價值，必須對實驗教育的理念有清楚的認識。關心實驗教育的人，一定會在相關文獻上閱讀過一些常被用來作為各型態實驗教育辦理依據的教育理念，因此對這些理念應不陌生。這些教育理念有些來自國外行之多年的另類教育，部分為依據華人及本土文化特色所創，更有綜合各家思想、自創實驗教育模式之做法。在發展脈絡上，有的理念係為對正規教育體制的反思；有的自行建構兒童發展觀，打造符合兒童各階段發展需求的教育；有些側重於人格養成，也有倡導與環境永續互動的生態觀者，可說是相當多元。這些理念在轉化成課程設計與教學實施後，亦看得到豐富的彈性。

　　本章目的，在於介紹當前多被援引辦理實驗教育的教育理念，以協助讀者更完整的了解實驗教育。有關實驗教育的理念，第 2 章曾提過有「突破傳統思維與現行體制框架」等四項，此係屬於整個實驗教育的發展理念，本章則聚焦於探討「特定教育理念」上。以下，分別概述華德福、蒙特梭利、耶拿計畫、本土另類教育與原住民族實驗學校之教育理念。

華德福

華德福教育（Waldorf education），亦可稱為史代納教育，其係由奧地利的哲學家魯道夫・史代納（Rudolf Steiner, 1861-1925）在 20 世紀初期開始提倡的教育理念。百年以來，華德福教育已擴展到世界，分布在各國的學校 / 機構的總數亦超過了 1,000 校，可以說是實驗教育中最被廣泛接納的一種教育理念。以下茲概述華德福教育的起源、理念特色與在臺灣的發展狀況。

壹 華德福教育的起源

華德福教育的起源，最早出自於史代納在 1907 年時所發表的論文，不過當時並未受到教育界的重視。隨後，他有鑒於第一次世界大戰引發的社會混亂，提出了以「社會三階層化論」來作為教育的理念。這個理論主張社會是一個有機體，因此應該要在政治生活、經濟生活與精神生活三領域中，追求政治的平等、經濟的友愛與精神的自由。史代納曾在柏林的勞工學校擔任過 5 年講師，他從中體會勞工階級應該要追求以精神生活（宗教、藝術、學問、文化）為基礎的尊嚴。史代納的這個主張，當時受到民間的共鳴，使得「社會三階層化論」運動逐漸成為了國民運動，也促使他得到開辦實驗學校的機會，進一步實踐理想（圖 7-1 為史代納）。

1919 年，史代納受託在菸草工廠開辦華德福學校。他提出開辦此校的條件有四項，包含：(1) 學校對所有孩子開放；(2) 男女共學；(3) 進行 12 年一貫教育；與 (4) 教師是學校經營的核心，因其與孩子直接接觸。華德福學校在創立之後，在德國北部也促發了各種新教育的實踐浪潮。不過，在德國進入納粹政權時期後，由於納粹欲將私立學校國家化，華德福學校、田園學校等私立學校被納粹否定，因而全面性的遭到解散。二次大戰後，華德福教育又逐漸復甦，特別是進入 1970 年代以後，華德福學校

圖 7-1 魯道夫・史代納

註：取自 Rudolf Steiner, 2021. (https://ja.wikipedia.org/wiki/ シュタイナー教育 #/media/ ファイル :Steiner_um_1905.jpg)

的數量急速增加，復以此時另類教育的浪潮逐漸成形，華德福教育乃被大量援引於另類教育的辦學上。以東亞國家來說，日本在 1960 年代，就有教育學者介紹華德福教育思想，或將其融入自己的教育主張中，例如小原國芳提出的「全人教育論」，就含有華德福思想（小原國芳，1969/1994） **（註一）**，而我國引進華德福教育時間，則約在 1990 年過後。

貳 華德福教育的理念與特色

華德福教育的主要特色爲尊重每一位孩子的個性，並透過教育導引出個人最大限度的能力。根據史代納對「自由」的主張，如何培育善用自由的生活方式的孩子，成爲了華德福教育的主軸。華德福教育的每一項主張皆有獨特的論述，它的理論體系不但深遠，也散發著多種風采，這也是華德福教育受到廣泛且長期關注的主因，茲將其理念體系與特徵簡述如下：

一、人智學

華德福的理念根源，是一種稱爲「人智學」的哲學思想體系，其係史代納將宗教上的「神智學」轉化而成，主要在於以直覺主義去觀察人從靈魂到身體的本性與特質。史代納在 1902 年時（41 歲）加入了神智學協

會，作爲一個神祕思想的研究者，史代納曾經出版過許多有關神智學的著作，記載一些有關透過自身靈視觀察宇宙和人類進化的樣子，或是暢談靈的使命等議題，例如記述有關宇宙進化論的《神祕學概論》，就是他在 1910 年出版的著作。另外，「社會三層化論」（social three folding）亦是他在 1917 年提出的理念，這個理念也促使支持者委託他成立實驗學校。

　　1912 年底，史代納離開神智學協會，自創人智學協會。自此，有關他的哲學思想，被統一歸稱爲人智學。人智學的概念，簡單來說即是史代納所創的哲學思想。他將人智學設定爲一種靈性的科學，並希望透過人智學的理念扭轉世人對宇宙、對世界的看法，引導人去尋找自己的本質。除了對華德福教育的貢獻之外，人智學理論還被運用在特殊教育（藝術治療）、農業（有機農業）、藝術（優律詩美、形線畫）、醫學（解剖學、生物學）和建築上，史代納可謂帶給了後世相當廣泛的影響（Zander, 2007）。

二、以 7 年為一週期的發展階段論

　　華德福教育的第二項特色，是根據人智學的認識論，建構了一套以 7 年爲一個週期的發展階段理論，其認爲人的發展要成長至 63 歲爲止。其中，和孩子有關的成長週期爲從幼兒期到成年 21 歲，可分爲以下三個階段（Steiner, 1924/2019）。

（一）0-7 歲期

　　本階段是培育孩子「身體」的重要時期，因此應該培育孩子的身體發展與其意志力，讓手腳充分的運動，使孩子體會隨著自我意志而動作的經驗，以連結至想像力的發展。

（二）8-14 歲期

　　到了主要涵蓋在學齡內的本階段，是一個培育孩子「心靈」的重要時期，教育上需要透過音樂、美術、詩等，讓孩子在接觸多種藝術下體驗豐富的情感。

　　㈢ **15-21 歲期**

　　此一階段的孩子進入了青少年期，教育上，是培育孩子「頭腦」的重要時期。爲了培養孩子的思考力，除了一般課程外，應該教導其高級數學或是論文的寫作方法，讓孩子自由運用意志力，發展獨立思考能力和自我的完整實現。

　　這一套發展階段論，是華德福學校安排課程與教學方法的主要依據，許多較特別的做法，比如在小學階段將低、中、高年級的教室彩繪不同色調（系），或是重視藝術教育，即依照本理論而來。

三、華德福教育的特色：優律詩美、形線畫與 Epoch 教學

　　華德福教育根據人智學理論，注重人與宇宙之間的連結，因此在方法論上，相當強調藝術教育，例如優律詩美（eurythmy）與形線畫（formen）教學等。

　　優律詩美一詞原於古希臘，意指和諧、有韻律的動作。史代納認爲優律詩美是看得見的語言及看得見的音樂（賴心詩，2010）。華德福的優律詩美教學係以符合學生發展階段進行教學。內容上，優律詩美從語言出發，結合音樂的力量轉變爲全身的動作，其將一般人難以察覺的抽象氣氛透過身體表現予以具體化，因此也被稱爲具體的圖像化詩歌。這種課程，在許多華德福學校中都有實施，且在教育以外，優律詩美也運用於藝術表演及治療上。

　　形線畫係指爲了把握有機運動，用畫記錄其軌跡的手法。在華德福教育裡，形線畫教學占了很重要的位置。孩子不斷經由繪畫，練習具規則變化的線條，可以從中強化內在的意志力，也可以得到內在的和諧與平靜（Starhill Waldorf, 2016 年 9 月 20 日）。形線畫的教學，特別重視以太體（etheric body，歐洲傳統的液體病理學說中第二個階段，也是神智學中的靈魂之體）階段的孩子，也就是 7 歲以後的幾年間，待小學四年級過後，就以幾何的教學取代形線畫。具體方法上，一年級孩子的形線畫以認識直線和曲線爲主，二年級則以對稱圖爲主，讓孩子認識二元對立的

概念。

　　Epoch 教學（臺灣譯為「故事教學」）也是華德福教育中經常採用的教學方法。Epoch 教學是一種帶狀的連續課程，將每一天第一堂課定為 100 分鐘，進行語文、數學、科學其中一科的教學。在 Epoch 教學的指引下，同一科目需要利用三週時間進行連續、集中的學習。其次，Epoch 教學不使用教科書，教學的內容由孩子自己「寫」，教師每一門課會發一本稱為「epoch note」的筆記本，讓孩子製作出自編的教科書。此外，Epoch 教學不使用量化評量，代之以教師在聯絡簿上記錄對孩子的詳細觀察和各科的成長歷程。

　　除了上述特色外，善美真課程體系、晨圈（包含晨頌、兒歌團體遊戲與輪舞等）學習、編織、農耕與建築（例如積木建築、茅草屋與木屋）等，也是華德福教育的特色。

四、教師為陪伴者、家長為參與者

　　華德福教師的角色，係被設定為輔導者、諮商者，同時也是教育的藝術家。教師的自由創意與自主性在華德福教育中相當重要，因此華德福教育系統也重視教師的在職培訓。例如國內的清華大學即設有「華德福教育中心」，華德福實驗學校或單位也會經常辦理共同成長課程。

　　家長方面，華德福教育強調家長為重要的合作夥伴，重視家長的參與度。因此，家長除了扮演支持與協助角色外，還需要實際投入各種教學活動（親子天下，2018a）。

參　華德福教育在臺灣的發展狀況

　　華德福教育在臺灣，自第一所教育設施——臺中的「娃得福托兒所」於 1995 年成立起算，迄今已超過 25 年。多年來，華德福教育系統已遍布全國。吳清山等人（2016）統計，在學校型態上概有宜蘭的慈心華德福、臺中的磊川華德福學校、雲林縣的山峰華德福實驗學校、雲林縣潮厝華德福教育實驗國中小和新竹縣立北平華德福實驗學校等。在非學校型態

上，則有新竹麗水華德福、照海華德福、海聲華德福、臺北市史代納實驗教育機構、同心華德福共學團體、豐樂華德福幼兒園、高雄市的光禾華德福實驗學校、臺東縣均一國民中小學等，數量繁多，且從幼教至後期中等教育階段皆有，可謂是最常被使用的一種實驗教育理念。

<table>
<tr><td>第二節</td></tr>
</table>

蒙特梭利

蒙特梭利教育（Montessori education）係指由義大利的醫學博士及幼教專家瑪麗亞・蒙特梭利（Maria Tecla Artemisia Montessori, 1870-1952）女士於 20 世紀初期起所發展的教育理念。自 1907 年成立於義大利羅馬的「兒童之家」（Casa dei bambini）算起，蒙特梭利教育以極快的速度風靡了整個歐美。現在，全球有超過 2 萬所蒙特梭利的幼兒園、學校和實驗教育機構。以下茲概述蒙特梭利教育的起源、理念特色與在臺灣的發展狀況。

壹 蒙特梭利教育的起源

蒙特梭利教育，是蒙特梭利醫師綜合各種教學理念和方法所發展出的系統性概論。蒙特梭利是義大利第一位取得醫學博士學位的女性醫師，當初在義大利羅馬的精神病院服務時，因為對智能障礙孩子使用結合生物學和心理學的「感覺教育法」獲得成效，為求進一步了解方法之應用，於是辭去醫師職務，再度入學羅馬大學。在學期間，她專攻哲學，並熱衷於了解智能障礙與發展遲緩兒童，更埋頭於生理學、精神醫學之研究上，隨後發展出獨特的幼兒教育法，即今日通稱的蒙特梭利教育法。

當蒙特梭利教育法出現與 1907 年兒童之家的設立後，此方法迅速得到世界各國的支持，各國也陸續出現了許多兒童之家。隨後，蒙特梭利有鑑於教師素質的重要，在 1929 年成立「國際蒙特梭利協會」（Association

圖7-2　蒙特梭利曾是義大利里拉 1,000 圓鈔的主角

註：左圖為紙鈔正面（蒙特梭利肖像）、右圖為教師輔導學生學習。義大利里拉在
　　2002 年後被歐元所取代。

Montessori International, AMI），該協會規劃了教師培訓課程和資格認
證制度，在各國進行教師培訓。蒙特梭利的師訓課程以嚴謹有名，具
備系統性的師訓體系，也是蒙特梭利教育能夠在各國普及的主因之一
（圖 7-2）。

　　蒙特梭利在世期間，曾為逃離法西斯義大利而避居西班牙。隨後，她
於 1938 年受印度政府的邀請訪問，但也因為第二次世界大戰爆發而長住
印度 10 年。居留期間，蒙特梭利致力於演講和著書，將蒙特梭利教育的
重要概念「宇宙的教育」予以系統化。1946 年她從印度再度移居荷蘭，
晚年時，致力於世界和平與兒童尊嚴運動，因此在 1949 至 1950 年期間
曾連續三次被提名為諾貝爾和平獎候選人。

　　蒙特梭利的教育理念約於 1910 年代被介紹到中國，但當時僅止於理
念介紹，並未被教育現場所採用。其最早傳入之亞洲國家為印度，近期則
於 1960 年代傳入日本，約 1980 年代傳入臺灣與香港，並於 1990 年代再
由香港引進中國。

貳　蒙特梭利教育的理念與特色

　　蒙特梭利教育的主要目的，係強調兒童的「自立」，因此其理論乃強
調依據兒童發展的模型，進行的自制、自由和自發的教育。蒙特梭利的教
育方法有兩項基本原則。其一是兒童或正處於發展階段中的大人，會根據

自己與所處環境的相互作用，建構出精神上的自我；其二是特別是未滿 6 歲的兒童，他們的精神上的發展，有其與生俱來的發展路徑。因此，蒙特梭利根據自己的觀察，認爲需要根據此一發展模式在學習環境上用心準備，給予兒童選擇和行動的自由，如此，兒童便可以產生自發的行動進行學習（Association Montessori International, June 25, 2021）。蒙特梭利的兒童發展觀和特色如下：

一、兒童發展觀

　　蒙特梭利觀察到了人具有四個顯著發展階段。第一階段爲 0-6 歲的幼兒發展階段，本階段依特徵可再分爲 0-3 歲和 3-6 歲兩期。在這兩期當中，皆有一個「敏感期」，教學上需要根據敏感期之背景準備合適的教育環境。第二階段爲 6-12 歲；第三階段爲 12-18 歲；第四階段則是 18-24 歲，茲簡述如下：

（一）第一階段

　　0-3 歲的前期階段，兒童是實際和感性的發現者，前期也是吸收性心智（Absorbent mind）的時期，是人生中吸收力最強的時期，也是適應人間社會的時期。接下來的人生無論花費多少年都無法達成的事項，在前期可以簡單的獲得。教育上，應該施予「粗大運動活動」、「細微運動活動」、「日常生活練習」、「語言教育」、「感覺教育」、「音樂」和「美術」。

　　3-6 歲的後期是意識萌生的時期，兒童會對前期無意識吸收的各種事項進行意識性的整理，並予以秩序化。教育上，應施予「日常生活」、「感覺」、「算數」、「語言」與「文化」五大領域的教育（施淑娟、薛慧平，2006）。

　　在本階段中，積木、拼圖版、字卡、圖卡、色版等素材，將作爲教具有系統的使用於教學與兒童的「工作」上。

(二) 第二階段

本階段約在 6-12 歲。本階段兒童的身心變化上有掉牙齒和腿與軀幹的生長。心理上會產生在群體中工作與社會化的傾向，以及理智和想像力量的提升。此階段，兒童獨立思考能力、道德意識和社會組織也會形成。

(三) 第三階段

本階段約在 12-18 歲。本階段的兒童處於青春期，因此身體和心理上都會有所變化。蒙特梭利認為本階段的兒童有心理不穩定、注意力集中困難、創新傾向，以及正義與自尊的形成。蒙特梭利主張對本階段的兒童要用「價值化」的方式進行教育。

(四) 第四階段

本階段約在 18-24 歲之間。蒙特梭利對於本階段的論述較少，亦未發展出適用的方案。不過，她認為以金錢形式的工作帶來經濟上的獨立，是本階段關鍵的作用，她也認為本階段的青年會根據第三階段的經驗，做好接受文化與科學的準備。

二、蒙特梭利教育的特色

蒙特梭利教育的特色，為一個兒童、教師和環境三元相互的作用所形成的教育模式（Montessori, 1912/2017）。教師在教學時並非直接將價值觀灌輸給兒童，而是正確理解兒童的興趣和發展階段，提示給兒童適當的環境，以促進兒童自發的活動。綜合整理蒙特梭利教育的重要元素，概可分列如以下八項（吳清山等人，2016；和久洋三，2015；Association Montessori International, June 25, 2021）：

(一) 混齡編班：混齡是蒙特梭利教育常見的教學模式，特色是將三個年齡段的孩子混編，混齡教學目的為增加相互刺激，以培育兒童的協調性和社會性。

(二) 從指定的選擇項目中，讓學生選擇活動。

(三) 不中斷的連續工作時間：「工作」是蒙特梭利認為人自 0 歲起

就應該要從事的項目，理想的連續工作時間是 3 小時。

（四）與其接受直接指導，兒童使用教具進行工作，學習概念更佳；此亦屬於建構主義的學習模式。

（五）專為蒙特梭利教育開發的教具：專用教具為具備天然美感的木製教具。也因此，目前木製教具有很多皆是為了蒙特梭利教育而開發。

（六）用心準備的環境：例如教具根據主題擺設在易於兒童取得的位置等。

（七）秩序與自由的平衡：對兒童課以限制，但在限制範圍內則可以自由。

（八）重視教師進修、學生學習動機、學業與品德表現以及家長的認同。

綜上所述，可彙整出蒙特梭利教育的優點，大致包含：「伸展個性」、「賦予的自主性與積極性」、「養成集中力」以及「安定情緒」四項。然而，在強調個性時，可能較缺乏與他人的協作；重視室內長時間工作也易導致兒童運動不足；要求個性沉穩的教育，可能讓孩子喪失活潑性；使用木製玩具時必須要有「工作」目的，此也可能減低了「玩」的單純性與樂趣，這些亦是其受到質疑的面向。

參 蒙特梭利教育在臺灣的發展狀況

蒙特梭利教育在百年的發展下，也讓各國出現了獨自的特色，例如義大利、美國、印度以及臺灣的蒙特梭利教育風格，皆有些許不同。在臺灣，蒙特梭利教育最早引進於學前教育上，近期以來則廣泛運用於幼兒園、玩具圖書館、親子館（姚秀慧等人，2019）以及實驗教育上。非學校型態實驗教育部分，目前已有昶心蒙特梭利實驗教育、苗圃蒙特梭利中小學等機構和團體，數量極多；學校型態實驗教育部分，有 2021 年轉型的新北市猴硐國小與臺中市中坑國小等。

耶拿計畫

　　耶拿計畫（Jena-Plan），又稱爲耶拿教育，是由德國耶拿大學的教育學教授彼德・彼德森（Peter Petersen, 1884-1952）所創立的實驗教育方案。「耶拿計畫」之名稱，來自於 1926 年於瑞士召開的「新教育聯盟」國際會議中祕書對其之命名。耶拿計畫首創於德國，後在荷蘭發揚光大，目前已普及到世界上的主要國家，成爲一項應用於實驗教育的理念與方法。

 耶拿計畫的起源

　　耶拿計畫的創立者彼得森，在大學求學階段，專攻的領域是神學、哲學、歷史與心理學。高中任教時，開啟了他對教育學方面的興趣。在教書之外，他還參與當時學校改革運動與社會民主化運動。參與運動期間，他試著以心理學實驗爲基礎，來研究學校與課程問題，這些經驗成爲了他將教育學定位爲一種獨特的、基於哲學、神學觀點的學問，而此論述也成爲日後耶拿計畫的立論基礎。

　　1923 至 1950 年間，在耶拿大學任職的彼得森，開始在大學附屬學校嘗試進行教育實驗。耶拿計畫的理論體系，是彼得森融合自己受教背景與不同教育思潮而形成的，由於耶拿計畫融入當時各國的教改思潮，也主張在既有的學校體制內改革，因此該計畫乃較否定學校價值的激進改革者更受到歡迎，該計畫亦成爲了德國教改的代表。彼得森主張的共同體（gemeinschaft）概念與混齡式教學，以現代眼光來看，不少也與現今的教育發展腳步吻合，成爲實驗教育的一個理念模式（張淑媚，2015，2016）。

　　彼得森在納粹政權時期，曾經迎合納粹的國家社會主義觀點，因此耶拿學校並不像當時德國境內的私立學校與另類學校遭遇到被迫關閉的命

運，得以延續下去。然而，當耶拿學校在戰後被畫入共產鐵幕後，由於彼得森與東德共產當局的對立，也讓學校在 1949 年遭到關閉，隨後，彼得森亡命西德，使得耶拿學校得以在 1950-1960 年代的西德發展。

目前，實施耶拿計畫最完整、最澈底的國家爲荷蘭（市川美亜子、丹內敦子，2019 年 9 月 4 日）。爲何荷蘭會是耶拿計畫最成功的國家，其實除了彼得森的主張與過去耶拿計畫在德國打下的基礎外，還和荷蘭憲法對「教育理念自由、學校設立自由、教育方法自由」的保障有相當大的關係。其次，耶拿計畫還有一個相當重要的推手：路特（Suus Freudenthal-Lutter, 1908-1986）女士。路特在 1960 年代將耶拿計畫介紹至荷蘭，倡議耶拿計畫前，她擔任荷蘭新教育運動的母組織「養育、教育更新社群」（de Werkgemeenschap voor Vernieuwing van Opvoeding en Onderwijs, WVO）的祕書，她在 1950 年代接觸到耶拿計畫後，於 1962 年成立荷蘭第一所耶拿學校，並在 1964 年成立「耶拿計畫教育財團」，持續推動耶拿教育。迄今荷蘭的公、私立耶拿計畫學校已有 250 所，包含小學（占全體小學 3%）與數所中等教育學校。

不過，荷蘭的耶拿計畫與德國在理念上仍有所差異。荷蘭的耶拿計畫強調的是「開放模式」，其否定了原有耶拿計畫的原理主義。荷蘭的做法是一邊分享彼得森對教育的基本概念，另一邊則允許教育者根據個別狀況，透過應用性的實踐去推動耶拿計畫。此種精神，反應在荷蘭的耶拿計畫協會發展出獨自的「耶拿計畫 20 項原則」上。該原則於 1991 年得到該協會全國總會的承認，如今，已經與彼得森的教育主張，共同成爲了耶拿計畫的主要特徵。耶拿計畫目前已引進東亞，在臺灣，耶拿計畫也被援引作爲偏鄉及小型學校實驗教育的一種範本（陳聖謨，2013）。

貳 耶拿計畫的理念與特色

要探討耶拿計畫的理念與特色，依上述說明，可知應同時探討彼得森的教育主張與「耶拿計畫 20 項原則」，方能得到較完整的詮釋。茲說明如下：

一、彼得森的教育主張

彼得森在 1924 年所著的《普通教育科學》（*Allgemeine Erziehungswissenschaft*）一書中，提到耶拿計畫的理念係在教育的「共同體」中，幫助孩子充分發揮天賦。只有經過共同體的生活才能促進孩子的人格陶冶，體驗到服務他人具有精神上的崇高價值。根據彼得森的共同體主張，耶拿計畫的學校會具備以下特色：

(一) 混齡討論小組

學生的互動可以符合常生活的共同體形式，具體做法上以三個年級進行分組效果最好，因此 4-6、6-9、9-12 歲孩子的混齡編組，是最好的實施方式。

(二) 學校活動由對話、遊戲、工作（學習）與行事之四個基本活動的循環所構成

對話乃根據教師（耶拿計畫稱為 group leader）給予的話題進行對話；遊戲包含孩子配合音樂運動表現感情或編劇等，學習目的在於創造學生對彼此的需要性；工作（學習）乃是對課題的意識與達成課題目標所進行的活動，包含自主學習與向教師學習的「共同學習」；行事（一個事件、一個節日或生日聚會等）則是透過安靜的學習空間，以及在學校全體教職員的教育計畫與家長的協助之下進行（Eichelberger, 2011）。彼得森在 1934 年所著的《耶拿計畫學校的實踐》（*Die Praxis der Schulen nach dem Jena-Plan*）中，提到這些工作有強化合作、從安靜產生創造力、教材與生活和工作連結，可讓學生印象深刻，教師學習認識孩子的特色與發現自由的、同伴的、師生的與團體的共同體人際關係（Petersen, 1934）。

(三) 一週學習計畫

一週學習計畫始於星期一早晨、終於星期五的結束討論活動。每週的學習要配合孩子的工作節奏。一週中，星期一早上 9 點才上課，以結束週末的休息氣氛。其他時間的 8-9 點是基礎課程課，之後的大節課則是小組

主要的工作時間，主要進行文化／科學、自然科學與興趣選修課。

(四) 以工作報告取代分數

教師進行多元的評量，包含自我與同儕評量等，教師每半年為學生製作一份學習報告書，列出學生表現與值得讚許之處，並讓學生可以進級到不同小組，來處理混齡編組上的學生程度差異問題。

(五) 建立如家人一般互動的學校起居室（schulwohnstube）

讓傳統教室的桌椅擺入起居室、設計混齡用的課堂布置、各種孩子妝點的物品也可以放進起居室。這是彼得森認為可以促進團體陶冶、塑造學生強大靈魂的能力（圖 7-3）。

二、耶拿計畫 20 項原則

耶拿計畫 20 項原則係由「荷蘭耶拿計畫協會」在重新詮釋了該計畫的模式和教育方法後提出，其組成包含「人類」、「社會」與「學校」三部分（Nederlandse Jenaplan Vereniging, 2021），如表 7-1 所述。

圖7-3 耶拿計畫的教室環境配置

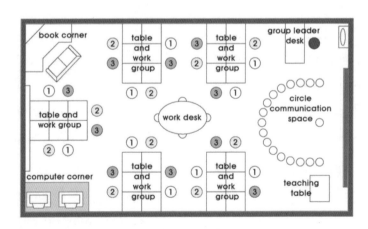

註：引自 20 세기 초 유럽의 아동중심 교육철학에 따른 학습환경 개념에 대한 고찰, 류호섭, 2017, 한국교육시설학회논문집, **24**(1), p. 18.

表**7-1**　耶拿計畫 20 項原則

屬性／項目		內　容
人類	1	任何人皆為獨一無二的存在，因此，每個孩子和大人都有固有且無法取代的價值。
	2	每個人都擁有照自己所希望的方向成長的權利，不因人種、國籍、性別、性傾向、社會背景、宗教或信條所左右。
	3	每個人都有需要，物質、社會、文化或精神的事實關係，讓自己照自己希望的樣子成長，並與他人維持關係。
	4	每個人的完整人格總是會被接受，並盡可能的得到相對應的待遇和認可。
	5	每個人都是文化傳承的創新者，並盡可能的得到相對應的待遇和認可。
社會	6	每個人都應該在一個尊重每個人具有無可取代價值的社會中工作。
	7	每個人都應該打造一個可以讓每個人的認同得以伸展，以及為伸展而給予刺激的社會。
	8	每個人都應該以提高公正、和平與建設性的立場，建構一個接受人和人的不同，以及每個人都可以成長、變化的社會。
	9	每個人都應該重視地球與世界，並打造一個相互尊重照顧的社會
	10	每個人都應該負起責任的為了未來的人們，打造一個傳承自然與文化恩惠的社會。
學校	11	學校對和他有關係的所有人來說，是一個獨立且共同打造的組織。學習場域雖會受社會的影響，但是也會對社會產生影響。
	12	在學習場域工作的大人，要將原則 1 到 10 作為孩子們學習的出發點。
	13	學校的課程內容，應來自於兒童生活的世界與由知識或感情所得到的內在經驗。其次，再從中導引出我們社會所擁有的，作為人和社會發展重要手段的「文化恩惠」。
	14	學校的教學，應該在使用教育學上經常使用的情境與道具下進行。
	15	學校的教與學，應該以對話、遊戲、工作、行事四個基本活動交互、有節奏的方式進行。
	16	在學校中，應該將年齡或發展程度不同的孩子組成混齡小組，以激發其互學和互相關心。

屬性／ 項目		內　容
	17	在學校中，孩子應該在自主遊戲和學習中，以及在小組領導者（教師）的指示或指導下互補式的交互切換進行學習，教師所指示或指導的學習以提升更高水準的發展為目的。
	18	在學校中，以經驗、發現、探究為基礎，探索世界的活動應處於中心位置。
	19	在學校中，在評量孩子的行動或成績時，應盡可能的以每一位孩子的成長過程為指標，或經由與孩子自身的對話方式進行。
	20	在學校中，變革是一個永不停止的歷程，為了做到這一點，必須有一種在行動與省思一致互動的連貫性。

三、耶拿計畫的其他特徵

除了以上兩項外，耶拿計畫發展還具有八項最小限制、六種品質、三大核心品質與七個本質的特徵（Velthausz & Winters, 2019）。

八項最小限制是路特歸納彼得森的主張所提出，分別為「朝整合式思考的教育」、「學校現實的人間化與民主化」、「對話」、「教育的人類學化」、「真實性」、「自由」、「朝批判式思考的教育」與「創造性」。

六種品質為「重視經驗」、「重視發展」、「協作（與學生的共同體）」、「放眼世界」、「批判式思考」與「有意義的學習」。

三大核心品質為孩子的「自己與自己的關係」、「與他人的關係」，以及「與世界的關係」。

七個本質為「對事物進取」、「做計畫」、「協作」、「產出」、「發表」、「反應」與「責任感」。

耶拿計畫在臺灣的發展狀況

　　耶拿計畫所強調的理念和做法，對臺灣目前的偏鄉及小型學校有許多值得參照之處。對偏鄉及小型學校來說，耶拿計畫增加了一種不同詮釋發展方向的可能性，例如孩子與教師可以充分對話的環境、利用社區資源辦學、課程與社區文化傳承的結合、在少人數的環境中以學校家庭化的理念增加人際互動、陶冶人格之做法等，因此也受到歡迎。

　　目前，在學校型態實驗教育部分，已有根據耶拿計畫理念辦理的實驗學校，例如苗栗的南河國小等。由於耶拿計畫可以直接在學校推動，因此現階段仍較少非學校型態實驗教育單位辦理。儘管如此，耶拿計畫的部分理念仍被實驗教育單位融入課程與教學中，例如一週學習計畫、混齡教學等，豐富了實驗教育的內涵養分。

第四節

本土另類教育

　　本土另類教育，係指自體制外時期即開始在臺灣發展的另類教育及理念教育之總稱。本土另類教育所採行的教育理念，可能擷取自本章前述的各種教育理念元素、可能是呼應歐美國家對當時教育體制的反思而進行的教育運動，並在臺灣的土地上，試著找回更大的教育揮灑空間；有些辦學模式，則是結合：(1) 歐美實驗教育的理念脈絡；(2) 屬於華人與本土文化的價值；與 (3) 對新時代教育創新的想像，所組成的實驗教育。其中，更有一些辦學者根本不認為他們的辦學模式是實驗教育，他們主張這種教育模式才是真正的教育、才是教育的本質。

　　是故，在看待本節介紹的本土另類教育時，不妨換個角度，將其視為一種和正規教育稍有不同，但未必全然顛覆正規教育的教育模式。理由是這些教育可能不只限於「另類」的範疇，它們的主張可能也是正規教育

正努力去做的，或許在這些本土另類教育的示範下，一些好的理念和做法，也會成為日後正規教育革新的力量來源。

由於本土另類教育的模式頗多，無法窮盡。以下，僅舉國內較為熟知的理念與案例介紹之。

全人教育

一、全人教育之內涵詮釋

全人係指完整的人，全人教育是指充分發展個人潛能，以培養具有公民責任之「完整個人」的教育理念與模式。全人教育強調受教者的人格，提供學生充分探究身心潛能的機會，因此，學習內容必須是統整式的，才能夠發展個體潛能，達成全人教育的目標（吳清山等人，2016）。

各家學說對於何謂全人之見解不一。例如美國的 Miller（1997）認為全人教育是一種全人的世界觀，本質上重視靈性勝於物質。因此教育要重視人的內在品質，例如頭腦、情感、創造力、想像力等；儒家傳統的全人教育觀，則是主張身心一如、成己成物、天人合一等三大面向（黃俊傑，1999）；日本的教育學者小原國芳則認為全人教育是完全人格的教育，他認為教育應該基於尊重個性、自學自律、提高效能、尊重自然、重視師徒溫情與勞作教育等 12 項信條進行（小原國芳，1969/1994）。由此可見，對全人教育做出不同詮釋的各家學說，亦會使教育目標與課程安排產生差異。

二、全人教育學校案例

(一) 森林小學

提到臺灣的全人教育案例，最易令人想到「森林小學」。森小由人本教育文教基金會在 1989 年提出建校，1990 年開始辦學，1992 年遷至汐止迄今，一路走來備受各界關注。

森林小學是一所綜合教育心理學、教育社會學及人本教育哲學的學

校，它認為教育應該把學生當成一個人來看待、體會學生的感受、以啟發取代訓練、出自真誠的心、不使用強制的手段。如此，就可以培育出具有思想、有能力並能愛的人。因為校區擁有豐富的自然環境，因此森林小學的課程，亦讓孩子長期的接觸、探索自然。同時，森小還透過生活會、生命課程、自主思考等課程，充實孩子的生活教育（森林小學，2021 年 6 月 29 日）。

（二）新竹縣峨眉國中

峨眉國中是在 2018 年以全人教育的理念轉型為公辦民營實驗教育，以爭取外部資源，活化在地特色的學校。該校係以全人教師、全人發展、全人課程為主軸，在「學校社會責任」、「自主、終身學習」、「峨眉地方學：建置地方特色的知識體系與內涵」及「參與地方產業發展」等方向引導下規劃課程體系。該校也參採 Eric H. Erickson 的「心理社會發展論」，依序對國一至國三學生，規劃出「認識自我」、「連結社會探索世界」、「整合自我抉擇生涯」等堆疊式的身心發展任務，引導國中生面對基本能力學習與生涯規劃（陳姿利，2019）。

 民主教育

一、民主教育之內涵詮釋

民主教育係以透過教育實施，培養生活態度、價值，以落實民主法治精神為宗旨的一項教育理念，其成為實驗教育理念的脈絡，一部分是援引自歐美的教育思潮，例如杜威所提倡的「民主教育價值」的理論基礎，一部分則參照以民主教育為辦學理念的案例，例如英國的夏山學校、桑茲學校或美國的瑟谷學校等。

民主教育的元素，大致包含法治、人權、多數決、凝聚共識、議事規則等。因此，實施民主教育的實驗教育單位，多半會以尊重學生學習選擇、自由、負責任行為、透過班會或法庭決定班級和學校事務等作為課程與教學的重點。民主教育目前也是國內外各型態實驗教育較常採取的教育

理念，有些實驗教育單位雖未標榜民主教育，但在實施上也納入了民主教育的精神。

二、民主教育學校案例

(一) 全人實驗中學

全人實驗中學是國內一個民主教育的著名案例。該校從 1995 年創校後在辦學上所遭遇的種種困境，足以使其成為實驗教育萌芽期（1996 年以前）的代言人。細數全人實驗中學的教育理念，首先，它是一個透過實施自由民主教育來培養全人理念的學校，因此它有「自治會」、「森林裡的宿舍」、「公共議題」討論來深耕孩子的民主理念。其次，在具體課程安排上，該校則有探索課程、多元性社團、藝術與創作等課，並在對學生採取寬容、信任與尊重的態度下，培養學生承擔自由的勇氣與適應社會的生活方法。

(二) 種籽親子實小

種籽實小位於烏來，成立於 1994 年，原名「種籽學苑」，目前則稱為「種籽親子實小」。種籽以自由、尊重、責任、支持、開放、信任、民主作為教育價值，在實踐上，秉持「親師生合作認識自我」、「以對話為基礎的民主校園：對人友愛」，與「對世界常保關懷——培養自主學習的態度與能力」三個信念。課程上則以「穩定提供豐富的課程和生活火花」作為哲學基礎，透過四季自然時序的大活動構成情境。另外，課程還有空堂設計、法庭、生活討論會、自主學習與學生選課等特色。在學生修讀時，學校會讓孩子注意課程比重與成長上的均衡性，讓服用這些學習配方的孩子取得均衡的營養（種籽親子實驗小學，2021 年 6 月 29 日）。

華人東方文化特色

一、華人文化之內涵詮釋

　　以華人、東方文化為教育宗旨辦理實驗教育者，一定程度的受到家長的青睞。華人文化會成為辦學的理念，一方面是對正規教育多擷取西洋教育思想的反思，二方面則是主張儒、釋、道家的主張可納進教育內容，以發展學生人性等價值觀。因此，華人文化的實驗教育，便透過讀經、國術、書法、國樂、生活體驗、自然體驗等方式，讓此一特色成為實驗教育中相當特別的辦學理念。

二、華人文化實驗教育案例

(一) 道禾實驗學校

　　道禾實驗學校是一所以華人文化作為教育理念的實驗學校。該校的教育理念，是遵循「道：方法、道路與總體之根源」；與「禾：幼苗，也是穀類的總稱」之宗旨，順著自然之道，培育人類的幼苗去探索生命的意義。該校援引老子的《道德經》，認為教育的最終目標，係為培育孩子的「人：社會群己」、「地：自然環境」，與「天：價值根源」，最後引領學習者邁向正德、利用、厚生、惟和的修己立人之道（道禾教育基金會，2020 年 6 月 29 日）。

　　課程上，道禾配合二十四節氣設計課程，小學部重視「呼吸式的每日作息」、「主題階段式的循環課程」，與「創造性的美感教育」；國中部則重視東方哲思、教育美學與教學創新，並自編文學、自然、數學與社會四種教材。其中，較具特色的是文學課程採混齡方式，每週上 240 分鐘課程。

(二) 弘明實驗高中、志道書院

　　近年來兒童讀經蔚為風潮，因此推動讀經的實驗教育單位亦有增加的趨勢。讀經的優勢有提升識字量並能涵養品格等，其倡導者王財貴

（2005）認為只要熟讀經典，就可直探人性之本源，吸取前人之智慧結晶。目前，讀經教育所使用的經典，除了中文版外，還使用臺語文及英文版本。

弘明實驗高中位於南投縣名間鄉，以四書、五經、中醫、國術等中國傳統文化課程為主。在 2007 年開辦十二年一貫的實驗學校後，經典教育、品德教育、藝術教育仍然是弘明辦學的宗旨（弘明實驗高中，2017年 12 月 6 日）。

志道書院原名「大安讀經園」，是一所位於臺北的實驗教育團體，教育宗旨為透過讀經教育，開發孩子的潛能與多元學習的基礎。志道書院鼓勵大量閱讀如「論語」、「大學」、「中庸」等經典，以擴展孩子的視野，還設計了品格教育、每日戶外運動踏青等課程，豐富孩子的生活陶冶（志道書院，無日期）。

肆 其他特色教育

國內的實驗教育除了根據上述理念辦理之單位外，案例數較多的還有本於宗教理念及多元智能理念的實驗教育。

宗教實驗教育主要基於教義，其中以基督教教義為理念的實驗單位較多。例如慕真在家教育協會所支持的個人式實驗中，即強調教養子女是父母的天職，教育也是一種生活的革新運動；位於高雄山區的錫安山伊甸家園則是推行「神本教育」，以大自然為其教材，具體課程有農業實作、畜牧、木工、機械等課程。

多元智能的實驗教育，則在理念上強調破除偏重智育與被動學習的困境，根據多元智能理論發揮孩子的優勢智能，並在個別化、自主化與多元化的學習方法下，參考教育部的課程綱要，採主題式課程進行。本項理念的案例，有新竹縣的大坪多元智能生態美學實驗小學等。

第五節

原住民族實驗學校

隨著我國民主化、本土化的聲量逐漸高漲，少數族群的文化保留、族群延續與原住民自治的呼聲亦被世人所關注。原住民族實驗教育亦在「實驗教育三法」的孕育下，日漸發酵。

壹 原住民族教育之意涵

依據《原住民族教育法》之立法意旨，「原住民族教育」係指原住民族之一般教育及民族教育之統稱，即在原住民族教育中，包含了一般教育（舊稱原住民教育）與原住民民族教育；一般教育，則係指根據原住民之需求，對原住民學生所實施之全國所有族群共同主流之正規教育（周水珍，2007），而原住民民族教育，則指依原住民族文化特性，對原住民學生所實施之民族知識教育。

貳 原住民族教育的發展脈絡與現況

我國的原住民族，係起源於新石器時代以來的東亞南方沿海「南島語族」祖先的移入（陳有貝，2014），後歷經明清、荷西、日本、國民政府的權力交替，透過西化、漢化、皇民化、平地化等政策的干擾與融合下，構成了今日之原住民文化。

繼日治時期的皇民化教育，揆諸近代原住民族教育之發展，綜合《原住民族教育政策白皮書》（教育部、行政院原住民族委員會，2014）及教育部部史（2021 年 5 月 13 日）之界定，原住民族教育可分為「山地平地化──平等期」、「融入社會發展期」、「開放發展期」與「主體文化發展期」四個階段，每階段都有對應的教育政策，例如設置原住民族教育研究中心、發展原住民族課程或培育原住民族師資等。

然而，因為主體性認定之差異，上述針對原住民族教育之分期亦有招

致爭議之處。因此，在原住民族教育上，真正獲致以「原住民族」爲主體者，恐係接續 1994 年《憲法增修條文》修訂、1996 年行政院原住民委員會（現原住民族委員會）成立、1998 年頒布《原住民族教育法》及 2011 年訂定《原住民族教育政策白皮書》下，始爲今日的原住民族教育奠定了基礎。

 原住民族實驗教育發展的脈絡與現況

一、發展脈絡

原住民族教育之特色富有其本土化之特色，並透過其教育，賦予原住民族族群文化認同及多元文化教育之功能，並搭載文化傳承與族群或種族延續之使命，而「實驗教育三法」之通過，亦提供了原住民族實驗教育之可能性。

爲體現《原住民族教育法》第 21 條的精神，除《高級中等以下教育階段非學校型態實驗教育實施條例》列入有關原住民族實驗教育的規範外，教育部亦於 2020 年訂定《公立高級中等以下學校辦理部分班級原住民族實驗教育辦法》，讓高中以下學校亦可辦理部分班級實驗教育。

原住民族實驗教育所期待的，是能夠以原住民族爲主體，建立完整的教育體系，以傳承族語及文化。課程之重點，則在於建構原住民族知識及深化民族教育課程，並提高整體社會對原住民族權利與族群平等觀念的理解程度，進而促使原住民族邁向自主的道路。

二、現況

目前，在教育部國民及學前教育署（2021）所調查的學校型態實驗教育總數共 91 所中，原住民族實驗學校占了 32 所。

其中，第一所轉型成立的臺中市博屋瑪國民小學，是一所泰雅族孩子的學校，轉型後的該校除了實施「泰雅文化主題課程」，也兼顧學生在語文與數學上的基礎能力。該校學生在 2017 年「學生學習成就評量」

（TASA）上的成績，更高於臺中市與全國平均（容容，2017）。

　　位於高雄山區的「高雄市立巴楠花部落中小學」，是一所以布農族（Bunun）為主的學校。課程特色是以布農族小米生長祭典分為「四學祭」，再透過 12 種主題課程，串連學祭主題，讓文化落實到生活之中（陳祥麟，2020 年 7 月 27 日）；屏東縣的地磨兒（Timur）民族實驗小學是排灣族（Paiwan）的傳統學校，於 2015 年轉型為原住民族實驗小學。該校發展「原住民族群本位教材」，連結民族文化課程與領域科目，用孩子們最熟悉的生活經驗與部落生活為素材，以尋回帶有排灣族靈魂與文化自信的孩子；臺東縣目前有 4 所原住民族實驗學校（2021 年現在），該縣的南王（Puyuma）花環國小、達魯瑪克民族實驗小學（原大南國小）、土坂 VUSAM 文化實驗小學，以及蘭嶼的椰油國小與 TAO 民族實驗教育高級中學（蘭嶼高中），都是原住民族實驗學校。

　　由上來看，原住民族實驗學校，已逐漸的透過找尋原民文化、歷史傳承的課程，擴展出一條能找回民族自信、協助孩子立足主流社會的民族教育道路。長期來看，原住民族實驗教育的發展不但可豐富國內文化底蘊，亦將成為建構國民總體意識中不可或缺的一塊拼圖。

註　釋

註一：小原國芳（1887-1977）為日本的教育學者，亦是玉川學園的創辦者。他曾踏遍包含臺灣在內的亞洲各地，宣傳「新教育」的理念。小原提出的「全人教育論」為調合真、善、美、聖的人格教育，並強調道德、藝術、宗教與勞作教育的重要性。

第 **8** 章

跨年級混齡式的
教學實驗

　　在國外的實驗教育及我國非學校型態實驗教育的教學情境中並不陌生的混齡式教學，處於少子女化加速發展所導致的學校學生數大幅減少的環境中，為了克服學生數不足以支撐過去的大班式教學模式的困難，也逐漸成為正規學校所採用的實驗方案。學校實施此種教學實驗，由於須將學校教育的基本型態，亦即「學年—班級」的模式進行彈性調整，重新組成一個跨年級的混齡式班級，因此亦被稱之為「複式班級教學」或「跨年級教學」。

　　嚴格來說，此種教學實驗因未具「特別的教育理念」，也無須透過建構某種特色課程便能實施，因此是否可歸屬於實驗教育範疇，迄今仍有爭議。然而，此種教學實驗因為可以在現行課程綱要下實施，也是非學校型態實驗教育經常採用的教學模式，因此，其影響範圍已經超過在單一學科領域中進行的教學實驗。本書著眼於我國目前已有幼兒園及多所國民小學展開跨年級混齡式的教學實驗，其中更不乏以申辦實驗教育推動此實驗之學校。為讓讀者對實驗教育的全貌有更完整之了解，乃以「跨年級混齡式的教學實驗」作為本章主題介紹之。

　　本章首先說明跨年級混齡式教學實驗的概念，其次從班級制的起源探討在學校與班級規模縮小下學生及教師可能面臨的困境，接著說明我國的發展現狀，最後，再探討教師在進行跨年級混齡式教學實驗時可採用的協同教學模式。

跨年級混齡式教學實驗的概念

本節敘述重點主要置於跨年級混齡式教學實驗的相關概念。首先，分別說明跨年級與混齡教學的概念；其次，探討各國實施跨年級混齡式教學實驗的概況；接著，探討跨年級混齡式教學實驗是否應歸屬在「實驗教育」中之爭議論點；最後，說明跨年級混齡式教學實驗的功能及效果。

 ## 跨年級混齡式教學實驗的概念

「跨年級」與「混齡」在概念上有不少重疊之處，例如實施的樣態係將不同年級的學生聚集在同一場域進行學習，先進國家與我國採行這兩種模式的班級學生數，也大多設定在十幾人以下的少人數的環境，透過合班的方式進行，讓教師容易控制教學情境。兩者也有相異之面向，例如跨年級教學強調學生原有的班級並未因爲採用混齡型態而消滅，在班級被保留的情形下，由於教師編制並未減少，反倒可以善用教師進行協同教學等特徵。

一、跨年級教學的概念

聯合國教科文組織（United Nations Educational, Scientific and Cultural Organization, UNESCO）曾經爲多年級教室（multi-grade class）及跨年級教學（multi-grade teaching）定義，強調一個教學班級中有多個年級的學生進行合班上課，其實施目的乃是爲了保障每位學生的受教權，降低教育成本，使偏鄉、貧窮或隔離區域的學生皆可因爲此種教學模式得到適當的教育（UNESCO, 2013）。因此，爲了推動跨年級教學，教師需要針對班級中原屬不同學年學生的特性及個別學生的學習需求，以差異化（differentiated）的理念規劃合適的課程與教材，方能讓學生在跨年級班級得到合適且有效的學習。

二、混齡教學的概念

　　另一方面，混齡（mixed age）一詞，是世界上最早對此型態的教學模式的稱呼，當初的教育目標在於掃除文盲、提高國民的受教率。因此，在教師人數、教室數、教育經費不足等前提下，導入混齡教育是普及教育的有效政策（鈴木隆子，2008）。吳清山（2016）將混齡教學定義為教師在混齡班級中，設計適合不同年齡的課程內容，並進行各種教學活動，以幫助學生有效學習。混齡教學強調的是將不同年齡層的孩子聚在一起施教，也就是說在課程上，教師可以為同一個班級的混齡學生設定同樣的教材，而不像跨年級班級在合班上課時依然要顧及原本分屬不同學年學生的學習進度。目前幼兒園將 3-5 歲的幼兒編為混齡班級進行教學的模式已相當普遍，非學校型態實驗教育亦大多採行混齡教學。「混齡教育」或「混齡教學」一詞亦出現在我國相關法規與行政院、教育部等部會的委託研究上，且申請辦理混齡式實驗教育之學校，亦使用「混齡」一詞。

三、與跨年級混齡教學相似的用詞

　　跨年級混齡教學在名詞定義上，還有與跨年級、混齡類似的用詞。英國學者 Little（1995）整理相關文獻後發現類似用語還有多層次（multi-level）、複式教室（composite classes）、垂直教室（vertical group）或家族教室（family）等。其中，日本稱之為「複式學級」（「學級」乃日本對班級的稱呼）（川前あゆみ、玉井康之、二宮信一，2019），而紐西蘭使用「多年齡教室」（multi-age class）一詞。國內在《偏遠地區學校教育發展條例》與教育部頒訂的《公立國民小學及國民中學合併或停辦準則》中，則將此種教學模式稱為「混齡編班」或「混齡教學」。

四、跨年級與混齡教學的差異

　　跨年級和混齡雖然經常在文獻上被視為同義詞。但若就功能面，或是使用場合上所強調的重點，兩者仍有所差異。洪儷瑜（2018）提到在設有國定課程標準或綱要的國家，跨年級教學所強調的是年級的功能保留，因

圖8-1　跨年級教學與混齡教學在組成型態上的重點差異

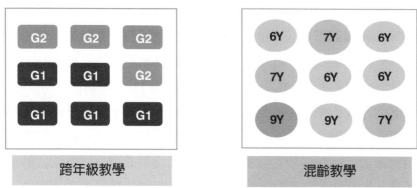

註：引自「**跨年級教學概論**」簡報（頁 16）。梁雲霞，2019，臺北市立大學。

此教室中的教學便應遵循課程標準／綱要的年級課程目標，而混齡教學則聚焦於不同年齡學生一起學習上，不一定強調教學課程需要依據年級的差異實施（圖 8-1）。

　　從上述來看，目前我國原住民族實驗學校所開設的原住民語言課程，或是十二年國教課綱中實施的新住民語言課程，就可能是合班上課，但教學目標並不特別依照年級別來設定，此即是混齡教學的一例。另外，日本推動了數十年的複式教學，在嘗試各種課程組織和教學模式後，目前已形成以「移動教學」（わたり・ずらし）為主流的教學模式。「移動教學」主要係以「平行課程」的方式，在同一時間軸、同一個教室中讓各年級學生進行各自學習任務的教學模式（林雍智，2020 年 9 月 6 日）。

貳　各國實施跨年級混齡教學的狀況

　　跨年級混齡教學，在世界上早有豐富的實施案例。例如美國、德國、法國、瑞典、英國、芬蘭、日本、韓國等先進國家已推動多年，鄰近的中國、馬來西亞、越南與菲律賓等國亦有推動混齡編班。在開發中國家，例如印度、祕魯、斯里蘭卡、尼泊爾等國則有超過七成以上的小學實施。

　　根據鈴木隆子（2008）之調查，部分發展中國家已將跨年級混齡式的

教學設定爲國家的教育政策。然而,亦有部分先進國家與發展中國家對跨年級混齡教學持負面的看法,認爲這種教學實驗不易實施,或是認爲其在師資培育、教學調整等成本上較一般模式或是推行配套措施,例如以巴士接送學生上學等更高,因此並未列在正規教育制度之中(Hargreaves et al, 2001; Little, 2001)。

我國的學校教育係根據學生的年齡編制成班級,再以班級單位進行教學。因此,過去在另類教育中常被採用的混齡教學模式,並未在學校中實施。直至最近,由於班級人數減少,動輒個位數的學生已造成教師在教學上的困擾,跨年級混齡教學才重新被納入思考,成爲一項受到關注的教學實驗。

參 跨年級混齡教學是否屬於實驗教育?

跨年級混齡的教學模式,固然是國內外幼兒園、非學校型態實驗教育經常採用的教學模式,也已成爲當前我國小型及偏鄉學校因應少人數學習環境所採用的教學實驗,然而其是否可以歸屬於「實驗教育」所定義的範疇,目前各界仍尚未達成共識。

支持將跨年級混齡教學視爲實驗教育的論點,概有以下三項:

(一)屬於非學校型態實驗教育的團體、機構,早已在另類教育時代起,就實施混齡教學,且國外亦有許多以混齡方式進行實驗教育之案例。

(二)學校在實施跨年級混齡教學上,是一種大幅度的改變所有學科/領域原有設計的教學實驗,教師亦須進行相當程度的協同教學,且學校在排課、人力調配等支援上的變動幅度較大,因此需要透過申辦「實驗教育」,排除各種現行法規的限制才能順利推動。

(三)跨年級混齡教學是一種打破年齡界限,以尊重學生個別差異、幫助學生有效學習所引進的教學實驗。要讓其成功,教師需要學習各種新的教學方法並靈活運用策略。因此對教師能力的要求更高,也需要獨自的專業增能系統。

另一方面,認爲跨年級混齡教學只是一種課程與教學上的實驗改進方

案，不應將其當成實驗教育者，其所持論點有三：

　　(一)跨年級混齡教學只是一種教學方法上的彈性調整和運用，並不具備「實驗教育」法規規定的，辦理實驗教育應具備的「特別教育理念」。因此，不應歸屬於實驗教育所定義之範疇。

　　(二)跨年級混齡教學可適用於所有的小型學校，學生皆可以在此教學實驗中得到適當的學習機會，此亦符合教育機會均等的理念。若將其歸類在實驗教育之中，易使人認為不加入實驗教育行列就無法進行跨年級混齡教學。因此，不應將實驗教育的可選擇性（optional），強套在普通（normal）教育的身上，限制學生獲得跨年級混齡教學的機會。

　　(三)跨年級混齡教學與現行十二年國教課程之設計並無相逆之處，且新課程中學生的學習目標亦是將二學年作為同一階段的方式撰寫的。因此學校或實驗教育單位在進行跨年級混齡教學時，無須特地排除現行國定課程的設計理念。

　　然而，姑且不論上述爭議，跨年級混齡教學是否值得推動，或是爭取成為實驗教育來辦理？對學校來說，能否成為活化教育的良方，學生的學習狀況與人際相處機會能否獲得有效的改善，教師能否在跨年級混齡教學中找回教育的本質與教學的熱忱，或許才是值得關注的焦點。

　　跨年級混齡教學若要成為一項成功的模式，或許需要更多理論體系與實踐案例的支持，這些仍待學術界和教育現場持續發展。不過，若能秉持教育的公正性、教育機會均等的原則進行此種廣泛適用於各學科領域的教學實驗，亦能敦促我們從中找回教育應有之圖像。

跨年級混齡教學的功能及效果

一、功能

　　跨年級混齡式的教學實驗，是一種打破既有以年齡、年級等限制，透過課程組織與教學模式的調整，達成教師教學及學生學習目的的彈性做法。它的適用性亦較單一學科領域的教學實驗更廣泛，在各學科領域中皆

可使用。跨年級混齡教學，具備以下四項主要功能：

　　㈠回歸學生學習本質：不論是家庭內或社會中，人際相處本來就是以混齡方式存在的。跨年級混齡式的教學實驗可以打破過去為了效率而刻意組織的「班級」，將原有的混齡同儕的環境還給學生。

　　㈡尊重學生的個別學習需求：少人數的學習環境有許多不利於教師教學和學生學習的因素，透過跨年級混齡式的編成，可以在更尊重學生個殊性的環境下，實踐教育的公正性理念。

　　㈢提高同儕互動的機會：跨年級混齡式的教學實驗可以擴大學習群體，陶冶學生群性，增加同儕互動機會；此模式因為可讓不同年齡、年級的學生站在相同的立足點共同學習，也是一種民主教育。

　　㈣解放教師人力限制：打破班級制後的跨年級混齡式教學實驗，將有可能重新定義教師員額編制，讓教師獲得協同教學、研發教材等符合教學專業自主條件的彈性空間。

二、跨年級混齡教學的效果

　　根據相關的研究發現，跨年級混齡教學實驗，可以對學生帶來增加隸屬感、人際互動、對學校採正向看法等效果（Little, 1995）。洪儷瑜等人（2019）提到接受此模式的學生，有 92.73% 喜歡這種上課方式，有 74.64% 認為此種上課效果更好，該調查也顯示學生認為課堂的學習活動變得更為活潑，學生從中與同儕進行合作、討論與觀摩的機會增加等正向的效果。不過，也有研究指出跨年級混齡教學對於認知部分的學業成就並無顯著的效果（Veenman, 1995）。成田幸夫（2021）則以日本的研究結果，說明「20 人以下班級的學生成績較其他班級規模的學生成績為高，特別是在數學和英語的學習成效上。」

　　對教師的效果上，首先是因應教學型態的改變，而須重新檢視並省思過去慣用的教學模式。其次，在進行跨年級混齡教學時，教師必須與其他教師協同合作，才能了解分屬於不同年級學生的學習狀況。此外，教師也能夠激發教學的新思維、課程變得更為多元、可以落實差異化教學的理

念、可藉由「鷹架作用」將準備度較不足的學生帶上來等效果。另一方面，教師亦可能產生壓力，例如改變教學模式、面對班上不同年齡／年級／學習進度的學生，以及在課程研發、準備和協同教學上，皆須適應與調整，也需要學校給予足夠的支持。

對學校來說，引進跨年級混齡教學實驗，有活化學校、提高創新程度的效果。小型學校經營上最大的問題乃是缺乏足夠吸引生源的特色。學校若藉由推動跨年級混齡式教學實驗，除了可以打破校園原有的安定狀態，使學校和教師獲得有價值的努力目標外，亦可用以說服家長，減緩遭到裁併的壓力。不過，跨年級混齡式教學實驗在辦理上亦會面臨一些困難，例如短時間難以改變教師意識、擬定課程計畫、排課、調配人力、和家長溝通等難題。要解決難題，有時除了校內的共識外，還需要相關法規與政策上的支持。

第二節

班級制與小型學校的困境

儘管跨年級混齡教學已在實驗教育單位實施多年，但要在學校內實施仍有不少難度。學校由於長久以來在班級制的影響下，教師教學、學生學習活動與學校行事安排，早已形成和班級層層結合的系統機制。因此，要了解學校如何推動跨年級混齡式教學實驗，須從「班級」制度的起源談起，方能知悉如何解構受限於班級制的小型學校困境。

 大班式教學與班級制度的起源

一、大班式教學的起源

在近代公教育制度形成之前，教育的型態大致上是以私人興學的方式，將現存的設施、機構權充為教學場域實施之。例如歐美國家利用教

會、日本在明治維新發布新學制（1872 年）前，主要是借用寺院作為教育場所，成立「寺子屋」，以「私塾」的方式進行教育。中國在歷代科舉制度之下，私塾也成為準備科舉的民間教育單位。這些場所的教學模式，主要是採「個別」及「混齡」的方式進行。

　　近代公教育體系成立之主要目的，乃在於國家透過對世俗教育，包含可以透過感官證實的知識的傳授，讓受教者脫離宗教教育的影響。在這種以國家教育作為教育宗旨的時代，教育逐漸轉為建立由政府控制的學校體系所取代（Newman, 2019）。學校為了容納更多人，需要更有效率的進行教學，於是大班級式的教學模式也應運而生。圖 8-2 所示的圖片，即為 19 世紀當時英國「畫廊式」的大班級教學模樣。在該圖中，可看到一位教師教導 170 名以上的學生，教學方式採行團體教學型態的直接講授法，並配置一位助手幫忙安排教學材料。

圖 8-2　19 世紀英國大班式教學模式

註：這種「畫廊式」教學，也是大班式團體教學的最初嘗試。引自 *Towards a Theory of Schooling* (p. 37). by D. Hamilton, 2014. Routledge. (Original work published 1989)

二、班級制的出現

　　「班級制」起源於近代的公教育制度。為有效實施學校教育，班級開始在國家主導下出現於公立學校中，成為近代學校以來特有的組織（柳治男，2005）。目前世界各國的學校教育制度，幾乎都以學年制搭配班級制作為運作的基本原理（Little, 2001）。班級制的特徵包含：(1) 以一定數量的兒童組成班級團體；(2) 大班式團體教學法；(3) 班級兒童的年齡相同；與 (4) 班級學生固定，方便進行班級的經營與各種任務的分工。

　　隨著「班級」編制的實施，一些在班級教學與經營上的特徵，例如值日生、班長、學藝股長等工作，以及以班級為單位之活動或競賽等便陸續出現。班級制其實是一種效率化的改進，將相同年齡的學生編成一個共同體，再由教師進行大班式的指導，此模式不僅方便課程安排與教學準備，學生和心智發展同年齡的同學也較易相處，更重要的是可以清楚計算教育經費，方便學校教育的實施。不過，當班級制隨著時間發展固定化，成為學校教育的基本結構後，也限制了教師的教學模式，最近亦衍生出班級崩壞、霸凌等問題。這種在效率與權力運用便利性下產生的班級制度，畢竟已與學生平時在家庭、社區與人相處時都是混齡的狀態有異。以同一個年段（而不是同一個學習到達點）作為是否同學年、同班之標準的人為做法，亦造成日後班級規模縮小時重新引進混齡教育上的爭論。

貳　小型學校面臨的困境

　　強調效率、紀律與方便性的大班式班級教學組織模式，在面臨學校規模日漸縮小到讓組織功能難以發揮時，各種在百年前導入班級制時未曾想過的問題便接連產生。我國在過去曾有過「小班小校」的討論，教育界為了降低班級規模，還引進國外相關研究成果，來解釋降低學生數與提升學業成績之間的連結，用以說服行政部門成為政策。然而，當班級規模急速萎縮以及伴隨而來學校規模的降低後，我們才發現在規模萎縮的班級當中，學生學習和教師教學已和過去倡議的小班小校議題大相逕庭。小型學

校，正面臨著以下困境：

一、學生學習上的困境

　　小型學校的學生在學習上，至少會面臨以下問題：(1) 學習只有一種聲音，缺乏和同學一起討論的機會，上課時因為欠缺他人的觀點、難以從他人身上學習，以致喪失了尊重多元意見的機會；(2) 學生是永遠的第一名（或最後一名），其在班級的排序上可能永遠無法改變。這樣的結果便是不必努力也可以達到已設定好的名次，長期下來會喪失成就動機；(3) 學生沒有機會學習等待與延宕滿足，也無機會自由舉手表達自己的看法與需求。於是，第 4 個問題：「個別學生被教師關注時間過長」的問題將產生，此會對學生的在校生活造成極大壓力，也會使其人際關係趨於固定與僵化，不利於發展社會上所需要的團體互動素養（洪儷瑜，2018；深見智一，2018）。

二、教師教學上的難處

　　任教於小型學校的教師，會面臨到過去在接受師資培育期間，與之前在大班級任教經驗上截然不同的工作體驗。在班級人數大幅減少的狀態下，教師若仍持續大班式教學，「因材施教」就不會因為學生數的減少而發生，教師慣用的教學方法和教學策略也會受到相當程度的侷限（成田幸夫，2021）。其次，陷於「班級王國」經營模式的教師，可能在學年只剩下一班的情況下，既要單獨擔負班級經營，又要承接學年工作，缺乏可供討論與分工的學年教師，會帶來無法共同備課、形成共識的困境，最終造成「教師同僚性」（teacher collegiality）的惡化（林雍智，2020 年 9 月 6 日）。

　　上述困難，會破壞原本在學年組織結構上所建立、強調分工、專業自主與效率的「班級王國」運作型態，讓教師的工作產生孤立的「個業化」（isolation tendency）傾向。教師在各種困難的交互影響下，越教會越覺得無趣。長期下來，可能喪失教學熱忱，也可能變得安於現狀。

第三節

跨年級混齡式教學實驗在我國的發展現況

目前我國進行跨年級混齡式教學實驗的單位，若以「學校」、「非學校」進行區分，主要可以分為二大類別，茲介紹如下：

非學校型態的實驗教育單位

第一類別是非學校型態的實驗教育機構與團體。由於實驗教育單位借用或轉化自國外的特別教育理念，例如夏山學校、蒙特梭利、耶拿計畫等教育理念皆有混齡教學之做法，部分特別教育理念更將混齡教學視為辦學特色。

因此，國內許多實驗教育單位依照設立時的特別教育理念，其課程與教學通常會採取更為彈性的混齡方式。它們不受「班級」制度拘束，特別是在學生人數少的情形下，更方便以混齡式教學作為主要教學模式。

幼兒園

幼兒園中的混齡編班 / 教學，乃指將 5 足歲、4 足歲、3 足歲的幼兒依一定人數的比例混合，讓其在同一個班級中學習。採用混齡編班 / 教學的主要理由，在於協助幼兒提早適應生活技能的學習，以及學習如何與他人相處等社會互動技能，因此，幼兒園的混齡教學，也可視為教師人為刻意安排的、接近自然狀態的擬真學習環境。

以我國公立幼兒園為例，目前編班方式大致可分為 5 歲組的大班、4 歲組的中班，以及包含 5 歲組幼兒的 3-5 歲混齡編制班。此為以政策方式推動的混齡教學，實施上雖有上述優點，但亦被指出可能會因教學者是否具備課程設計能力、班上幼兒年齡分布等因素的干擾，而使混齡教學的效果存在不確定性。

推動跨年級教學計畫的學校

跨年級教學計畫係指由教育部國民及學前教育署委託國立臺灣師範大學、臺北市立大學及國立臺東大學所進行的「國民小學跨年級教學方案推動與輔導計畫」。該計畫始於 2014 年，緣起於教育部國民及學前教育署對混齡教學所展開的法規制定與研究工作。該計畫以「跨年級」的概念，強調學校在不改變既有的班級制結構下進行合班教學，因班級制度不被破壞，學校可維持原有的教師編制、課程更可以適用現行的課程綱要規定。因此，只要是少人數的班級皆可實施。

跨年級教學計畫的重點在於教師透過課程組織和教學模式的彈性運用，並在尊重學生個別差異的前提下改進教學。目前，全國已有包含金門縣在內的 13 縣（市），超過 40 所學校加入該計畫。

肆 轉型辦理混齡式實驗教育的學校

此類型為透過轉型實驗教育學校方式辦理混齡教育者，屬於由教育部國民及學前教育署委託國立政治大學所進行的「偏鄉實驗教育」計畫。該計畫始於 2015 年，旨在協助各縣的偏鄉小學，以申辦實驗教育的方式轉型為實驗教育學校，辦理混齡教育。此實驗的特色，在於打破班級編制、解放教師人力，讓教師除進行混齡教學外，尚可在學者專家的協助下研發各領域的混齡教學課程、學校本位課程或是原民文化課程。目前，共有 5 校參與該計畫（2021 年現在）。

伍 新北市獨自推動的混齡教學

原稱臺北縣的新北市幅員遼闊，所轄之國小有全國最大規模者，亦有如山區、（東）北海岸的偏鄉小校。教育局為了突破這些小校的少子化困境，自 2016 年起強制規模在 50 人以下的學校必須實施混齡教學。新北市的混齡教學政策係將實施宗旨設定於增進學生的群性發展（非學習成就）上。為減輕教師教學壓力，教育局亦邀集國教輔導團配合教科書商將

教科書的各單元重新拆解，改以螺旋方式編製兩年級段的「混齡教材」供教師使用。目前，該市共有25所國民小學（2021年現在）實施混齡教學，其中更有部分學校同時參與跨年級教學計畫，以同步獲得更多模式與課例經驗。

由上可知，不管是在幼兒園、非學校型態實驗教育或是學校，跨年級混齡式的教學實驗已累積一些實施案例。根據教育部統計處（2021）的資料，我國目前國小在 6 班以下編制的校數，已超過全國總校數的 40%，其中還有約 500 校是學生不滿 50 人者。且未來加入「50 人以下俱樂部」的學校還會增多。此也意味著小型學校的增加趨勢，已到了必須做出對應的關頭。這也代表了引進跨年級混齡式教學實驗的校數應也會隨之增加。然而，跨年級混齡式教學實驗引進時間仍短，操作上仍有可改進之空間。要使其獲致更佳的成效，例如下節所述教師彼此的互動模式應如何隨課程與教學的需求調整？皆可再深入探討。

第四節
跨年級混齡式教學實驗中的教師協同模式

教師在進行跨年級混齡式教學實驗，可以根據自身專長、學生特性與課程教學需求，靈活結合課程組織與教學型態，形成教學特色。也由於實施上會較過去以班級為主的模式，多了更多與其他教師互動的機會，近期以來相關理論在論及教師的專業發展時，常指出組成教師專業學習社群（learning community），透過備課、觀課、議課的歷程，可強化教師的正向同僚性（王淑珍、林雍智，2015），並形成教師的教學心智（teaching mind），改進教學（松本浩司，2015）。實施跨年級混齡式教學實驗的教師可運用以下數種協同模式，提升教學效能。

協同教學的運作情境

　　教師在協同教學（team teaching, TT）運作上可能產生的情境，會隨跨年級混齡式教學實驗在不同編制方式、課程組織與教學模式上的運用而有不同。若「混齡」教學中只剩下一位教師，就較難在教學時運用協同教學；又若是在沒有裁減教師編制、實施合班教學的「跨年級」實驗中，教師仍保持兩位，此情境就可善用不同的協同模式，使教學實施更有彈性。

　　完整的「教師協同」，並不侷限於「教學實施」的協同上，整個協同教學，包含了備課、授課、議課與省思改進的連續過程。不同課程組織、教學模式及面對學生的個殊性時，亦有不同的協同教學需求。此也意味著跨年級混齡式的教學實驗，不論教學單位的教師為一人或是多人，協同仍然是可以實施的。

 協同教學的可行模式

　　教師協同教學在運作上，可依照跨年級混齡教學的需求，以隨機、專長、任務及彈性四種編組模式組織協同的教師群（陳金山，2018 年 1 月 24 日）。

一、隨機編組

　　「隨機編組」係指兩人以上的教師在進行跨年級混齡教學期間，視需要隨機安排共同時間備課與討論，且課表亦按照教師協同的狀況隨機調整。運用此種模式時，應注意到協同教師之間應事先建立協同上的充分共識，才可以合理並有效的分擔彼此工作。隨機編組模式下的教師，可透過教師學習社群建立合作默契，因此，也可稱為是一種「共同體」（community）模式。

二、專長編組

　　「專長編組」為兩人以上的教師依據各自的專長進行分工。此模式下的上課課表，係按照教學過程中所需要的協同專長需求進行設定。因

此，協同教師便可視教學的需要，安排不同專長的教師，進行分工與協同。在這種模式下，教師群的組成須匯聚不同專長的教師，因此，也可稱為是一種「團隊」（team）模式。

三、任務編組

「任務編組」為兩人以上的教師依照學校或實驗教育單位的課程或活動協作需求，進行任務的分工。例如大團體式的體育課程，需要多位教師擔任裁判、器材管理、觀察記分等；自行車壯遊活動，也需要教師擔任路線引導、安全維護、車隊殿後者等工作，此時，就可以採行任務編組的模式。

四、彈性編組

「彈性編組」意指協同人員與班級並非固定（不像是特定任務需求），隨時可調整組合編組。例如外聘專長教師，有時配合排課需求，有時又配合學校特色發展，隨時可彈性調整相關的協同教師。

不論哪一種模式，在課程開始之前，教師皆需要事前進行共同備課、決定上課所需的人力需求，並規劃分工模式，方可讓協同產生效果。此處所說的分工模式，大致上包含「主要教學者」、「協同教學者」、「觀察記錄者」、「秩序管理者」、「個別指導者」、「自我備課者」與「其他支援任務」上的工作分配項目。

參 協同教學的實施樣態

基於上述教師的編組模式，在整個協同教學的實施歷程中，根據協同教師的人數及工作分配情形，共可衍生為 3 種類、12 項主要的協同樣態（陳金山，2020 年 8 月 7 日）。教師可以視需要運用不同的協同樣態，達成教學的目標。以下分述各種類的實施樣態：

一、二人以上教師主教的協同教學樣態

　　二人以上的教師在進行協同教學的「主教」工作時，可以利用的實施樣態有「共同主教」、「分段主教」與「輪流主教」三項。

　　㈠共同主教：共同主教為兩位教師同時擔任課堂教學工作。此樣態可以運用於全班教學與科目交錯的課程組織中。

　　㈡分段主教：分段主教為兩位教師依照各自負責的課程段落進行教學。

　　㈢輪流主教：輪流主教為兩位教師依照事先取得之共識，依課程的段落區分，輪流擔任主教工作。

二、個人主教的協同教學樣態

　　個人主教的意義在於由一位教師擔任「主教教師」，其他教師擔任工作分擔者或協助者。此種類的實施樣態共有下述七項。實施上，則須注意課堂的主導權仍然由主教教師掌握，協同教師角色的介入程度必須低於主教教師（參考圖8-3）。

　　㈠個人主教—觀課記錄：協同教師擔任「觀課記錄」教師，負責記錄教師的教學行為及學生的學習狀況，以作為事後課程檢討與改進之素材。

　　㈡個人主教—分組指導：協同教師擔任分組指導者。分組指導的作用在於使主教教師的指令更明確，或是協助學生完成學習任務。例如若將學生採同質性分組上課，協同教師就可以跟隨準備度較不足的小組，協助該組學生跟進教學進度或順利完成作業。

　　㈢個人主教—個別輔導：此模式特別之處，乃是協同教師的工作僅聚焦於1至2位需要個別輔導的學生身上，其餘學生則追隨主教教師的進度。此模式可運用於班上有特殊需求學生，且需要協同教師輔導時。

　　㈣個人主教—管理秩序：此模式中的協同教師角色在管理學生的秩序，讓課堂運作更為順利。此模式大多運用在體育課程，以及如家族時間、學校法庭等大範圍的混齡課程。

圖8-3　跨年級混齡教學中的教師協同教學

> **註**：上圖為新北市某國小音樂課的跨年級混齡教學。主教教師為音樂教師，協同教師為班導師。課堂大部分時間由主教教師控制教學進度，到了綜合活動時，主教教師成為伴奏，由協同教師接管班上進度；下圖為苗栗縣某國小的高智爾球跨年級混齡教學。主教教師（圖正中央）負責掌管教學進度，協同教師則分任裁判與記錄 / 分者。

　　（五）個人主教—補救教學：協同教師主要擔任學習進度落後學生的補救教學工作。當協同教師在為學生進行補救教學時，主教教師可以推展新進度，或是給予不須進行補救的學生更精熟練習。

　　（六）個人主教—器材支援：協同教師主要擔任設備、器材、教材等課堂上所需素材的支援工作。此模式的協同教師完全擔任助手角色，並不介入主教教師之教學。

　　（七）個人主教—自行備課：此模式發生在課堂開始前的備課階段，為一種教師在課程實施歷程中的螺旋分工方式。自行備課的協同教師，可能在主教教師授課結束後，轉變為下一個單元 / 課堂的主教教師，依此順

序反覆進行協同工作。

三、其他協同教學樣態

其他協同教學樣態可粗略再區分為不屬於上述各實施樣態，但卻常於跨年級混齡教學的現場中採用的樣態，包含「共同備課」與「分站關主」。

(一) 共同備課：此種模式係指兩位教師在都沒課時，先共同備課，再依課程需求決定採用何種教學樣態。由於跨年級混齡式教學需要教師共同理解學生的學習狀況，因此更需要透過共同備課，共負教學責任。

(二) 分站關主：此種樣態較常在學習評量中採行。教師擔任既非主教、又非單純協助者角色的「分站關主」，並於學生進行分站闖關，且每一關卡又帶有學習任務，需要教師給予指導時使用。

由上可知，教師協同教學的模式與樣態種類多元，這也代表進行跨年級混齡教學的教師，可以在決定好互相搭配的課程組織與教學模式後，再靈活運用協同教學樣態，以發揮教師的專長。多元的協同教學樣態，也顯示了教師在跨年級混齡的情境下，將較過去的大班式教學擁有操作上的彈性，教師亦可在同一課堂中視需要切換不同的協同樣態，善用差異化教學的精神，提升學生的學習表現。

第五節

持續發展中的跨年級混齡式教學實驗

跨年級混齡教學目前已成為我國一個跨越幼兒園、實驗教育機構與小型學校，且可以運用於各種學科領域的廣泛性教學實驗。此種實驗受到重視的理由，固然有實施民主教育、促進同儕互動、解決少人數導致學習不利等，發展的過程中，也相對促進了教師改變既有的教學模式，依學生本位的需求提供更適切的學習環境。

　　不過，跨年級混齡式的教學實驗在我國因為較缺乏長時間的發展，因此，此種實驗的成效，仍待更多科學性的實踐歷程來驗證。例如跨年級混齡式學生的學力是否有顯著的提升？各學科領域的特性如何不因實驗而減低？為讓分組更有效果，如何訓練學生擔任「小老師」，以協助教師教學？類似上述課題，皆需要更深入的探究。也唯有對其進行更精密的檢證，才能告訴家長，這種教學實驗不只是實驗教育的口號，而能確實提升學生學習成效，也才能說服更多教師改變既有的教學模式、正視跨年級混齡教學的「實驗」價值，將少人數、小規模的劣勢轉變為學習上的優勢。

實驗教育我想想

　　我們在家庭、在社會當中與人相處時，一直都是以混齡的模式進行的，與他人交友時，也不會刻意尋找同年齡的對象。

　　學校為了方便教師教學，便採「年級」方式編班。年級，和我們平時所處的環境狀態不同，它是一種為求效率而經人為安排的學習環境。

　　若您是一位學校或實驗教育單位的教師，正準備打破這種「年」和「級」的侷限，採取跨年級混齡教學時，您會面臨下列哪些困難？

　　1. 原可以根據教科書教學，改採跨年級混齡教學後缺乏明確的步驟指引。

　　2. 家長會質疑我無法針對不同年齡的學生提供適當的教學。

　　3. 將不同年級／年齡的學生合併上課，有些學生會變成教室裡的客人。

　　4. 以上皆是。

　　您要如何尋求突破？

第 9 章

各國的實驗教育

　　繼承並匯聚了另類教育、選擇性教育精神的體制外教育，在我國制定相關法律後，以實驗教育之名加入了正式教育體制，因此獲得政府保障，得以開展新的篇章。如同第 2 章所述般，使用「實驗教育」一詞涵蓋各種另類教育之模式，詞意上雖難以完整詮釋另類教育的總體樣貌，然而「實驗」所賦予的彈性與創新也有助於落實教育理念，因此具一定的代表性。

　　不過，若概覽各國的發展狀況，可能會發現目前世界上實難以找到如我國般，將在本土發展僅 30 年的多種教育方式，概括統整於「實驗教育」內的做法。因此，在探討各國的實驗教育時，須先從了解其教育思想、教育體制的背景脈絡著手，再進一步探討該國「另類教育」的發展狀況。

　　目前探討各國實驗教育的相關書籍、資料已相當豐富，有興趣深究者，可自行延伸閱讀。本章重點僅為概述主要國家的實驗教育狀況，以引導找到我國實驗教育在世界中的位置，為實驗教育發展蓄積資本。本章第一節將論述如何探究各國的實驗教育，第二、三節分別為歐美與東亞國家實驗教育的概況，第四節則歸納與比較前述，找出臺灣的實驗教育在世界中的定位點。

如何探究各國的實驗教育

　　當探究各國實驗教育時，必須先將「實驗教育」一詞予以解構，再透過各國的發展背景理解實驗教育的組成元素及脈絡，才不會受限於單一事象、方案本身，而能全面理解各國實驗教育的發展狀況。

 實驗教育如何解構

　　「實驗教育」是一個我國在法規上所架構的封包，因此要了解各國的實驗教育，必須先用反向工程將其解構，溯源其形成背景。解構上，有以下幾項切入點，但各有長處，亦有其侷限。

一、依我國法律所定的型態解構

　　一般對「實驗教育」概念的思考邏輯，會如同第 2 章所述般，先將其定義，再探討實驗教育在國際上的各種稱呼，最後析出實驗教育的內涵。以這個脈絡為背景探討各國實驗教育的發展時，首先會將實驗教育依我國法規的分類，分為各種型態與不同的辦理方式。此種屬於樹枝狀的分類方式，也是基於「法規」規定所演繹的結果。然而，此種區分方法卻不足以充分詮釋各國實驗教育的發展脈絡，因為依據特定教育理念辦理的實驗教育，可能在學校及非學校型態中皆會出現，另一方面，委託私人辦理學校，可能亦非為了辦理特定教育理念而成立的。

二、以辦學特色拆解

　　「多元」是實驗教育的特色之一，因此其辦學特色亦展現出不同於正規教育之處。若以辦學特色來拆解實驗教育，將會回到第 2 章所述的兩項「特徵」情境中，其一是相對於正規教育的「另類教育」部分，其二則是個人從事的在家教育或以接濟拒學或其他理由不適合「就學」的 free school。這種方法是將正規教育作為對照基準的二元論區分方法。用此方

式拆解，除可能易陷入二元對立的情境外，實驗教育的辦學特色有時也難與正規教育清楚對照，特別是在近期教改中，許多正規教育在組織彈性化與課程發展上，已經達成過去另類教育主張的目標。

三、用教育目的區分

　　另類教育的大體系中，有些辦教育的目的係為宗教需要，因此刻意與世俗教育區隔，例如歐美國家長久的教會辦學歷史；有些是在反對主流教育體制下所設定的框架，進而提出自我的發展觀、教育觀與課程體系，這種特別理念的教育模式多出現於歐洲國家，例如英國、德國、荷蘭等；有些是為了進一步體現親權中的教育權，此類型最常見的便是在家教育，不過在家教育另也有針對特殊需求、拒絕上學者提供客製化教育的作用；至於 1960 年代起發展的「自由學校」，目的上除了帶有反權威主義色彩外（菊地榮治、永田佳之，2001），其理念可能不在於遠大的教育理想，能把不到學校的孩子找回來學習，就是最主要之目的；有些目的則在於打造與公教育平行的教育系統，例如存在日本，但不被政府認可的朝鮮民族學校；有些則是追隨市場需求，將亮麗的理念包裝為商品營利的實驗教育。

貳 如何理解各國實驗教育的發展脈絡

　　各國的實驗教育在發展上，會出現一些可與正規教育區隔的可視特徵，其發展脈絡概可溯源自下述發展，當探討各國的實驗教育時，宜同時理解這些脈絡對實驗教育的影響。

一、教育思潮的演進歷史

　　先進國家對實驗教育發展起源時期之界定，一般的共識是在進入 19 世紀後才逐漸產生的。教育界對不同教育哲學、思想的爭論，自古以來雖一直沒有停過，然而「另類教育」的主張者為何要將自己視為「另類」，而非「主流」的主要前提，仍然在於他們反對一般化的教育而起。這種「一般化的教育」，也就是指教育在標準化後，成為義務教育實施規範的概念。由此角度視之，先進國家成立近代公教育制度的時間約自 19 世紀

起，此也意味著進入 19 世紀後，隨著主流教育的標準化與普及化，另類教育者的主張也就相對的越發強烈。

　　基於上述背景，19 世紀以來，各國也出現了多位反思既有教育方法，並提出不同理念的思想家，例如瑞士的裴斯塔洛齊（Johann Heinrich Pestalozzi, 1746-1827）、美國的愛默生（Ralph Waldo Emerson, 1803-1882）、愛爾考特（Amos Bronson Alcott, 1799-1888）等人，以及提出進步主義的杜威（John Dewey, 1859-1952）、義大利的蒙特梭利（Maria Montessori, 1870-1952）和奧地利的史代納（Rudolf Steiner, 1861-1925）等人。

　　也就是說，各國實驗教育的發展，和教育思潮的演進結果有相當大的關係，例如進步主義、實用主義影響了對「教育實施模式」的思維等，這些都有其歷史發展的脈絡。

二、對政治與教育體制的反思

　　各國實驗教育的發展，和體制下的反政治、反宗教、反教育體制的發展結果也脫不了關係。此項脈絡的主張者，倡議教育應從政治、宗教、階級分離，鑒於在 19 世紀過後，學校教育已經成為國家的獨占體制（結城忠，2009），有些為了突破學校法制所提出的呼籲逐漸受到重視。這些思想家，大致以「個人主義」、「無政府主義」（anarchism）、「自由主義」（libertarianism）作為對抗思想，較著名者有俄國的托爾斯泰（Лев Николаевич Толстой/Lev Nikolayevich Tolstoy, 1828-1910）、美國推動在家教育的霍特（John Holt, 1923-1985）、提倡「去學校論」（deschooling）的依利希（Ivan Illich, 1926-2002）和古德曼（Paul goodman, 1911-1972），出生於德國、後受納粹迫害而逃到美國的邁爾（Frederick Mayer, 1921-2006）等人。此外，著有《被壓抑者的教育學》，之後追求教育制度的公正與平等的巴西的弗雷勒（Paulo Freire, 1921-1997），撰寫《野蠻不平等：美國學校的兒童》（*Savage Inequalities: Children in America's Schools*），並推動民權運動的美國教育

家科佐爾（Jonathan Kozol, 1936-），還有科爾（Herbert H. Kohl, 1935-）等人，則是抱持著激進左派自由主義的政治觀點批判當下的主流教育模式。這些主張多半出現於 20 世紀初期，其思想相當程度影響了實驗教育的發展。

三、教育自由化與創新的超前理念

除了上述路徑外，當時序進入 20 世紀中後期，教育自由化、教育績效化的主張，也成爲了現代實驗教育可以持續發展出多樣化辦理方式的因素。例如當主張教育自由化者去衝撞現行體制並自行辦學時，這些另類教育者多半須背負違法罪責，這些人會花費很長的時間對抗政府及主流教育的壓制。不過，這也引發了主張教育應採市場機制的呼聲，此時，以「競爭與選擇」爲核心理念的教育模式，也促成了另類教育進一步的興起，例如教育券、美國磁性學校與各種新銳的實驗計畫等；有些則剛好和上一項緣由顛倒，反是政府在新自由主義強調「自由競爭」與「績效保障」的號召下，以公權力刻意推動教改的作品，例如美國的特許學校等，這也算是一種刺激公立學校提升競爭力的做法；此外，近代以來國家教育權和國民教育權的爭論一直持續近百年（篠原清昭等人，2010），直到最近才以學生的學習權優位的概念覆蓋了教育權的爭議（林雍智，2010）。這股先進的理念思維，也再一次的撼動實驗教育的本質。原本在國家教育權與國民教育權爭論的時代下，立足於由家長代表孩子對抗國家教育權的另類教育，如今轉化爲以孩子學習的最善利益爲依歸的立場。從此，以孩子學習利益爲名的「教育創新」，成爲了實驗教育者建立教育理念上的重要口號。

21 世紀的現代實驗教育，或許在辦學理念上已淡化了 19 世紀以來在教育思潮主張上的色彩，在各國政府擴大教育鬆綁、透過法律規範及保障實驗教育後，辦學者不再需要以教育運動去反對政治體制。特別是國際化、全球化的發展下，部分實驗教育者勿寧認爲能參與全球競爭的教育體制，才是實驗教育的解方。這股追求融合先前理念、以創新導引實驗教育發展的動力，應已讓實驗教育的價值發生質變，成爲現代實驗教育的另一

種樣貌。

　　由上看來，可得知在探討各國實驗教育時，必須要注意到切入點（觀點、視角）的差異，會使得在詮釋和比較上產生不同結果。這也是實驗教育的內涵過於多元，無法在短時間內逐一窮究的難處。因此，若要深入理解各國實驗教育的發展脈絡，以形成有價值的參照，探討上通常需要先了解該國教育與政治發展，接著也需要再掌握教育哲學、教育法（例如家長教育權的伸張）等歷史演進脈絡，才得以形塑其實驗教育為何出現、為何受到歡迎，又為何發展迄今的全貌。

第二節

歐美各國的實驗教育

　　根據上節提示的在探究各國實驗教育時應具備的理解原則後，本節將介紹英國、德國及美國實驗教育的特色與發展狀況。

 英國

一、英國兒童的就學義務規定

　　英國的教育自古一向具有基督教義、培育英倫紳士精神等古典傳統。基於皇室或富裕家庭讓子弟接受私教育的歷史（例如到私立的「公學」接受菁英教育），因此英國的教育法並未如歐陸國家、日、韓與我國，對家長或孩子課以到「學校」就學之義務。1944 年版的《教育法案》第 36 條曾指出「達到義務教育之年齡兒童的家長，負有應給孩子定期到學校接受全時教育或以其他方法接受教育的義務。」（本條文列於現行《教育法》第 7 條）這個「其他」的部分，原本係針對皇室或富裕家庭到私學受教之需求而設立，但也因為加入此規範，讓隨後各種另類教育在英國獲得容易推展的環境。

二、英國實驗教育的歷史脈絡

　　英國的每一個階段的教育發展，受當代教育哲學思想的影響程度高，實驗教育的發展亦不例外。從 19 世紀末展開的新教育運動，到 20 世紀初教育的新理想運動（new ideals in education, 1914-1938），帶給了實驗教育發展的契機。此時，蒙特梭利與美國的藍恩（Homer Land, 1875-1925）的教育觀，成爲了教育運動的根據；再如著有《*small is beautiful*》一書的 Schumacher 所提倡的另類技術，也給了英國實驗教育哲學上的啟發（Schumacher, 1973/1993）。復以綜合其他出現於歐陸與美國的哲學思想，例如蘇格蘭的尼爾（E. J. Neale）、美國的杜威（J. Dewey），這些思想皆給英國的實驗教育提供了豐富的理論支持。英國另類教育在 1970 至 1980 年代期間相當盛行，該時間點也是英國社會從「工業社會」轉往「後工業社會」的階段。此時，學校教育被認爲是過度制度化下的社會弊端象徵，因而使「脫學校論」受到矚目。其結果，由家長所設立的小型學校（small school）或基於特定教育信仰的另類教育體系，以及在家教育等方式興起。這些另類教育系統，部分在課程上使用英國在 1988 年教育改革下引進的國定課程，有的則是與國定課程脫勾，全採用自編課程。

　　若從保障家長教育權的脈絡來看，英國的家長教育權，不會因爲另類教育的盛行而空洞化，或是被擠壓到逸脫正規教育以外。英國的家長除了可爲子女選擇學校以外的教育單位，若子女要至學校就學者，家長亦擁有學校選擇權與參與公教育營運權，例如加入學校理事會（school governing body），共同決定學校的課程、預算等重大經營方針（Department for Education [DfE], 2017）。從英國對於「教育單位的開放」及「家長充分教育權的保障」，可以窺見該國另類教育的發展能較上軌道的原因。不過，英國政府傳統上並不對私立學校提供補助，是故，歷史上也出現數次 small school 因爲資金斷鏈而導致關校的案例，這也促使英國發現到另類教育對於經濟貧困家庭的孩子可能無法充分受教的困境。因此，也促進了近來各種教育法案（例如 1992 年的選擇與多元、1997 年的「卓越的學校」白皮書），期待透過對正規學校的改革或補助，以提升全體教育品質的改

革發展（楊思偉，2020），這也是一種建構學校新典範的力量。

三、代表案例：夏山學校

　　最受重視、引起最多話題的英國另類教育，係為「夏山學校」（Summerhill School）。該學校係由創辦人尼爾（A. S. Neil）始建於德國，後於 1923 年遷至英格蘭辦學。尼爾反對二次世界大戰前後要求嚴格紀律的教育，提出教育目的應該賦予學生快樂學習機會的理念。數十年來，便以一種另類「學校」的辦學模式，掀起各種與當時的正規教育對照的話題。夏山學校的特色為民主教育，它透過如自主學習模式、開放教學過程、彈性的課程與學生民主自治的方式展現（郭實渝，2008）。但在受到關注的同時，主流教育對其之批判亦如影隨形，例如皇家督學和教育部皆曾提出報告指控夏山學校辦學的缺失（Cunningham, 2000）。夏山學校的辦學，對後續以民主教育為特色的實驗教育單位，有極深遠的影響，例如美國的瑟谷學校（Sudbury Valley School）、我國的森林小學等皆受其影響。

 德國

一、多數另類教育理念的起源國家：德國

　　德國是歐陸的重要國家，其教育的發展很大程度的會影響其他鄰近國度。在實驗教育的發展上，德國也占有重要地位，其不但是許多創新教育理念的發源國，一些原出自於鄰國的理念，待轉移到了德國後也能發揚光大、開花結果。在探討德國實驗教育的發展脈絡時，首先必須找到德國為何會成為另類教育理念的領頭羊？是何種水土讓德國的另類教育得以茁壯發展的。

　　德國在二次世界大戰前曾經走過極權，當戰後成為民主國家後，原本的教育體制得到反省，家長的教育權亦獲得更堅定的保障，現代社會的公教育制度亦以包覆私教育的方式，讓私、公教育得以和平共處（結城忠，2009）。有關家長的教育權，例如「萊茵—法爾茲邦」（Rheinland-

Pfalz）的憲法即規定「決定子女教育的家長自然權利，是學校制度形成的基礎。」（第 27 條第 1 項）「家長的教育權以憲法保障」的做法，除了使教育的自由得以呈現外，家長對公教育的實質參與亦得到法制的保障（也因此家長參與教育的滲透度，較東亞國家更高）。在此種體制的影響下，家長當然可以比規範義務教育必須以「學校」爲實施主體的東亞國家，更容易選擇正規教育以外的教育模式。此種風氣，也超越國境，影響了荷蘭、丹麥、愛爾蘭等鄰國。例如在荷蘭，教育的自由（vrijheid van onderwijs）即成爲了教育上最重要的法制原理，荷蘭的家長不但具有設立私立學校的自由，亦享有選擇公立學校的自由。換句話說，一些教育理念得以在德國及鄰國茁壯發展的理由，就是德國的家長教育權被視爲基本人權，且該權利的各種內涵（例如作爲家長集團的基本權、參與公教育營運的基本權等）確實發揮功能的影響。

二、德國另類教育的歷史脈絡

19 世紀的德國，隨著工業革命的興起，其教育改革的步調已經爲德國的富強發展營造出豐富的面貌，也出現許多具備改革理念的學校。威瑪共和時期的德國，雖歷經第一次世界大戰戰敗，然而短暫的安定歲月也讓德國的教育在威瑪憲法之下，不論在法體系的建構或是教育實施上，都綻放出與其他老牌帝國不同的風采（結城忠，2009；Bröcher & Siegmund, 2012）。

許多德國的教育學者在上述時間段中，也因爲得到發展理念的空間，而輩出多樣的學說。例如第 2 章曾提到的 W. A. Lay 與 E. Meumann 所推動的實驗教育；也有否定學校價值的改革者，例如利茲（H. Lietz, 1868-1919）所提出的鄉村教育之家學校（landerziehungsheime school）理念（Hermann-Lietz-Schule, 2021, June 1），主張以農村教育調合人和自然的生活（圖 9-1）。相似的教育理念家，還有 Paul Geheeb（1870-1961）創立的歐登森林學校（Odenwaldschule）（張淑媚，2015），以及提出耶拿計畫（Jenaplan-Schule）的彼得森（P. Petersen, 1884-1952）等人。

圖9-1　Lietz 與鄉村教育之家

註：引自 *Profil zum Gründer der Lietz-Internate.* by Hermann-Lietz-Schule, 2021. (https://www.lietz-schulen.de/die-lietz-idee/unsere-geschichte)

　　這些教育家所提出的理念相當分歧，例如有主張民主教育者、著重人與自然融和者、強調人和人的互動對話與共生者，亦有透過跨年級混齡教學模式取代傳統的年級和班級者（例如耶拿計畫）等。其中，有些基於教育自由化的改革理念但卻又強調國家至上主義（例如 Lietz 的鄉村教育之家學校），耶拿計畫甚且在納粹政權時期，為求生存而迎合納粹的國家社會主義理念。

　　綜言之，德國的實驗教育從 19 世紀末的發展算起，這段跨越了三個世紀的漫長發展，既分歧、又多元，在實踐的道路上亦配合著教育學者的省思與社會的變動，成為今日吾人探究實驗教育時，不可略過的參照國。

三、代表案例：華德福教育

　　實驗教育中，著名的華德福／史代納教育的提倡者魯道夫・史代納雖為奧地利人，但其在 1919 年建立的華德福學校，是位於德國巴登－符騰堡邦斯圖加特（stuttgart）市的一座菸草工場所附屬的學校。這所學校的學生為該工廠勞工的子女，也因此學生包含了初等、中等與職業教育階段，屬於 12 年一貫式的教育方式。有關華德福教育的理念，已在第 8 章提過，此處僅略述華德福教育在德國的發展狀況。

　　目前，華德福學校的地位，在德國已受到相當於憲法位階的《德國基

本法》（Grundgesetz für die Bundesrepublik Deutschland）的保障，德國是世界第一個將公教育予以制度化的國家，在該法第 7 條第 5 項之規定下，華德福學校被歸類爲「世界觀」學校。

若說華德福教育是在德國發揚光大的，此點應不爲過。目前世界各國有加入「自由華德福聯盟」的華德福學校約達 59 國，超過 1,000 校，其中德國境內就占了約 200 校，若加計未加入該聯盟者，其校數還會再提高（今井重孝、坂野愼二、吉田武男，2011）。

華德福教育的師資培訓與教師社群的專業成長體系，亦是各種實驗教育較爲完整的。目前在世界 38 國中已建立 105 個華德福師資的培育機構，包含德國境內的柏林市、漢堡邦、黑森邦等設有華德福教育講座，也有許多自由大學附設華德福的師培單位。另外，華德福師資可跨國相互支援亦是一項特色，例如臺灣早期在引進華德福教育時，常邀請德國或澳洲的專家來臺巡迴授課，在成長茁壯後，目前臺灣的華德福專家亦開赴如中國大陸等國，提供教師培訓講座。

 美國

一、新教育運動的系譜與自由學校運動的展開

自從五月花號郵輪載著對於新天地滿懷夢想者橫渡到新大陸起，以啟蒙大眾，使人民能夠讀懂聖經的宗教理由，便成爲了美國教育發展的主要理由。美國的公教育普及自 18 世紀開始，隨著入殖新土地的加速，美國設立學區制並規定學生入學的學校，到了 19 世紀，更以學年制的方式改變原來全校學生集中於同一間教室上課的模式。此外，近代學制亦於此時建立。

美國公教育系統的普及，可以推算自 19 世紀前葉。公教育的普及固然對於 19 世紀末展開的第二次工業革命帶來絕大的助益，使美國的工業生產力一躍成爲了世界首位，但其內容無法滿足當時大量流入的不同族裔移民需求，不論學生程度如何一律一起上課、一起進級的義務教育制度規

範不合理性，也催生了主張教育應個別化、個性化的「新教育運動」。

　　新教育運動自 19 世紀末開始展開，其理論基礎主要來自於福祿貝爾的教育思想。自 19 世紀末到 20 世紀中葉，有相當多的教育家、思想家也陸續提出了見解或實際帶領運動，企圖打破當時僵化的公教育制度。這些教育家，例如有繼承福祿貝爾的貝爾塔伯爵夫人（Bertha Marenholtz Bülow, 1810-1893）、杜威、致力於兒童發展理論的霍爾（Granville Stanley Hall, 1844-1924）與發表「新教育」論文，重視應用科學的艾略特（Charles William Eliot, 1834-1926）等人。重視個體、尊重自發性與自主性的新教育思想，後來也影響了世人對學校功能的看法。其中，1910年後，強調「尊重個別與個性、共同體、異年齡編組、重視家庭氣氛、課程編製應符合孩子的經驗」等思想的進步主義時代（progressive era）的到來，也與該運動有著緊密的連結。

　　自由學校運動的展開，則是屬於反體制勢力的一條支流。自由學校的主張，也隱含了「公民權運動」、「反主流文化」（counterculture）、「新左派」等不同理念背景，在思想方面，則是基於尼爾的「反體制、解放、自治」思想與進步主義的思想展開。到了 1960 年代，急速發展的自由學校運動，已經由當初的全美 30 校，成長到 1970 年代超過 200 校。在案例上，創立於 1967 年，以尊重孩子自我決定、大人與小孩對等關係，並支援在家自學孩子的克羅拉拉學校（Clonlara School）是自由學校運動中最具代表性的學校；開設於自由學校運動最盛期的瑟谷學校，則影響了後續各國設立的自由學校（Greenberg, 1995）。

　　總結來說，美國自由學校運動可謂是一種基於特定教育理念的運動，歸納其特質，可包含：(1) 對公教育的反思；(2) 自由思想；(3) 自治共同體思想；(4) 經驗主義教育思想；(5) 對等的師生關係；與 (6) 不適應公教育體系孩子或是都會區貧困孩子的救濟學校六項。此也意味著美國的自由學校較當前以拒絕到學校受教或為了特殊需求學生準備的 free school 單一概念更為廣泛。因為其理念與我國「實驗教育」之定義相符，所以亦可歸於實驗教育的範疇中探討。

二、另類學校運動：自由學校思想的繼承

興盛於 1960 年代的自由學校運動，在進入 1970 年代之後，思想精神由另類教育運動予以繼承。曾任教於夏山學校的日本學者永田佳之（2019）認為，後來美國的另類教育運動中主張的「教育不應該強制」的精神，係隨著自由學校運動而來，他也觀察到一些自由運動的擁護者，後來亦成為了另類學校的倡議者。

美國的另類學校同時存在著公立、私立兩套系統，兩者的教育目的亦各有不同。1970 年代最先開設的另類學校屬於公立系統，它也是將過去自由學校的思想和教育方法作為指引而建立的學校。1970 到 1980 年代間，另類學校的發展則逐漸朝向在學區內（或是學校的某一空間）設立另類學校，以提供不適應正規教育的學生，這種學校在當時已廣布於各州。至於私立的另類學校，則強調與傳統公教育的不同，重視學生的自由意志與自由的創意。

美國教育家米勒（Ron Miller, 1956- ）認為自由學校運動在 1967-1972 年間達到最盛期後，就一路衰退，改朝三個方向的另類學校發展，分別是：(1) 公立另類教育運動；(2) 在家教育的草根運動；(3) 社區本位的學校建構等三方向（Miller, 2002）。儘管另類學校繼承了自由學校運動的思想，但兩者仍有差別，例如「自由」與「自治共同體」思想上兩者相同，但另類學校卻捨棄了「與公教育對抗」的態度。總體來說，另類教育的思想特質，除了在融合公教育系統，並從中擷取養分，進行更為彈性的發展外，其餘特質則與自由學校並無太大差異。另類學校運動，透過「在家教育」及「特許學校」兩種模式分進下，未來和公教育系統的連結也會更加緊密。

三、代表案例

（一）在家教育

美國在家教育運動係由美國學者霍爾特（John Caldwell Holt, 1923-1985）所主導，其發展時間和另類教育運動幾乎同步（Holt, 1981）。但

進入 1980 年代後，在家教育的人氣越來越高。在家教育的思想特質，和自由學校特質中的「對公教育的反思」與「自由思想」是相呼應的（岩田弘志，2019），選擇在家教育者之背景，大致包含宗教因素、對正規學校環境的不安或是對教學、學習體制的不滿等原因。目前，全美已有多數州立法保障在家教育，參與在家教育者則約有 300 萬人，已是一種相當普遍的教育模式。其代表案例，除了個人式教育外，還有一種「雨傘學校」（umbrella school）的經營方式 **（註一）**。雨傘學校提供在家教育的孩子可以到該校上課與接受其他正規學校的服務（例如預防接種、成績管理等）。孩子只需要到該校接受法規所定之最低限度的教育即可，剩下部分家長仍可用自編課程進行教學。此種學校，屬於一種介於正規學校教育及完全在家教育間的支持性選項（Coalition for Responsible Home Education, 2021, June 4）。

(二) 特許學校

特許學校是一種在公立學校中分化出的選項，讓教師、家長或公私立機構可以在州教育委員會核發的特許下設置學校。此款學校可以排除一些法規，例如從學區中脫離、自主經營、自主教師聘任，並設定彈性的課程，以求得更好的辦學績效。特許學校也被認為是可以活化停滯的公教育系統的選項。特許學校在引進時，剛好是新自由主義的教改開始興盛的時期，也因此由此種教育思想所構成的制度，在立法過程中亦容易得到超黨派的支持而成立。目前，全美已有 40 州制定《特許學校法》，引進特許學校的州則有 46 個（含華聖頓特區），總校數約 7,000 餘所、學生數共有 330 萬人左右（Center for Education Reform, 2021）。在成果上，特許學校被認為是能消弭不同種族學生的學業成績差異、提高英語及數學成績等（Center for Education Reform, 2017）。具體的案例，則是民間組織在愛迪生計畫（Edison Project）下設置的愛迪生學校，其校數將近有 1,000 所，且超過八成為特許學校。

美國這種由公立學校分立而出的特許學校制度，具有選擇、創新、績

效與自主的特色，容許在排除法規後以彈性的做法改造學校。此理念相當程度的影響了我國學校型態與公辦民營實驗教育的立法。特許學校的案例，也提示了實驗教育亦可由「學校」辦理的可能性。

第三節

東亞國家的實驗教育

近期以來，東亞各國隨著國際交流和教育自由化、民主化的改革發展，在實驗教育上亦有顯著的發展。本節茲以日本和南韓為例，按照各自對實驗教育的稱呼，探究其概況。

 日本

一、學校教育法與「一條校」教育

日本 19 世紀明治維新後的近代教育改革，主要仿效英國的教育理念及法國的教育體制進行。此改革導致各種西洋教育思想自明治時期起即被引進，但如學校制度等制度上的設計，卻也變成宰制學生「就學」的硬性規範。

日本將實驗教育稱為「另類教育」（オルタナティブ教育），現階段民間雖已成立許多另類學校，但是政府對待其之態度仍然較為消極。日本實驗教育發展上的最大限制，主要在於法規對「就學」的規範已成為一種優位的信仰，以及缺乏如我國般可以完整涵蓋各型態實驗教育的母法。

有關「就學」的規定，從日本相關法規來看，《學校教育法》將受教之規定，鎖進「學校」當中（篠原清昭等人，2010）。至於學校為何？《學校教育法》第 1 條規定，本法所定之學校，係指幼稚園、小學校、中學校、義務教育學校、高等學校、中等教育學校、特別支援學校、大學及高等專門學校。上述學校共計九種，任何不屬上述校種的學校，就算自稱

爲學校，亦不被視爲是正規的學校；一連串規定，成爲了另類教育理念引進後，在適法性上算不算是「就學」的爭論。

　　也因如此，日本對另類教育產生了獨特的定義：「另類教育係指在未依《學校教育法》等法規規定辦理的非正規教育機構下，所實施的教育；在《學校教育法》第一條所規定之學校，通稱「一條校」的教育，所定的一條校教育，不屬於另類教育，以補習爲主的民間教育單位亦不稱爲另類教育。」

二、另類教育在日本的發展

　　現階段日本的另類教育，儘管法源上仍有限制，但已經發展得相當多元（のりそら，2021）。以「學校」分類（雖然法規不認可其爲學校），日本目前已出現了蒙特梭利、華德福、佛賀內、夏山學校、民主學校，以及其他以異於正規教育，特別是不受「學習指導要領」（日本的課程標準）規範的理念學校與國際學校（含外國政府或外僑出資辦理的民族學校）等。若以非學校型態區分，則上述辦學理念亦可由非營利組織辦理外，尚有依自由學校理念設立的在家教育支持機構，或主要從事高中函授的「支援學校」（サポート校）。除上之外，日本還有一些稱爲「無認可校」的教育訓練設施（例如各部會辦理的大學校或職訓機構），與以取得證照爲目的的培育設施亦被列入廣義的另類教育機構中。

　　日本在法律上對另類教育的規範與保障，一向是比較消極的（永田佳之，2019）。隨著另類教育在 1990 年代的興起，近 10 年來在有識者奔走之下，以立法來保障另類教育及在家教育的呼聲亦逐漸提高。例如屬於 NPO 的「自由學校全國網絡」，曾於 2011 年到 2012 年期間提出《另類教育法基本架構草案》（オルタナティブ教育法骨子案），遊說政府日後立法時必須照顧學生的多元個性與學習需求，保障在家教育學生、拒絕上學學生的學習權（NPO 法人フリースクール全国ネットワーク，2011）。該草案列舉了另類教育的定義、另類教育機關的設置、管理、登錄、另類教育中心的設置和政府公費補助與品質保證的相關規定，頗

有改變政府角色的企圖。值得一提的是，此草案和我國實驗教育法律之架構極為相似，特別是在另類教育機構的登錄設定上，在草案 1.0 版中，分為學校、公辦民營與非學校型態，2.0 版則改為地方政府（含委辦事業）、機構（例如 NPO 等法人）與家庭，此幾乎等同於我國法規的型態分類，若加計南韓代案教育法律架構，足見臺、日、韓在立法脈絡上的共通性。到了 2014 年，該組織再度將草案修正為《保障孩子的多元學習機會之法律基本架構草案》（亦稱為 3.0 版草案），將立法宗旨聚焦於尊重每位孩子的個性上，並根據學習需求提供多元的學習場域，以保障基本人權與學習權。在實施型態方面，3.0 版和 2.0 版分類相同，但可登錄的範圍則從幼兒教育起擴大至大學碩博士班。不過，整部草案的內容更趨近於對政府該如何保障另類教育而撰寫。

　　不過，上述努力雖一定程度的撼動了政府，但最終日本仍無訂立可涵蓋各種另類教育的法源。唯一在 2016 年制定的新法《義務教育階段相當於普通教育的教育機會確保等相關法律》（簡稱《教育機會確保法》），係以保障所有學生的教育機會均等，能有豐富的學校教育為宗旨，對全國 16 餘萬拒絕上學的學生提供相關的教育及支持措施，以及對政府的明確賦責（文部科學省，2016）。該法制定當初曾被認為要整合另類教育與自由學校而制定，但卻遭到「變向鼓勵另類教育」的批判，最終立法結果仍無法超脫「學校」框架（橫井敏郎，2018）。該法施行後，日本的公立學校如何提供針對「拒絕上學的兒童」的受教機會雖受到更大注視，但另類教育所追求的完整立法保障目標可說仍尚未達成。

三、代表案例

(一) 京田邊史代納學校

　　「京田辺シュタイナー学校」是一所設立於京都府的華德福教育實驗學校，該校從 1994 年開始辦理星期六教室，並於 2001 年正式登記成為 NPO 經營的 12 年制學校。辦學特色為基於華德福理念，以「朝內加深（找

到自我）、朝外加廣（開創未來）；確實立足於大地（基礎能力）、舉兩手如天高（眞理與美結合）」爲願景。課程特色除了基本語文及數學外，還有華德福教育特色的優律詩美、手工課、體育、英文、中文、音樂、園藝與書法課程。教學上，該學校亦秉持華德福理念，重視體驗學習（NPO法人京田辺シュタイナー学校，2021）。

（二）茂來學園大日向小學

日本第一所根據耶拿計畫理念，於2019年成立的「大日向小學」位於內陸的長野縣，該校是將公立小學廢校整建後成立的私立學校，以「打造每一個人皆可豐裕、幸福生存之世界」作爲建校精神，並依照耶拿計畫的辦學理念與20項原則，例如跨年級混齡、符合個性化的學習進度、善用學校自然環境，融匯成學校的「自立」、「共生」、「放眼世界」三原則（山本章子，2019）。該校將1-3年級編制爲低學年、4-6年級爲高學年，全校共約70名學生，每日作息按對話、遊戲、工作（學習）與活動的循環進行，整日課程皆以2小時爲一單元的大節課所構成。該校由於辦學成功，吸引了來自縣外的移民家庭，連帶的活絡了在地經濟。

 南韓

一、教育運動下誕生的代案教育

通稱爲南韓（South Korea）的大韓民國，受日本殖民期引進的教育制度影響，教育法制上一直都有日本的影子，二戰後亦大量援引美國制度，以此構成南韓教育上的特性。不過，由於韓戰及隨後軍人政權長期統治影響，大幅度的教育改革要到首次文民政府在1995年5月31日發表教育改革案起（通稱爲5.31教改），政府才算開始主導現代化的教改。

南韓將實驗教育稱做代案教育（대안교육），辦理的學校則稱爲代案學校（대안학교）（宋美蘭，2021；송순재, 2005）。「代案教育」一詞的由來，曾經過政府、民間的教育實踐家與專家學者長期的爭辯，最後才

於 1990 年代形成共識。

　　南韓的代案教育，係經過 20 餘年社會運動和教育運動的影響所產生。有關代案教育的起源雖眾說紛云，但大致上皆認為可溯源至 1980 年代推動的社會運動。1980 年代以教師為中心展開的教育批判運動，繼承了 1970 年代教育民主化的訴求，透過引進歐美另類教育的精神，企求讓教育回歸兒童的人性與自然的本質。當時的運動路線，主要有「真的教育運動」、「另一種文化」（또하나의 문화）與「民主化運動」三派。也由於 1980 年代後的社會競爭激烈、升學主義盛行，家長為讓子女進入理想學校，在私教育（private education）上投注了相當多的資金於補習、學習才藝上。在這種高壓的正規教育下，造成不少學生自殺、輟學等後果，因而使上述運動逐漸聚焦於拯救教育受難的學生上。其中，「非制度」學校的成立開始受到市民的注目。此時的政府針對民間的非制度化學校，亦提出「特性化高中」政策以為對應。然而，在定名為特性化高中前，政府原本打算使用「代案學校」字眼，但卻遭到民間激烈的批判，主因在於「代案學校」一詞一旦被政府使用，則之前投入「真的教育運動」者的努力將付諸流水，因為政府收割了這些人的努力，並將代案學校限定於某一型態，忽視了受到既有教育體制毒害而陷入痛苦的孩子。

　　有別於政府的舉動，「代案教育」一詞被民間主動接受，成為另類教育的正式稱呼，則是來自於隨後的「新教育運動」上。進入 1990 年代，倡導各種「新教育」的團體紛紛成立，在這些團體的集會中，「代案教育」逐漸的取代了「新教育」，復透過學者的詮釋，最後確定以該詞作為另類教育的正式名稱。此時，以代案教育為名之運動也可算正式展開（송순재, 2005）。

　　由以上脈絡可知，南韓的代案教育是一種從多面向訴求、多種運動所交織出的成品。正因為民間不樂意代案教育由政府推動，而喜好自我詮釋，結果也就造成今日的代案教育包含了政府與民間兩者所推動的另類學校與自由學校，並成為牽引教改與社會發展的一個創新代表。宋美蘭（2018）比較日韓兩國的實驗教育（如圖 9-2），發現日本的另類教育較

圖9-2　日韓實驗教育的發展樣貌示意

側重於照顧拒絕上學者的自由學校上，另類學校則是自由學校的延伸；但南韓的代案教育則是數十年來社會運動下的產品，因此，另類學校或是自由學校都在連串的運動下融入代案教育的內涵。這種具備「教育與學習的創造」及「學習的保障」的雙面性，說明了韓國代案教育的特質。

二、代案教育的區分與規範

南韓對代案教育的分類，分為「認可」的代案學校、「未認可」（비인가）的代案學校與在家教育三大類。第一類認可校包含特性化學校、各種代案學校與由地方政府資助成立，接受無法適應學校的學生（例如遭到霸凌、拒學者、脫北者或國際教育）的委託型代案學校；第二類則是未受政府資助的代案教育學校。南韓的代案學校，除公立特性化學校外，皆被認定屬於私立學校（주은희、박선희, 2009）。

1997 年，《初‧中等教育法》第 28 條及施行令第 54 條在修訂後，新增「特性化」條項，讓部分公、私立代案學校可以申請政府的認可，此也代表了韓國公教育系統正式接受代案學校的開始（이병환, 2015）。不過，NPO 組織、社團法人成立的學校因不須向政府申請認可，因此屬於「未認可」學校。認可校在課程上需要依循國家基準的 30-50% 實施，不願意依循者，就須以未認可方式辦學。2003 年，當時的「教育人的資源

部」發表了「代案教育擴大充實對策」，再度修訂《初·中等教育法》，讓代案教育的規範更加完善，加速了代案教育的發展。截至 2015 年，南韓有認可的公、私立代案學校已有 61 校，私立部分以宗教學校爲多，加上委託型代案學校則共有 289 校（若加計未認可校，超過 700 校）（윤철경, 2015）。另外，南韓另有一種在正規學校內進行代案教育的做法，即「學校內代案教室」（학교 내 대안교실），這種實驗班級可使用自訂的課程進行教學，到 2014 年底，全國共有 1,582 所中小學實施，參與學生有 17,949 人（이병환, 2015）

　　在法規上，依據《初·中等教育法》第 60 條第 3 項授權所制定的《代案學校之設立與營運相關規定》（대안학교의 설립·운영에 관한 규정），亦屬於規範代案教育的法源。該法共計 16 條，內容包含目的、排除現有法規規定、設施設備基準、師資來源、申請（含目的、名稱與營運計畫書）、代案學校設立營運委員會、學歷認定、學期、修業年限與授課日數、課程、教科書、教職員編制基準、學校生活紀錄與健康檢查紀錄、公立學校委託私人辦理、其他學校學生委託、入學考試、報告書以及辦理期程等，整部規定與我國「實驗教育三法」十分類似，但內容則更爲精簡。

　　爲推動代案教育，各地方政府也有設立「代案教育支援中心」，主要業務爲該地代案教育的管理及支援、辦理代案教育教師的增能研習、提供學業中斷學生及不適應學校生活學生的輔導諮商等工作。

三、代表案例

（一）以友學校（이우학교）

　　以友學校位於首都首爾（Seoul）近郊的城南市盆唐區，是一所屬於「特性中學」的完全中學，中學部學生有 180 人，高中部則有 240 人。該校的校名，依其創立宗旨：「近與友人分享眞摯友情、遠則與天地萬物共同爲友」而定，學校願景爲「與 21 世紀共存的人生」（김주현, 2007）。由於辦學成功，該校吸引了全國各地的學生，但因該校標榜爲

社區中學，不設宿舍，到校就讀的學生入學條件必須「與家長同住」，且學生也須宣誓在學期間不到補習班學習。

以友學校的課程，首先是以：(1) 個性化課程；(2) 自我主導的學習能力啟發；與 (3) 共同體的教學為軸心。課程特色有多樣性的體驗學習，例如農業、生態、木工、陶藝、烹飪等，也積極帶學生到東亞各國進行田野調查；第二，學生的社會參與及志工服務活動亦受重視；第三，將高中課程分為一般、深化與特性化課程，以對應學生的生涯發展；第四，則是重視學生與家長的學校營運參與。在辦學成果上，以友學校學生在 PISA 問題解決能力的評比結果，是首爾學生平均值的 1.5 倍。

(二) **城山學校**（정미산학교）

城山學校位於首爾市麻浦區內的一個小山丘，該地區既不是觀光區，亦非行政區。受到矚目的特色是該社區的營運都由居民主導，城山學校便屬於社區居民所營運的教育服務。

城山學校是採 5-5-2 學制的 12 年一貫制學校，教育目標為「自立」與「相互成長」。由於學校是由居民成立的，因此上課乃比照社區共同體般，由 2-3 學年組成跨年級混齡的學習群進行。該校小學階段的主題課程聚焦於生活周邊，例如「食」、「衣」、「住」等議題上。學生分組後，根據自己的主題，以自己的思考進行學習的規劃。例如「住」這一組，就須探討學校該設什麼遊具，才能讓自己玩得更愉快等。至於中學及高中階段學生，則須透過家族會議決定學校規則，參與學校經營。這個運作理念，乃符應民主教育的理念，也促進了學生與地區文化及生涯發展方向的連結（https://sungmisan.modoo.at/）。

第四節

臺灣實驗教育在世界中的位置

　　歸納上述各國實驗教育的發展情形，可得知多樣化的實驗教育，透過頻繁的國際交流，已提供了彼此參照與比較上的豐富素材。對照各國，臺灣的實驗教育在世界中的定位到底如何，也相當值得吟味。茲簡單透過各國實驗教育的比較，一探臺灣實驗教育的特色。

各國實驗教育的比較

　　要針對各國實驗教育進行比較時，作為一個對制度的比較，在方法上可以採用比較教育學者 Bereday（1964）提出的描述、解釋、並排與比較的四階段方法學。其中，對於各國實驗教育思想源流的描述與解釋已在上節談過，接著，就需要對其進行並排與比較。然而，各國當前的實驗教育仍受其法律、文化所規範，是故，在比較時應先建立可參照的基準點。

　　若將實驗教育辦學品質保證設為縱軸，政府以公費補助實驗教育設為橫軸，兩軸將交會出如圖 9-3 所示的四個類型。茲以此作為各國實驗教育之比較基準，並說明之。

一、積極支援管理型

　　首先，第一類型「積極支援管理型」是目前世界實驗教育的主流類型。其特色為公費補助多，但各種細項規定也多，此種類型的實驗教育除有引進民間參與外，公部門亦主動成立實驗學校，美國（大部分的州）、荷蘭與臺灣皆屬於此類型。

二、消極支援干涉型

　　第二類型是「消極支援干涉型」。此型態係指政府透過各種法規規範其辦學品質，但也較少以公資金提供補助。例如加拿大的安大略省與南韓的認可校。

圖9-3 以品質保證與經費補助比較各國實驗教育

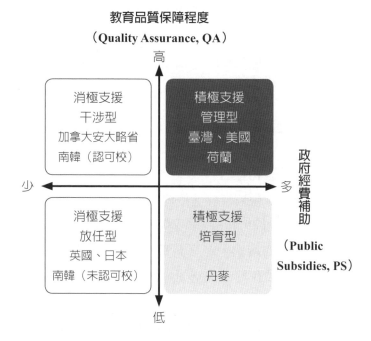

註：修改自オルタナティブ教育とは？シュタイナー、フリースクール、自宅学習などの種類や懸念点を調べてみた，野阪拓海、ノオト，2019 年 3 月 7 日（http://plus.clisk.com/article/3716.html）。

三、消極支援放任型

第三類型是「消極支援放任型」。出現此型態，代表政府對實驗教育採取比較放任的態度，對其在品質保證上的作為不高，亦不使用公資金對其補助，日本、南韓的未認可代案學校和具有私校傳統的英國，較屬於此類型。

四、積極支援培育型

第四類型是「積極支援培育型」。此型態以丹麥為代表，其特徵為整個國家出現信賴人民的文化，政府對實驗教育的態度是支持，且以經費補助，但不太會干涉實驗教育的辦理。

　　最後需要補述的是，當政府對實驗教育採取更多經費補助，也提供更多品質保證作為的同時，亦可能減低了實驗教育的獨特性和自主性（永田佳之，2019）。支援和干涉的界線在哪裡？審議和核准的規範、學生學習成效的認定、實驗教育的公共性定位等該如何拿捏？現階段此點都是各國面對實驗教育的一個課題。

臺灣實驗教育的位置

一、臺灣實驗教育的特色

　　對照東亞各國的實驗教育發展概況，可以發現臺灣的實驗教育若自體制外時代起算，在引進時間上可算是東亞國家中較早的。各種歐美的主流實驗教育理念辦學的案例，在臺灣都可以找到，且30年來的發展過程中，這些理念亦適應了在地文化空間，衍生了本土化的派典。此為臺灣實驗教育的特色之一。

　　雖說臺灣實驗教育的發展，以吸收歐美主流實驗教育理念為大宗，但具有本國特色的實驗教育亦存在著生存空間，例如華人文化相關的教育理念即是，其中有些實驗教育單位雖未必將華人文化設為辦學名稱，但從課程與教學安排中，亦可看出對此理念之重視。也就是說，臺灣實驗教育的第二項特色，在於外國教育理念引導下，也能秉持鬆綁、彈性、多元理念，建構出屬於自己文化特色的實驗教育模式。

　　臺灣實驗教育的特色之三，是政府透過立法，整合了各種不同型態、不同辦理模式的另類教育、自由學校、在家教育，並以三種型態重新賦予其發展地位。在支持實驗教育人士的奔走下，相關法規規範出實驗教育的基本架構，並明訂了政府所扮演的角色，例如公立學校亦可辦理實驗教育，以及實驗教育的審議、訪視評鑑及支援措施等。此做法亦反應了「後發先至」國家的優勢，反過來成為外國關注的焦點。

二、實驗教育公共性的落實程度

　　最後要提到的，是實驗教育的公共性問題。實驗教育，除可實現學生的基本人權與學習權外，學生亦是國家將來的棟梁，因此實驗教育具有「公共性」一事亦應無庸置疑。具備公共性，指向了政府應擔負起把關的責任，也代表了其與完全私教育的差別。不可諱言的，實驗教育將開拓公教育更寬廣的多元性，但在多元學習場域及機會下，對教育公共性的落實可做到何種地步？則是各國也正在檢討的課題（宋美蘭，2021；菊地榮治、永田佳之，2001）。例如我國設定實驗學校的比例，是基於「正規」與「另類」的對決？是懼怕實驗教育的成功顛覆了傳統的公教育？又或者是在預期失敗心理下設立的防火牆？

　　以社會學角度談論，實驗教育能否創造出學習者和提供者的「公共圈」，在不寬容、忘卻對話的教育社會下營造人們對多元性的包容？或許此是在實驗教育蓬勃發展之際，依然值得深思的課題。

註　釋

註一：美國並非所有州皆有設立雨傘學校。可合法進行在家教育的州即不須設置雨傘學校來代替正規學校登記學生的出缺席及成績。由於雨傘學校在法律上屬於私立學校，因此某些在法律上對私立學校認定較為嚴格的州亦無法成立雨傘學校。

實驗教育我想想

濃濃的教育哲學味

閱讀完本章後，學生問老師幾個問題：「外國實驗教育的發展，怎麼會充滿濃厚的教育哲學味道啊？」「讀起來，好像在讀西洋教育史？」「怎麼感覺臺灣現在的實驗教育少了點哲學味、多了點創新味？」

老師試著回答：「現代臺灣的教育，可能相較於『體』，更重視『用』吧。臺灣實驗教育取自於各國另類教育、理念教育的經驗，然後在 2014 年整理為一個集束點後，再各自奔放地向前邁進。」老師接著說：「我們對教育原理的爭辯，不像先進國家一樣，有從 18-20 世紀時這麼長的時間發展，另一個原因則是處在國際化、全球化與 5G 網速的時代，競爭和創新才易獲得關注啊！」

老師反問：「不過，實驗教育存在『價值』與『選擇』兩個基本命題，如果你是正在為孩子選擇正規教育或實驗教育的家長，你會先想要釐清該實驗教育的理念脈絡，還是被充滿新意與挑戰性的課程吸引？或者是因為反對公教育體制，才選擇實驗教育的？」

學生聽後，心裡浮現：「等我確定脫單結婚生子，並想好人生的意義後再來考慮吧～」的謎之音。

第 **10** 章

實驗教育案例（一）
學校型態實驗教育

一所打破傳統的四學季學校
透過 24 個主題課程串連孩子的童年
藉由選擇、規劃、尋援、實踐與反思的歷程
引領孩子朝向自主學習及充分展能的境界

HUSHAN Experimental Elementary School

一所六班弱勢小校，卻能連續三年增班
榮獲行政院國家永續發展獎、教育部教學卓越金質獎
國家環境教育獎特優、GHF 教育創新獎
並成為臺灣第一所獲頒聯合國 ECO SCHOOL 生態學校綠旗的代表學校

　　學校辦理實驗教育，是在「實驗教育三法」通過之後極受到矚目的實驗教育辦理型態，也是我國實驗教育的主要特色。其中，公立學校透過新設或轉型的方式成為實驗學校，到底所為何來？所圖為何？相較於民間的實驗教育單位，擁有政府財政挹注、在各種辦學資源上不虞匱乏的公立學校，在實驗教育中取得的成效，又能否提供正規學校一條可行的改革方向，促進學校教育的革新？這些都受到國內與國外的關注（市川美亞子，2019b；親子天下，2018b；Foundation for Environmental Educationia Suomi, 2017）（註一）。

　　本章將舉出兩個實驗學校案例。這兩個案例校址一北一南，各自基於教育理念辦實驗，核心課程亦不相同，但皆受到家長與媒體高度關注，成為學校型態實驗教育辦理上的觀察指標。第一個案例是位於臺北市中心地帶的和平實驗國民小學，它是臺北市第一所新設的實驗學校，以「自主學習」為實驗宗旨；第二個案例是座落於臺南市仁德區的虎山實驗國民小學，該校原瀕臨廢校命運，在轉型辦理實驗教育，並活用學校周圍之自然環境，以「Eco School 生態小學」作為發展主軸後，數年來成效已獲得國外專家認可，打響了臺灣實驗教育的品牌。

　　這兩所學校所在區位、實驗理念皆不同，但皆能辦出口碑，從案例中也可追跡以「學校」辦理實驗教育時，案例學校是如何經營、如何活用資源、創造成功條件的，這些一路走來的軌跡和累積的經驗，正是有意願辦理實驗教育者的參考標的。

第一節

和平實驗國民小學

　　臺北市和平實驗國民小學（以下簡稱「和平實小」），為全國首座於《學校型態實驗教育條例》公布實行後，全新籌建之公辦公營實驗教育小學。和平實小以「自主學習」為教育願景，提供家長不同的教育選擇權。

　　和平實小藉由「選擇能負責」、「規劃能調整」、「尋援能合作」、「實踐能分享」及「反思能修正」等機制循環運作，達到自主學習的核心價值，並透過正式課程（主題課程、基礎課程、體適能課程、選修課程及家族時間等）、非正式課程（自主探索時間、服務學習、生活討論會、國際教育及系統規劃之多元社團等）、多元教學與評量及豐富軟硬體資源等，幫助學生搭建學習鷹架。另外，在特殊教育部分，本校採全融合教育理念實施。這是一所應許孩子自主學習的公立小學，透過親師校攜手合作，陪伴孩子朝向「情緒自主」、「健康自主」、「學力自主」的境界。

 辦理實驗教育的背景及教育理念

一、幾經波折、華麗現身

　　有關和平實小設校的源起，早在 1973 年 9 月的都市更新計畫中，學校所在區域便已公告為學校預定地，直到 1998 年，臺北市政府才核定「成立和平國小籌備處」，並於 2004 年，借用臺北市大安國小的一間辦公室，正式掛牌成立「臺北市大安區和平國民小學籌備處」。原本因少子化浪潮影響，已從一般公立國小的規劃轉向特色小學計畫的和平小學籌備處，因著 2014 年底《學校型態實驗教育實施條例》通過，於隔年 1 月開始轉型籌備「實驗教育學校」。歷經 44 年的預備，「臺北市和平實驗國民小學」於 2017 年 8 月 1 日正式成立。

二、從零打造、形塑願景

　　全新設立的實驗教育學校，其「特定教育理念」從何而來？為釐清立校根本和辦學模式，和平實小自 2015 年 4 月 22 日起，透過不定期「實驗教育 Café」工作坊，邀集對實驗教育有熱忱的教師、家長和各界人士，在自發、主動、和樂和協同的氛圍下，聊聊對教育的想像，讓各種創新思維彼此激盪，一起構築實驗教育的具體作為，進而出版第一版和平實小實驗教育計畫。

　　第一版的實驗教育計畫，如圖 10-1 所示，聚焦「自主學習」為核心教育理念，以孩子為學習主體，並引導孩子在學習過程中透過「選擇能負責、規劃能調整、尋援能合作、實踐能分享、反思能修正」等機制的循環運作，達到自主學習的核心價值。

圖 10-1　和平實小自主學習架構

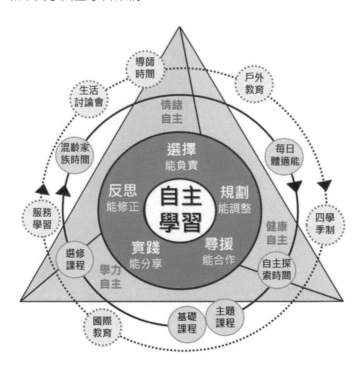

㈠情緒自主：學生有清晰的自我概念、了解並接納自己的情緒、能團隊合作、關懷社會及自然環境。

㈡健康自主：學生能選擇合適的方式照顧自己的身心健康、具有美感、享受生活。

㈢學力自主：學生知道為何學習、如何學習並自我決定想發展的學習方向，在引導之下能發展自己的學習能力。

此外，在臺北市政府教育局的支持下，和平實小於開辦前一年，借調一群有志投入實驗教育的正式教師，一同開發課程、規劃空間與形塑文化，並藉由國內外不同體制學校的實地踏查，透過團隊不斷腦力激盪，形塑支持孩子自主學習的具體作為。

推動實驗教育理念的具體作為

實驗教育的推動需要全面性思考與落實，以核心願景為根本是和平實小整體規劃的重要思考依據；此外，孩子是學習的主體，因此學校的整體規劃皆以學生的學習、發展與步調為思考重點。

一、會呼吸的四學季運行

和平實小將正規學校的「一學年、二學期」的學期制度，調整為二學期（四學季）制，並設計出每一個學季的主題課程，透過一年四個學季的運行，讓師生每上十週課程就有一週（春假和秋假）到四週（暑假）的休整時間。如此，可以保持師生的學習張力，降低長假後的學習滑溜現象，也能作為下一個學季主題課程的前導預備。

二、重視節奏的作息安排

和平實小在生活作習的安排上，特別重視孩子的學習節奏，每天以CHECK IN 開啟一天的行程，以 CHECK OUT 回顧一天的學習。主要課程以大節課（原有兩堂課合併為一個大節課）的概念安排，讓師生得以從容互動；上下午各有 30 分鐘的自主探索時間，讓孩子能享受屬於自己的下課時間；開辦進入第 4 年，每個學年逐漸安排彈性時間，作為孩子開

展自主學習、教師進行個別化指導或輔導、特教支持之時間。值得一提的是，和平實小是一所沒有鐘聲的學校，孩子透過手錶、公共空間時鐘及相互提醒，漸漸養成內在的時間感，幫助孩子成為學習的主人。

和平實小的作息與課表，如表 10-1 所示。

表10-1　和平實小課表示例

臺北市和平實驗國民小學 100 學年度作息與課表（示例）				
時程安排	星期一	星期二	星期三	星期四	星期五
07:50-08:00	上學				
08:00-08:40	體適能 / CHECK IN				
08:40-09:20	CHECK IN / 體適能				
09:20-10:40	主題	主題	彈性時間	主題	家族時間
10:40-11:10	自主探索時間				
11:10-11:50	主題（基礎）	主題（基礎）	主題（基礎）	主題（基礎）	主題（基礎）
11:50-12:00	低：CHECK OUT	午餐時間	CHECK OUT	低：CHECK OUT	低：CHECK OUT
12:00-12:40	午餐時間				
12:40-13:20	午休時間				
13:20-13:30	轉場時間	轉場時間		轉場時間	轉場時間
13:30-14:50	中：選修課 高：主題課	中：選修課 高：主題課		中：選修課 高：主題課	高：選修課
14:50-15:20	自主探索時間			自主探索時間	
15:20-16:00	中高：主題 / CHECK OUT	主題 / CHECK OUT		中高：主題 / CHECK OUT	高：主題 / CHECK OUT

三、打破學科的主題課程

和平實小將現有分科領域加以融合應用，從孩子的生活經驗出發，搭配兒童身心發展，以十二年國教素養指標為基礎，發展出如表 10-2 所示

的 24 個跨領域主題課程，透過眞實學習情境賦予學生專家角色，藉由自主學習、小組合作及團隊任務實踐，引導學生運用所學轉化爲問題解決能力，產生眞正的學習遷移。如此一來，孩子不僅是自主學習的主體，更能在生活中進行全面性的、有關聯的、具實踐意義的眞實學習。圖 10-2 顯示的，爲主題課程之舉例。

表 10-2　和平實小的主題課程

教育願景	健康自主	情緒自主	學力自主	
實踐脈絡	選擇能負責、規劃能調整、尋援能合作、實踐能分享、反思能修正			
課程主軸	多樣健康生活	實踐關懷行動	體驗設計思考	
主題課程	G1 生活高手（生活） G2 野餐規劃師（生活） G3 健康小學堂（健康） G4 和平村運會（健康） G5 和平童劇團（美感） G6 營養總鋪師（健康）	G1 小農食堂（愛自己） G2 愛心特攻隊（愛別人） G3 生態好野人（愛環境） G4 心情設計師（愛別人） G5 志工企業家（愛社會） G6 和平聯合國（愛環境）	【數量】 G1 童玩設計師 G2 空間設計師 G3 城市建築師 G4 科學實驗家 G5 財經俱樂部 G6 超級創客	【人文社會】 G1 故事大玩家 G2 社區導遊 G3 文化時光機 G4 獨立書店長 G5 和平出版社 G6 壯遊冒險家
基礎工程	國語、英語、數學領域，部分將適切融入主題，餘則編為有脈絡的領域課程			
選修課程	➤ G3456 由教師開設、G456 依學生興趣開課：資料準備類、創客工具類、靜態成果展現類、動態成果展現類、戶外活動類、交通工具類、軟實力類、自選課程。老師協助規劃學習課程地圖 ➤ G56 學生獨立研究：1-3 人提出申請，可使用創意車庫進行獨立研究			
其他課程	➤ 體適能 ➤ 城鄉交流 / 國際交流	➤ 導師時間（CHECK IN/OUT） ➤ 混齡家族時間（包含慶典、生活討論會）	➤ 自主學習時間 ➤ 大下課 ➤ 課後課程	
十二年國教指標				

圖10-2　和平實小主題課程

註： 由左至右、由上而下依序為文化時光機（海報、道具、期末展演）、和平出版社
　　（學生自編校刊、海報）、營養總舖師（海報）、和平聯合國（探索學習）與志工
　　企業家（綠色市集）。

四、滾動式的課程發展與教學實施

　　教學引導歷程即為學生學習歷程，是和平實小進行課程發展時最常對
話的關鍵。因此，充分理解孩子的起始樣貌，以孩子的身心發展為主要考
量，以維持孩子的學習動機並貼近孩子的生活經驗為題材，藉由探索體
驗、增能、實作、分享及修正的學習歷程，引導孩子進入主題課程的真實
學習，並適時根據孩子的需求進行調整（圖10-3）。

　　在教學上，和平實小透過教師協同教學，提升教師群的整體力量，再
將教師專長互補與增能，運用不同的協同教學策略符應孩子不同的學習需

圖 10-3　主題課程發展與實施理念

主題課程發展與實施理念

T：引導（觀察、構思
　　鷹架、動態調整）
S：建構概念

T：協助（提供鷹
　　架、輔導工作）
S：主導學習

※ 教學引導歷程依據
　　學生學習歷程

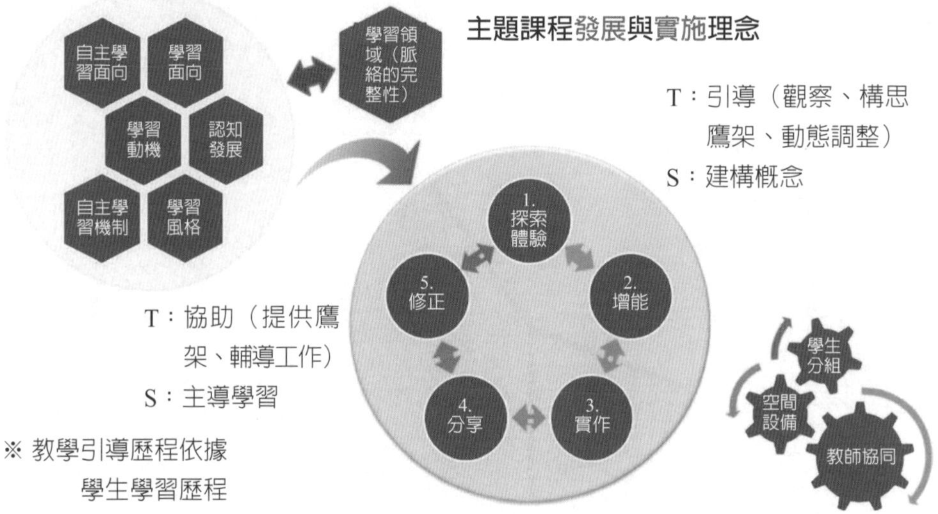

求，提供孩子適性化的學習環境。

五、展開對話、分享智慧的教師共備

每個學季的假期是和平實小教師共備的精華時間，透過「回顧過去」、「凝聚共識」以及「展望未來」三階段，梳理每個主題課程的脈絡，再藉由「課程咖啡館」，在輕鬆的氛圍中展開對話、分享智慧，讓教師群也不斷在「規劃能調整、尋援能合作、實踐能分享、反思能修正」的自主學習思考中，進行理論與實務的相互印證（圖 10-4）。

參　實驗教育的親師生角色

和平實小是一所應許孩子自主學習的實驗小學，為實驗此教育目標，需要親師校攜手合作，陪伴孩子朝向「情緒自主」、「健康自主」、「學力自主」的境界。因此，在和平實小，親師生是自主學習的共同體。以「和平實小 109 學年度校慶」為例，看見親師生合作的美好風景。

和平實小開辦第 4 年全員到齊，於 110 年 4 月 22 日舉辦校慶，「感

圖10-4　和平實小教師的專業發展循環

謝、紀念、祝福、永續」是這次慶典的核心理念，「手把手」更是儀典的主要精神（圖 10-5）。於是，校慶儀典將四個核心理念具象化並聚焦呈現，由親師生分組（主持組、主控台、樂團組、蛋糕組、拍攝組及種植組等）手把手進行每一個活動環節的規劃與實踐，是分工、是合作、是共好、是傳承，一起學習、一起成長的美好經歷。

肆　和平實小的未來展望

　　促成「實驗教育的公共性」是和平實小校務治理及永續發展最重要的價值，讓和平實小的實踐經驗成為臺灣教育變革及創新的實際案例。就像 R. Buckminster Fuller 所說：若靠對抗現有的現實，你永遠無法改變現狀。要改變現狀，去建個新的模式讓既有的模式過時（Fuller & López-Pérez, 2019）。

　　自 2017 年開辦以來，便自我要求作為臺灣實驗教育的研究基地，並且經由打造一所培養親師生具備自主學習素養的公立小學為職志，讓和平實小有機會成為臺灣下個世代公立學校的樣本。

圖10-5　手把手傳承「感謝、紀念、祝福、永續」理念

　　和平實小是公共財，不僅爲本校親師生所有，更是所有關心臺灣教育發展及未來方向的教育研究者、實務工作者，以及政策規劃執行的重要參考。和平實小存在的價值，在於提供對公立學校多元想像及辦學差異化的實踐經驗，目的在於增加教育選擇權的廣度及教育公共化的高度。

　　這是條繼往開來的辦學之路，需要腳踏實地、實實在在前行，更需要每一位期待創造屬於臺灣原創教育態樣的未來可能之親師生、產官學等眾人的支持及陪伴。因爲和平實小，實驗教育已不再只是想像。透過我們一起捲袖努力，爲孩子的學習與未來，籌謀臺灣下個世代學校。

　　臺北市和平實驗國小，貨眞價實榮耀創生中。

第二節

虎山實驗國民小學

　　2003 年 7 月 1 日，仁德糖廠關廠，社區荒廢，招生不足一直是虎山國小經營上最大的危機。2012 年，虎山全校只有 6 個班級、81 名學生，其中一個班級還僅 8 名學生，廢校傳聞不斷，不僅學校教師士氣低落，家長也不願將孩子往這裡送。林勇成校長帶領教師團隊將學校重新定位為「生態小學·孩子的探索樂園」，導入聯合國生態學校（Eco School）與實驗教育理念，帶領教師團隊腦力激盪，結合在地資源，設計生態課程，創下小校連續 3 年增班的紀錄，全校 8 個班級、180 多名學生，被臺南市教育局列為總量管制學校（陳清稱，2015）。此外，還獲得生態學校國際聯盟最高榮譽——綠旗認證、行政院「國家永續發展獎」、「國家環境教育獎」、「教育部教學卓越金質獎」……等。一間原本瀕臨廢校的小學，起死回生成為與國際接軌的實驗小學。

 ## 辦理實驗教育的背景及教育理念

一、發展背景：廢校是糖廠小學的宿命？

　　虎山實小創校於大正六年（1917 年），舊名為「車路墘尋常小學校」、「豐榮國民學校」及「虎山國小」，過去主要供糖廠日、臺籍員工子女就讀。由於糖廠關廠、社區荒廢，學校方圓一公里內無社區住家，宛如孤島，更嚴重的是，屢屢被提出來討論廢校，或被家長來電詢問是否讀到一半會關門，更有老校友打來說他以為母校被廢了，長期以來重重的打擊著教師團隊的士氣。

　　然而，虎山團隊並不氣餒，在幾任校長打下的基礎下，2012 年林勇成校長就任，帶領著教師團隊加倍努力，善用周邊自然生態裡豐富的知識，傳授有別於課本上的智慧給孩子，並結合在地森林及豐富的人文環

境，透過「虎光山色‧童夢森林」生態小學特色課程的具體實踐，用心經營虎山「Eco School 生態小學」森林課程，營造虎山成為「生態小學‧孩子的探索樂園」，深獲社區及家長的口碑，翻轉了衰弱、廢校的命運，成為臺南市唯一連續 3 年增班的小校，也因為教室空間不足，成為唯一一所被管制入學的偏鄉學校（陳蕙芬，2020）。

二、教育理念：自然是孩子最偉大的老師

> 盧梭曾經說過：「教育是人、經驗與自然的組合。」
> 教育是一切自然經驗的累積，自然是孩子最偉大的老師。
> 森林裡的一草一木為教案，森林探索教室在樹旁、水池邊、
> 草裡、苦楝樹、綠樹蛙……都是孩子必須懂的生活教育素材。

　　虎山教師團隊傳授有別於課本上的智慧給孩子，自然是孩子最好最棒的導師，教師們善用得淋漓盡致，因為給孩子在一個自然、思考、想像、創造、經驗、遊戲、觀察、實驗及傾聽的環境下快樂學習，是最最最基本的學習權。

　　虎山的教學願景，是給孩子入地三尺的解剖力，而不只是粗枝大葉的觀察力。虎山的孩子用螞蟻的角度思考天地，發現不一樣的世界，看看側躺在桑葉的露珠、綠色葉子的綠甲蟲、松樹及枯枝上的黑天牛、泥土裡的雞母蟲、水池中的小蝌蚪，還有游走在池邊上，功夫有如達摩一葦渡江的蚊子蟲，以及身披花粉的蝴蝶、張網補抓獵物的蜘蛛等。森林課程從巨觀到微觀，微觀教育可以培養孩子的「自然洞察力」，這是虎山實小生態教學特色。

三、學校特色：整合聯合國 Eco School 生態學校系統，具體實踐友善環境

　　《失去山林的孩子》這本書帶給虎山團隊很大的啟示：我們的小孩與大自然的連結陷入斷裂關係，稱為「大自然缺失症」。但能夠修補這種缺

失的關鍵，不在小孩，而是我們大人。

因此，虎山團隊善用在地森林生態發展「虎光山色·童夢森林」學校本位特色課程，以發揚在地森林生態資源為出發點，依照不同需求的學習對象，設計出模組化的課程，形塑學生兼具自主探究、環境生態、美感教育、品德服務、資訊技能與國際視野的價值觀，進而建立愛鄉、護土的情操，並整合聯合國推動多年的 ECO SCHOOL 生態學校系統，結合國際教育，提升國際全球競合力，具體實踐「在地全球化，全球在地化」（圖10-6 至 10-8）。

ECO SCHOOL 生態學校系統在歐美已實踐多年，其係由「環境教育基金會」（Foundation for Environmental Education, FEE）於 1994 年所啟動，並獲得歐盟支持，該系統之執行與認證已遍及全世界 60 多國，超過

圖10-6 ECO SCHOOL 生態學校綠旗認證

註：由美國 AIT 及環保署頒給虎山實小聯合國 ECO SCHOOL 生態學校最高榮譽——綠旗認證，也是臺灣第一所榮獲第三面綠旗的學校

圖10-7 虎山實驗教育計畫整合了聯合國推動多年的 ECO SCHOOL 生態學校系統

energy 能源	water 水資源	climate change 氣候變遷	transportation 交通	school grounds 學校土地
consumption & waste 資源回收與廢棄物	healthy living 健康生活	healthy schools 健康學校	biodiversity 生物多樣性	sustainable food 永續食物

圖10-8 ECO SCHOOL 生態學校系統

46,000 所學校、1,200 萬名學生參與。其推動方式主要是依七大步驟及十個路徑:「能源、水資源、氣候變遷、交通、學校土地、資源回收與廢棄物、健康生活、健康學校、生物多樣性與永續食物」進行,其核心精神主要是「友善環境」,透過以孩子們為主角的行動團隊來盤點環境、發現問

題，並討論可行的解決方案，鼓勵家人、學校及社區一起以具體的行動來實踐，進而實踐「友善環境」的理想。

 貳 實驗教育課程與教學的發展及困境突破

一、團隊信念：探索樂園，從孩子的笑臉開始

當思維不侷限在校內，把整個大環境納入教學的範圍，便有無限的可能……

因此，讓孩子重回自然，擁抱自然，徜徉於自然中，是教師團隊所堅持的。

在虎山，教師帶著孩子們在大樹下聽故事、聽風聲，在草地上談談心、吹吹風……，讓孩子從大自然中發現最貼身的智慧，而非只有硬硬梆梆的文字理論，讓孩子可以成為愛好綠色自然的一分子。

多年來，虎山實小用心經營虎山成為「生態小學・孩子的探索樂園」，結合在地森林的自然生態及豐富的人文環境，營造虎山成為環境永續經營教育基地。檢視過去，生態保育學者暨聯合國和平大使珍・古德博士肯定虎山生態學校特色課程，於 2012 年 11 月親自到訪並在大樹下為孩子們說故事。虎山師生參與「根與芽計畫」為學校園區的樹木傳遞大地的希望，灌輸所有能量，盼每棵樹順利長大（圖 10-9）。

圖10-9 以體驗探索、環境行動與創意展演讓孩子重回自然，擁抱自然，徜徉於自然

(一) 我們是幸福的綠色方舟

不管從哪裡來，只要來到虎山，讓幸福成為我們共同的標記。虎山實小規劃低中高年級一系列 ECO SCHOOL 生態學校課程，為師生團隊營造幸福求學氛圍，讓看似注定凋零的小校，逐漸找到突破的轉機，也因此榮獲 2014 年臺南市特色教學團隊第一名金質獎及 2015 年教育部教學卓越金質獎的榮耀。

虎山讓孩子從自然生態取材做具體的教育實踐，虎山綠葉的方舟不只是一所生態學校，而是一個森林家園，為每位孩子及家長開放的幸福學園。低年級師生冬季漫步在小欖仁樹下發現的黑冠麻鷺回來了；成群的綠繡眼在雨霧中，也跟著春天綻放的山櫻花回來了；接下來還有點亮幸福的繁星 —— 螢火蟲、初夏池畔自然演奏者 —— 青蛙、盛夏草原舞者 —— 蜻蜓，各種動物將跟著大地的復甦、四季的交替，回來校園區與孩子們團聚。

不會說話的，是楓樹、櫻花、李子花、苦楝花、荷花、相思樹，早已靜悄悄地連番上陣，為新的一年排好演出順序，您錯過了去年綠繡眼吱吱喳喳在小欖仁樹上跳躍的美麗景象嗎？見過夜晚森林中螢火蟲飛舞的奇景嗎？我們排不出展演時間表，一切要您親自來觀察……虎山森林大自然幸福廚房的饗宴。

(二) 因為我們、相信幸福

1. 幸福主義：虎山綠葉方舟的美景不是偶然。虎山實小為百年歷史仁德糖廠子弟學校，學校四周種植面積達百公頃的多重樹木森林，多年來讓土地休生養息，才成就這一片令人讚嘆的絕美自然森林。

2. 幸福經驗：虎山實小方圓一公里內無社區住家，四周百公頃樹林相鄰，環境優美，鳥語花香，綠意盎然，學校在森林裡，而森林也在學校裡。虎山是一所非常美麗自然的生態小學，是人類與黑冠麻鷺、綠繡眼、畫眉、松鼠、蝴蝶、螢火蟲、甲蟲、蜻蜓、中國樹蟾等等蟲魚鳥獸和平共存的區域。

3. 幸福廚房：學校有如幸福廚房一樣，在蟲鳴鳥叫聲中，有著扎實

基礎的幸福主廚（師資團隊）做起教學料理好菜，更多了一分森林的健康與創意。校園假日除了接待喜愛綠活、藝術人文踏青的朋友外，也經常舉辦森林百匯（學生探索、手牽手一起踏青去）與森林尋寶、備料，伴著清脆鳥語還有清風拂過綠葉的婆娑，是我們最想跟您分享的自然饗宴。

二、短中長程逐步微調，循序漸進解構的實驗教育規劃

虎山實小「Eco School 生態小學‧孩子的探索樂園」的實驗教育轉型規劃，透過課發會及教師專業社群帶領教師共同討論實驗教育願景、擬定短中長程發展計畫，發展合理與易理解的實驗教育目標及期程。為了讓轉型之路走得更穩健，我們規劃短中長程逐步微調、循序漸進解構的實驗教育。同時，教師團隊亦積極主動的與社區、家長、學生溝通實驗教育課程之目標與任務，期待達成表 10-3 所列的六個重要目標。

表**10-3** Eco School 實驗教育課程之目標與任務

目標	任務
建構學習型教師專業社群	教師專業社群透過增能、典範學習、教學分享與專業對話，克服專業知識不足的困境，為課程發展累積能量
實踐生態小學的校本課程	化理想為行動，以「大自然是最棒的老師」出發，發展「與土地連結」三大主軸的課程——樹的種子、永續森林備料庫及大地之母蓋亞料理
譜唱人文關懷的美感教育	從課程出發，以體驗生態為媒介，結合社區人文環境踏查與創意遊學，發展愛鄉護土的人文情操，以及與環境教育、藝術教育、創造力教育整合的美感教育
培養多元展能的服務使命	從在地認同到發揚光大，發展學生多元展能的解說遊學服務，實踐地球公民的永續責任
發展科技整合的自主學習	整合生態教學觀察、記錄、探究等特色，導入 PBL 及行動學習，達到生態體驗、環境行動與科技整合的創新應用，進而引領孩子自主學習
開闊孩子視野的國際遊學	透過 ECO SCHOOL 生態學校系統結合國際教育，將在地成果發表於國際平台，提升國際全球競合力，實踐「在地全球化，全球在地化」

　　為能積極提升實驗教育品質，教學團隊將實驗教育目標分短、中、長期發展，說明如表 10-4。

表 10-4　實驗教育各階段目標

期程	基本目標	深層目標
短期 1-4 年	以策略聯盟方式，結合學校、社區、鄰近大學與機構資源共同發展實驗課程；分析九年一貫民間版教材，找出與特色課程之關聯與融入時機，並舉辦研習會發表成果，達成分工合作、資源分享的目標	提升學校競爭力，吸引優秀教師、學生、認同學校的家長、志工、社區人士等一同支持學校
中期 5-10 年	持續開發與修訂實驗課程教材資源、鼓勵教師配合各領域課程，實施融入或主題教學，分享施教成果並彙整建議進行修訂	結合社區營造，從學校出發，結合區域產學資源投入，促進虎山地區人文資產維護保存與在地產業特色發展
長期 永續 經營	持續開發與修訂教材資源、鼓勵教師配合各領域課程融入主題教學，將所發展之「虎光山色‧童夢森林」實驗教育特色課程教材，編製成光碟與網站進行分享與推廣	將課程轉化、行銷為「特色遊學課程」，透過高鐵結合臺鐵，新的交通動線開啟臺南遊學新窗口，讓虎山實小從後院變前門

三、以自然為師，實驗教育課程與評量系統化

　　虎山教師團隊實施「以自然為師」的生態課程與教學，以「工程、課程、教程、學程、遊程」五程合一的理念，發展低年級「樹的種子」、中年級「永續森林備料庫」及高年級「大地之母蓋亞料理」（圖 10-10），並搭配各年級課程規劃如圖 10-11 所示的各種延伸課程。

　　低年級「樹的種子」課程，呼應生物多樣性指標；中年級「永續森林備料庫」課程，呼應廢棄物減量與資源再利用；高年級「蓋亞料理」強調「食在地、吃當季」，重視食物的碳足跡里程，則是呼應永續食物的議題，而背後的精神就是聯合國 Eco School 友善環境的核心理念。

圖10-10 虎山實小五程合一的課程理念

特色遊學
- 共好美學
- 服務分享之美

特色環境
- 環境美學
- 工程融入之美

遊程　工程

學程　課程

教程

評量表現
- 翻轉美學
- 多元展能之美

主題架構
- 課程美學
- 教學領導之美

教學方案
- 創新美學
- 師生互動之美

圖10-11 搭配課程規劃各種延伸課程

發展延伸課程

A. 小樹屋行動

B. 氣味森林

C. 肢體舞台

D/E 森林備料庫、大胃王

虎山實小‧生態小學

　　虎山實驗教育課程方案的規劃具有長期性、連續性、結構性的自主探究學習，課程設計著重在邏輯和探索能力，鼓勵學生起而行的環境行動力。低年級的課程聚焦在「體驗與發現」，首重經驗的啟發，教學活動運用環境與生活中的教學元素，讓孩子親自觀察，動手體驗，以達到教學及多元評量之目標。教師引導孩子發現周遭環境的變化，「樹的種子」課程就包括拜訪大地的家、植物敲拓印、大自然色彩學、我的植物手工書等。

　　中年級以「探索與深究」為主要評量方式。透過分析及思考解答問題完成學習任務。過程中透過解題式任務學習，配以合適的網絡資源，吸引學生主動學習，並從深究過程中，讓學生掌握高層次思考能力，養成自立、終身學習的態度。

　　高年級要培養「分享與創新」的能力，以「大地之母蓋亞料理」為主軸，透過蓋亞生活、尋找綠色生活圈、校園堆堆肥、我的有機寵物、打造開心農場、我是小小奧利弗六個單元，讓孩子們參與土耕及水耕多元種植，從整地、育苗、種菜，觀察、記錄、照顧、收成，進而建立當季、在地食材及綠色消費的觀念，實踐低碳食物里程，體驗美好的低碳生活美學。

　　此外，高年級也要培養「獨立研究」的能力，三、四、五年級安排自主探究學習課程，混齡分組進行獨立研究，到了期末做出研究成果海報，每個人運用 5 分鐘時間發表。孩子們感到興趣的主題五花八門，例如大家都知道螞蟻吃糖，有個孩子更好奇的是螞蟻最喜歡吃哪種糖，就把白糖、黑糖、紅糖、阿斯巴甜（代糖）放在特定角落，觀察記錄螞蟻的動靜及數量，實驗結果發現螞蟻吃黑糖的次數最多。

四、耕耘歷程與困境解決

　　虎山團隊相信，功夫不須遠求，如何回來面對自校的環境、師資、設備及文化內部的紋理，在裡面找尋適合實驗教育發展的模式，才能長長久久走下去。

　　關於實驗教育最重要的教師團隊運作，虎山透過「實體社群」、「虛擬社群」及「教學（協同）策略」三項做法來推動（圖 10-12）。

（一）**實體社群運作**

1. 有效溝通，擴大參與，成立教學卓越深耕團隊。
2. 進行專業對話，分享知識與新聞，促進團隊成長。
3. 辦理研習，充實相關技能與素養，培養學習型組織文化。
4. 教學實施，開放觀摩，透過同儕視導精進教師課堂教學能力。
5. 定期邀請學者專家專題指導，引領運作方向。

（二）**虛擬社群運作**

1. 建置教學網路社群，作爲團隊成員訊息分享與溝通之橋梁。
2. 透過網站平台即時與非即時主題討論功能，增加團隊成員對話機會。

圖 10-12　虎山教師社群

3. 藉由電子郵件及網站最新公告傳遞團隊最新互動訊息。

4. 進行成果網站建置，分享教學實作成果。

5. 發揮網路平台知識管理功能，交換與共享團隊成員彼此資源。

（三）**教學（協同）策略**

1. 以自主探究為核心學習概念，進行科際整合及跨領域教學。

2. 進行主題統整教學設計，培養學生自主探究學習能力。

3. 重視學生個別差異，實施分組教學，落實因材施教。

團隊在運作初期，以「教師增能、典範學習」克服教師在發展實驗教育課程專業知識不足的困境，同時開始接觸「Eco School 生態學校國際平台」、「行動學習」及「自主探究學習」，累積課程發展能量。

進入草創期時，團隊成員透過開放式討論與優質對話，形成課程發展的核心價值——呼應「Eco School 友善環境」及「與土地產生連結」的共識，教師團隊以發揚在地森林生態資源為出發點，依照不同學習對象，設計出模組系統化的課程，並開始進行試教與教學分享。

完成課程設計後進入落實執行期，教師團隊從教學回饋中反思、討論如何落實學生多元展能。生態課程的教學，結合藝術教育、環境教育與創造力教育，以創作、裝置藝術、展覽、發表等形式，提升了學生在「自主探究、環境生態與美感教育」的能力與涵養。但如何從在地認同到發揚光大，則需要發展「小小解說員的品德服務」，並以資訊技能與國際視野讓成效擴散，除了建立愛鄉、護土的情操，也透過 ECO SCHOOL 結合國際教育，提升國際全球競合力，具體實踐「在地全球化，全球在地化」（圖10-13）。

「虎光山色・童夢森林」課程的實施成效檢核上，教師團隊結合「教育部科學教育專案」、「科技部培龍計畫」及「教育部行動學習計畫」進行教學研究及分析，再根據研究成果進行檢討與修訂，並於國內外進行發表、分享及推廣。

圖 10-13　虎山實小‧生態小學‧孩子的探索樂園

參　實驗教育的學生表現與家長回饋

　　在學生表現方面，分成基本盤的學力檢測、自主探究學習發表及學生與家長回饋等三部分說明。

　　基本盤的部分，臺南市長期實施三至六年級、國英數三科的學力檢測，是目前全國要求最嚴格的縣市。也就是說每年的 5 月份，學校都會配合全市規劃進行學力檢測，據以了解每一位孩子在國英數三科的學習狀況。學力檢測題目是國內有參加的縣市都一樣，也在同日實施，所以檢測結果可以清楚了解到孩子目前的學習狀況在學校的位置（百分等級）、在臺南市的位置，以及班級和學校平均分數在縣市及全國的位置。雖然各界對學力檢測有不同的看法，但正向來看，學力檢測不失為一個年度學習體檢，讓教師及學校都能了解到孩子的學習成效，分析了解孩子們在哪些地方還有不足，以及教學上還有哪些地方可以改進。

　　在自主探究學習發表上，學校規劃定期的多元展能發表舞台，讓全校

親師生一同參與，包括：每年 5 月份實驗教育成果發表會，全校一同參與發表；每學期期末中高年級學生的 ECO 行動團隊發表，呼應 Eco School 友善環境的核心精神；每年 5、6 月份高年級學生的自主探究學習及獨立研究發表，呼應探索與深究及分享與創新的目標。透過不同的發表規劃，家長和教師都能看到自己的孩子與不同年級孩子優秀的表現，更多家長回饋表示，低年級孩子在耳濡目染下，不只能學習學長姐的發表能力，更能夠在低年級就開始思考，並與教師、父母或哥哥姐姐討論，將來中高年級時，可以參與什麼樣的 ECO 行動團隊發表，以及高年級時，想要進行什麼樣的自主探究學習及獨立研究。孩子們的進步，讓家長相當有感。

　　在學生與家長回饋部分，學校長期都有系統地蒐集，除了定期透過問卷了解大家的建議與回饋外，也鼓勵學生與家長分享心得，以下舉幾個例子提供參考：

◎張貝安的媽媽：

　　有朋友問我：「孩子唸實驗小學，你會不會擔心到國中時會跟不上？」我的答案是不會。實際上，貝安已經國三了，完全沒有跟不上的問題，從國一第一次段考，校排在年級 250 人裡排名 99，到國二最後一次段考的排名 37，一次比一次進步。我與爸爸從沒有強迫她考前要複習或是補習，一切是她自己的「意願」（她的意願當然是不用複習）。我不擔心的原因有二：一是媽媽心臟比別人大顆（這是天生的），另一個原因是孩子得學會為自己負責。負責的孩子，成績不可能太差，如果差，那就是媽媽我生得差。孩子小學時，我們花最多的時間在於陪伴（確定早早上床有睡飽、三餐吃飽、遊戲玩飽），也花很多時間跟她溝通她這個年紀應該盡到的責任（老師出的功課，要在自己能力範圍內做到最好）。

　　飲食，我們總是希望孩子吃得營養健康，但，如果不好吃，我們怎麼硬塞，也塞不進他嘴裡；我覺得，學習也一樣。

　　很幸運的，在虎山遇到用心的老師們，課程總是設計得有趣多元

並充滿思考，而不是將知識「塞」給孩子，這些有趣的課程，有趣到讓貝安在虎山的時光總是「嫌棄」暑假太長。這麼快樂的童年時光，我花一千萬也買不到！

這些多元課程的學習，包含了多元探索、團隊合作、邏輯思辨、遭遇困難時的統整與解決能力，它不似一般科目，可以用考試成績馬上看到效果。但是，我相信，孩時打下的基礎，就像吃到身體裡的營養，有天，會讓她成長茁壯。

◎許又匀的媽媽：

一年多前，當又匀還在虎山就讀六年級時，我們跟大部分的家長一樣，面臨選擇就讀哪一所國中的問題。會有這樣的思考和困擾，相信是虎山實小畢業生家長必須面對的問題。

在虎山，孩子學習培養自信、自主學習、獨立思考、多元的學習、自我實現，這些訓練在升上國中之後，都是很好的養分。

我們選擇了每天要橫跨臺南市上下學的學校，原因是想參加學校經營的優秀團隊——管樂團，不希望國中的回憶裡只剩下讀書。

初上國中，開始必須認真看待課業表現，要注意許多學校規範，日後升學必須準備的事項……等，不僅孩子壓力大，家長也不輕鬆。

因此自主學習、讀書策略就是必須面對和解決的。在學校的團隊裡，學習團隊合作，學校遙遠，要能獨立自主，所幸音樂的陶冶，讓中學生活更有趣。謝謝虎山的養分，孩子適應得很好，在班上及團隊裡，慢慢的找到自己的定位。

升上國二的又匀，將隨著學校樂團參加比賽及演出，以及明年的國中科展（鯊魚），期望能朝著自己的夢想，帶著一如以往的好奇、熱忱、青少年特有的叛逆和創意，在自己的舞台上發光發熱。

註：又匀一家在 2019 年 4 月，協助臺日的跨國鯊魚研究已發表於國際期刊，特別把這件事情跟林校長分享。

◎薛聖哲的媽媽：

在幸福的虎山畢業以後，聖哲在國中開始面臨沒有過的升學壓力，但孩子國小階段自主學習的習慣養成，在上國中面對升學壓力和考試以後，反而多了份韌性和自律，孩子的學習胃口沒有在國小階段就養壞，銜接國中以後，在學習上更沒有出現彈性疲乏。

聖哲上國中以後開始自己設定目標，這期間功課和考試都能自己完成，不需要我們費心。在國小開始自學彈吉他的興趣依舊，上國中以後還是那位迷人的情歌吉他王子，班上有活動絕對少不了他彈吉他助興。

聖哲今年已經國中畢業，也依照自己的想法順利考上自己設定的學校。在孩子國小這段期間，不只小孩，其實我和爸爸也深受影響，跟著學校及孩子調整腳步，學習用孩子自己的節奏緩緩成長，給孩子自主獨立思考的機會。

如果再選擇一次，虎山仍會是我們家長的首選。

◎謝耘非的媽媽：

樹頭徛予在，毋驚樹尾做風颱！

還記得國中一年級剛入學時，班上的老師同學都擔心地提醒來自虎山實小好人緣的耘非要如何快速適應升學考試頻繁的國中生活！耘非快樂學習一個學期之後，國小所鍛鍊的獨立思考及解決事情的能力讓他可以掌握國中學習生態，成績也突飛猛進，維持在中上！

阿非爸爸很重視的健康，也都維持的很好，目前還沒有近視，身高也在水平上！對時事議題的關注也有自己的想法！對很多人看來，耘非的學業成績或許輸在起跑點，但無須在意，因為只要有好的學習態度及健康體魄，他會贏在終點！

◎優秀的盈如幾年前畢業，目前就讀臺南女中，老師特別邀請她分享一下學習心得

在學習生涯中，最令人難忘的是在虎山國小學習的這段時間。

每個年級，學校都會安排許多不同的探索課程，令我印象深刻的像是：製作乾燥花、香水和攀樹……等等，帶我們走出課本，用各種不同於課本的方式探索、認識這個世界；不僅讓我們多了一些創造力和想像力，更從中學習到許多有別於課本的知識和技能，提供了很多獨立思考的機會。因此，我認爲或許可以有更多的實驗國小或實驗中學，用更活潑、多元的授課方式，帶領學生探索更多課本外的寶貴知識！

我認爲在虎山開放的學風下：

1. 讓我們有更多時間來培養一些興趣跟喜好（像我自己是養成了閱讀課外讀物的習慣，因此大大加快我在國高中考試時寫閱讀測驗的時間），不過缺點就是如果不能把時間運用在對的方面上，那這些時間可就白白浪費掉了！

2. 讓我們有更多生活上面的知識和經驗來面對以後所遇到的挑戰。

那麼，較少複習考試對於國高中有哪些影響呢？

有些適應力較不好的同學，可能會無法適應較大的教育模式改變，而跟不上那些之前就讀普通小學，已經非常適應國高中上課方式的學童們（最大的影響）。

我建議若學校無法安排大量的複習考試，可以自己買幾本章回式的練習本，一天寫一回，排好進度就可以，數學可以在六年級下學期的時候買銜接教材，這樣國一會比較好適應呦！

肆　虎山實驗教育的困境與未來展望

2014 年 11 月，肯定虎山生態教學成果的珍古德博士二度來訪，在大樹下聽孩子分享生態學習心得與未來展望。博士很高興地告訴孩子們，她將把虎山的成功經驗，擴散到更多的國家；2015 年 1 月教育部長吳思華來訪，稱讚虎山「生態小學・孩子的探索樂園」特色課程營造爲「小校

典範」，邀請虎山團隊於「全國教育局處長會議」進行專題分享；繼之而來的是高雄市的校長會議，以及屏東縣、雲林縣、彰化縣、桃園市⋯⋯。

十年磨一劍，虎山團隊整合世界趨勢 Eco School 生態學校理念，經過多年努力，虎山孩子在環境生態、美感教育、品德服務、資訊技能與國際視野的多元展能讓家長有感，也獲得家長們高度的認同與口碑推薦，在少子化的嚴重衝擊下，澈底翻轉了糖廠小學衰弱、廢校的命運。

但我們並不以此為自滿，因為多年來從「虎光山色・童夢森林」教材設計研發與扎實推動所帶來的蛻變與新生，讓我們深刻體會到「合作的力量無限大」，未來我們將以創新理念，持續精進虎山雲端平台上優質、易教樂學的 e 化教材，連結社區、產、官、學界、NGO 民間組織，透過多重管道與資源共享，抱著珍惜、謙虛、創新與感恩的心，永續經營與土地密切連結的 ECO SCHOOL 生態小學，為孩子打造飛向世界、多元展能、勇敢作夢的探索樂園。

「實驗教育三法」修訂後，將校長任期從最多兩任放寬為連任不限一次，這方面要給予高度的肯定。實驗教育的理念，無法在短時間內展現成果，需要長期耕耘後才能永續經營，放寬校長任期是有必要的。然而，各縣在校長遴選辦法上的做法仍有不同，這部分值得大家一起來關心。

另外，更讓實驗學校及家長們憂慮的是，當實驗教育理念和做法獲得越來越多肯定時，臺南市並沒有實驗國中來接軌，那小孩畢業後怎麼辦呢？從許多國外實例來看，實驗學校最好能做到「十二年一貫」，這是目前的困境，也是未來需要繼續努力的地方。

註 釋

註一：虎山實小課程與教學經審查刊載於芬蘭《環境教育期刊》《*Journal Ympäristökasvatus*》，2017 年 12 月號。

註：取自 Y. C. Lin（林勇成）and E. Huttunen (2017). kestävä metsä - Lampuksen aarrejahti〔永續的森林：校園尋寶〕. *Journal Ympäristökasvatus*, p. 28-31.

實驗教育經驗談

孩子在實小的美好時光

公立實驗國民小學家長 鄭君琪

　　猶記 7 年前孩子要進小學時，正為他們要就讀的學校思考，我的目標是選擇一所屬於他們的學習環境（有和孩子討論想要的環境）。當時，在思考了幾所後，讓我決定走訪既偏僻又默默無名的虎山小學，心想我這個道地的臺南人，竟然在仁德還有沒聽過的小學。進了校園，看到它沉浸在充滿芬多精的森林裡，漂浮在世俗塵囂上，周遭的大自然都是孩子學習的教材，我想這正是適合孩子學習的環境。

　　從虎山國小到虎山實驗小學，我們家兩個孩子都參與了轉變的過程：教學方式些許改變了、上課作息些許改變了（105 學年改為四學季），唯一不變的是讓孩子擁有探索、思考與問題解決的能力，孩子也學到知識、良好態度及能力，成為終身學習者；這是實小的日常，更充分呼應了十二年國教該學到的核心素養。

　　6 年來，一路看著孩子經歷著不一樣的學習歷程，他們最大的優勢、最幸福的就是擁有一位很棒的導師：大自然，加上充滿熱忱盡責的引航者：教師團隊，孩子真是名副其實的「大自然的孩子」。生態是他們的校本課程，從生態環境認識到「生物多樣性～樹的種子」、「永續森林～備料庫」、「大地之母～蓋亞料理」、「獨立研究報告」及春、秋假的營隊和遊學課程；循序漸進、由淺入深的浸潤式教學，這些生態課程對現實生活環境是多麼重要啊！

　　孩子也在家裡將所學發揮得淋漓盡致。蒐集種子、種子創作、選健康食材、做料理、探究昆蟲等，愛不釋手、絕不放手、始終如一，整個就是已植入「生態晶片」。弟弟四年級為了參加東部遊學、哥哥五年級為了加入生態研究，兩人都自行向校長爭取，最終雙雙都能圓夢。弟弟跟上了東部遊學、哥哥進入校長帶領的 Eco School 研究團隊，以具體行動給我們更友善的生活環境。事實證明「結果先確定、方法自然來」，我常常跟孩子說：「機會是給準備好的人。」這是一個很珍貴

的學習歷程。在實小學習到的種種影響了我們的家庭，希望以後影響到社區甚至社會環境、回饋社會！說到獨立研究，兄弟倆一個研究守宮、一個研究蘇卡達陸龜，過程辛苦，卻是相當熱愛，和同組同學全程一起參與，獲益良多啊！

在實小，孩子學到別人帶不走、可以陪著一輩子的軟實力：6 年後帶著能自己生活、一身好體力、健康的身心靈、獨立思考、藝術的靈魂、情緒管理及研究精神畢業，進入另一個求學階段，繼續更進階的學習！我想這些能力就是最好的畢業禮物。

第 11 章

實驗教育案例（二）
公辦民營學校及
實驗教育機構

小實光實驗教育

　　自「實驗教育三法」通過後起算，委託私人辦理實驗教育學校（以下簡稱為公辦民營學校）的校數從最初的 3 校增加了 10 所，在籍學生數也達 2 千人以上（教育部國民及學前教育署，2021）；由個人式、團體式與機構式教育所組成的非學校型態實驗教育，亦是國內實驗教育辦理案例中數量最多、模式最多元、參與學生數亦最高的型態，足見兩型態學校在整個實驗教育中所占的份量。

　　本章舉出兩個分別代表公辦民營學校與非學校型態實驗教育的案例。第一案例為宜蘭縣蘇澳鎮岳明國小，該校屬於「實驗教育三法」通過後，全國第一所從公立國小轉型為公辦民營學校的案例。岳明以海洋教育作為亮點，最近亦有延伸辦理前期中等教育的規劃；第二案例是臺北市小實光實驗教育機構，小實光的教育著重於打破學習疆界，以主題式學習的「走讀教育」和「同村共養」概念打造實驗課程的特色。

　　從這兩個案例中，可以發現其如何將辦學的理念，透過課程設計及教學實施達成辦學目標的努力歷程。當然，兩案例在經營上也曾遭遇一些困難，他們如何解決這些困難，當前在發展上又面臨何種課題？他們的經驗亦值得一探。

岳明國民小學

　　岳明國小位於宜蘭縣蘇澳鎮，緊鄰 102 公頃的國家級濕地——無尾港水鳥保護區，是蘭陽平原東南角一個臨海的小學。地處山、平原、海相互交匯處，擁有絕佳的自然景觀與生態環境。學校自 2007 年起以「海洋永續環境教育」作為學校特色發展之主軸。結合在地特殊地理環境資源，發展特色課程，並自 2016 年起轉型為委託私人辦理的實驗小學。結合山、平原、海的特殊地理環境資源，發展生活大師、山野教育、美麗家園、海洋教育等四大主題課程，讓學習從生活出發與真實世界連結，用鄉土來豐富孩子的生命經驗，讓每個孩子開展天賦、適性發展、投注熱情，找到自己的一片天空。

壹　辦學使命、願景、教育理念與教育目標

一、辦學使命：創新教育，讓生命不一樣，培養負責任的世界公民！

二、學校願景：海角樂園、幸福岳明——打造讓生命不一樣的幸福學園。

三、教育理念：教育即生活、走出教室、走進社區、把世界當教室；真實體驗、冒險挑戰、深度探索、服務學習，落實全人教育。其核心理念包含：「探索自我開展天賦」、「勇敢自信冒險挑戰」、「連結在地放遠國際」、「利他服務培養全人」等四個面向（圖 11-1 為本校教育理念）。

四、教育目標（學生圖像）：為讓每個孩子都能快樂成長、適性發展，成為一個能健康生活、獨立思考、自主學習、善良謙遜、自信堅強的人。我們以培養孩子具備品格力、健康力、學習力、生活力、創造力這五種核心能力作為學校的教育目標。

　（一）品格力：培養堅強性格、團隊合作、善良謙遜的能力。

　（二）健康力：培養熱愛運動、健康生活、身心平衡的能力。

圖 11-1　岳明教育理念

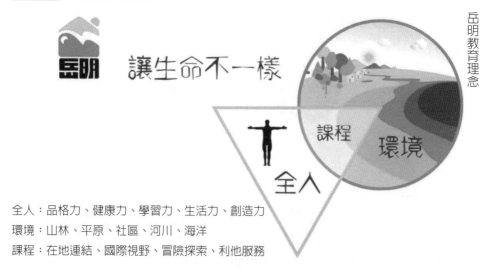

全人：品格力、健康力、學習力、生活力、創造力
環境：山林、平原、社區、河川、海洋
課程：在地連結、國際視野、冒險探索、利他服務

(三) 學習力：培養自主學習、獨立思考、溝通表達的能力。
(四) 生活力：培養生活智能、美感藝術、動手實作的能力。
(五) 創造力：培養同理感受、創新思考、問題解決的能力。

貳　課程規劃與評鑑

一、課程規劃

(一) 學用合一兼顧基本學力的課程

　　從學生的生活經驗出發，連結在地資源的山野教育、海洋教育、生活大師、美麗家園等四大主題，作為生活應用與問題解決的議題，進行跨領域的學習。將基本學力課程學到的知識實際應用在生活中，增加學習動機，發展學生性向與職涯，培養學生與他人及社會互動之健全人格。基本學力課程不只是學知識，更要理解知識，活用所學的技能，應用在利他服務人群上，讓學習更有意義與價值（圖 11-2）。

圖11-2　岳明課程內容

(二) 主題課程實施理念與願景目標

本校的主題課程實施理念為：激發學生主動學習的熱情，培養其未來進入社會的關鍵能力，以面對不確定的未來與永續發展的挑戰。學生必須脫離為考試而學的教育，轉而為自己的興趣而學，培養批判性思考、自主學習且能活用及創造知識的能力，並具備問題解決、與人溝通合作的社交技能，以因應 21 世紀全球化、跨域合作、全人發展的需求。

本校主題課程的願景目標為：培養具有品格力、健康力、學習力、生活力、創造力等關鍵五力之優質地球公民；成為一個性格堅強、身心健康、主動學習、懂得生活、有同理心的學生。

(三) 主題課程架構說明

本校的主題課程主要架構，有以下列六項（圖 12-4）：

1. 以「幸福岳明──讓生命不一樣！」為地方本位教育課程發展的願景，實踐自發、互動、共好的新課綱理念。

2. 從自己生長的土地環境出發，奠定孩子生命教育及終身學習的基

圖 11-3　岳明國小主題課程架構

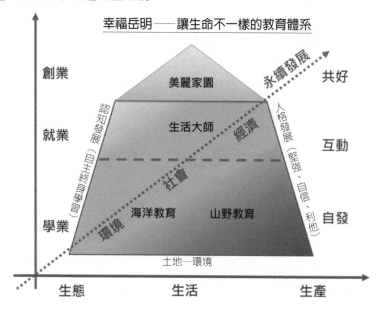

礎。以「海洋教育」、「山野教育」兩大主題課程爲根基，以自然山野與海洋爲師。

3. 以「生活大師」主題課程來培養孩子安身立命所需要的素養。

4. 以「美麗家園」主題課程來學習利他共好，實踐幸福美麗家園的目標。

5. 以培養堅強、自信、利他的人格特質，以及自主終身學習能力來造就「讓生命不一樣」的全人教育。

6. 鏈結「三生」：生態、生活、生產；「三業」：學業、就業、創業，架構地方本位教育、地方感、地方創生的教育體系。

（四）四大主題與各年級次主題名稱

本校根據四大主題，配合四學季制設計各年級的次主題名稱，構成全校性的 1-9 年級，涵蓋現有國小階段與未來延伸至國中階段的主題課程。其情形如表 11-1 所示。另爲方便清楚了解四大主題的課程架構，茲將其整理如表 11-2 到表 11-5 所述。

表11-1　岳明各年級主題名稱

主題 次主題 年級	生活大師	山野教育	美麗家園	海洋教育
一年級	我的新生活	我是山野孩子	我的家庭真可愛	嗨！海洋
二年級	健康樂生活	山野探險隊	美妙的校園	你好，海洋
三年級	尊重心生活	探索無尾港	無尾港有夠讚	海岸小天使
四年級	優質馨生活	濕地尋寶	魅力蘇澳俱樂部	感謝海洋
五年級	生活小博士	擁抱山林	蘭陽水噹噹	海洋夢想家
六年級	生活達人	丘山明人	丘山日月照世界	海洋之子
七年級	開心市集	淡蘭古道踏查	百年蘇澳禮讚	航向藍海
八年級	幸福小店	臺灣聖稜線	永續家園	藍色星球
九年級	設計與行銷	玉山遠眺	SDGs 永續發展	藍海經濟

表11-2　生活大師主題課程架構

學生圖像	經營美好生活	核心品格	1. 自律：善盡本分，規律作息。 2. 尊重：心中有愛，行為有禮。 3. 創造：發現問題，解決問題。 4. 自信：肯定自己，熱愛生命。
課程目的	課程目的在養成孩童能經營美好生活與環境，包括：自我安全與健康照顧、環境整潔美化、正確使用工具與資源以經營各生活事項、解決生活中各種問題與困境、提升食衣住行育樂品質等所需的知識、技能、素養、態度。		
學習面向	身心靈健康與鍛鍊、勞動、家政、環境整潔與修繕、科技應用與創發、優質休閒、綠色生活、美學素養與實踐、藝術欣賞，以及一切提升食衣住行育樂等生活品質，所需要的知識技能態度的學習。		

表 11-3 山野教育主題課程架構

學生圖像	熱愛自然山野	核心品格	1. 合群：互助合作，遵守紀律。 2. 謙遜：虛心學習，禮敬山野。 3. 自主：獨立負責，自我增能。 4. 堅毅：堅持到底，永不放棄。
課程目的	低年級山野主題課程，師生第一個行動就是走出戶外，把戶外山川野地當成教室，把大自然當成老師，透過與生俱來的五種感官敏銳力，與自然接觸互動，領受大自然無窮盡的內涵，讓大自然深刻而感動人心深處，美妙直接映入低年級孩童澄澈的心靈。 順應人類天性，低年級山野主題課程，讓孩童在大自然間自然自主玩耍悠遊，加上教師巧妙引導提示與安全防護，孩童漸能從大自然玩耍互動中，開展許多身心潛能，包括：敏銳的覺知力、美感概念的養成、靈巧的身手、有韌性並適應環境考驗的體能、與自然和諧共處與界限的保持。 教師由近而遠，與學生深入探索更多大自然的實地經驗。教師運用每一次更遠的造訪，有意識地引導孩童以謙卑的態度面對大自然，從中獲得更感人的收獲，並嘗試以自己適合的方式，進行蒐集、記錄、描寫，感受自己心靈因為接觸大自然而不斷豐富增長，讓自己更融入與享受山野環境。		
學習面向	包含探索教育、環境教育、登山教育等三大面向；向大自然學習、欣賞與享受大自然；運用山林讓生活更美妙健康；認識鄉土自然與生態環境並感受其美好；參與環境和生態保育活動，學習觀察、探索、調查、研究自然環境的科學技能；培養對環境議題的敏感覺知、知識、技能與行動；思辨人與大自然環境之間的多元價值觀，進行各種深度的山野活動自我挑戰。		

表11-4　美麗家園主題課程架構

學生圖像	成為地球公民	核心品格	1. 溫暖：同理他人，包容多元。 2. 認同：連結在地，以鄉為榮。 3. 服務：行動付出，傳愛出去。 4. 責任：愛家保家，心繫家園。
課程目的	課程目的在於涵養學生對於家人、師長、同學與家鄉一切人事物與環境，能珍惜與奉獻的情感。在共創美麗家園環境的參與過程中，實地運用其他主題所學，並在認識、保存、傳承家鄉優質文化過程中，獲得在地文化滋養。期待孩童在本課程所學習到的人格特質、習慣、態度、文化素養，能讓自身生命圓滿、人際互動美妙，也在走向世界舞台時，擁有獨特資糧，且能成為臺灣打造美麗家鄉的優質人才與力量。			
學習面向	包括：認識與感受並珍愛鄉土與文化、人文史蹟；關愛人群、參與社區改造、促進社區和諧與永續發展；培養溝通表達、人際互動、同理心、創造力、問題解決、參與行動、文化理解與國際視野的能力。			

表11-5　海洋教育主題課程架構

學生圖像	形塑海人性格	核心品格	1. 勇氣：克服恐懼，勇於冒險。 2. 感恩：禮敬大海，共生共存。 3. 氣度：胸懷世界，包容萬物。 4. 樂觀：懷抱希望，勇往直前。
課程目的	引導孩童對於海洋的有形與無形資源，養成喜愛與珍視的情懷，並從各種親海、知海、護海、航海活動中，激發孩童欣賞、尊重、感恩、關懷、樂於求知、勤於行動、積極創發、勇於實現夢想、不畏艱難險阻、開闊心胸視野、周延務實思量等生命潛質。			
學習面向	學習與家鄉及世界海洋有關之生態、資源、科學、社會、文化等知識；藉由各種海洋體驗活動，導引熱愛海洋的情操，增進探索海洋知識的興趣，進而達到善待海洋、珍惜海洋資源，並維護海洋生態平衡的目標；培養勇於冒險、積極樂觀、心胸開闊與國際視野的海洋性格。			

二、發展帆船特色課程

　　本校是一所位於蘭陽平原東南角的臨海小學，早期社區居民大都以海

爲生，從事近海與遠洋的漁撈作業。爲培養孩子勇敢堅韌、樂觀進取的海洋性格，本校從 2007 年開始推動帆船運動。

　　不過，由於解嚴前長期的海禁以及海上活動的高風險性，初期家長對於學校推動帆船運動並不太放心，於是學校就先從社團以及親子活動來推動。我們利用多山河的封閉水域來進行初階的課程，在做好安全措施下，讓孩子從親水及體驗開始，讓家長也一起來體驗，去除大家因爲對這個運動的不了解而產生的恐懼。

　　到了高年級，孩子具有較成熟的駕馭技術後，才會進階到海上來航行。2009 年起更將此運動列入正式體育課程，從三年級開始，每學期有 15 節帆船課，一直到畢業，每位學生至少會有 120 節的帆船課。透過這個特色課程，不僅讓孩子學習如何馭風前進，與河海爲友、親近海洋、認識海洋，更可從小培養孩子堅韌的性格、積極樂觀的態度以及冒險犯難精神。

　　2018 年起，爲符應學生的個別差異，進行差異化學習，以分級認證的學習方式重新架構帆船課程。將學習面向界定爲安全管理、品格態度、操控技術、航行規則，並透過水手、二副、大副、船長、領航員等分級名稱，讓學生更具體了解學習目標，以銜接到未來進入社會的職涯發展。此外，也特別強調在安全管理與品格態度上的學習，這些都是冒險教育中非常重要、須特別強調的面向，從自助、互助、助人，學會獨立自主，也要學會團隊合作，同舟共濟、同舟一命的觀念（圖 11-4）。

三、課程評鑑

　　課程評鑑包含課程的規劃、教學、學習成效與評量，涵蓋了學校教育運作的核心：整體課程與教學系統的評鑑。評鑑的目的是爲了修正回饋與提升教學品質、確保學習成效，讓每位學生都能獲得適性的教育，成就每位學生。

　　就實務操作面來看，本校的課程評鑑，係從「課程規劃」（含課程理念、課程系統架構、教師任課安排、課表配置等內容及 14 項規準）、學

圖11-4　岳明國小帆船課程架構與分級認證系統

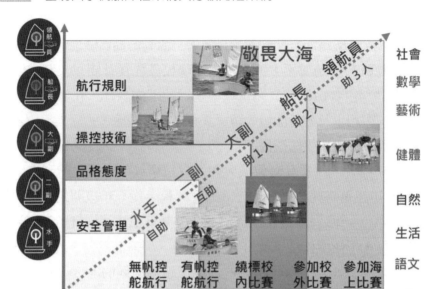

習資源（含教科書、自選教材、自編教材、教學材料、場域設施、設備工具等教育硬體的資源與 17 項規準）、教學方法（含教學設計理念、授課方式、學習方式、學習評量等教育軟體的運作內容與 15 項規準）等三個基本面向進行。

參 教師專業成長與培訓機制

　　本校以回歸教育本質為訴求，因此必須進行一些教育典範的轉移以及系統性的變革，其中師資結構、專業能力與熱忱，將是決定系統變革能否成功與永續經營的關鍵，這一切都有賴建置一個可健全教師專業成長與培訓的機制，本校的教師專業成長與培訓機制的架構，茲分述如下：

一、教師專業成長的核心價值與目標

　　本校實驗教育之精神乃希望回應與解決當前教育的普遍問題：學習缺乏成就感、學習與生活脫節、重認知輕人文、重聽講輕操作、重記憶輕思

考等。因此，培養「人師」應是整個教師專業成長的核心價值。本校教師的專業成長將朝三大目標努力：

　　㈠ 人文精神的培養：對教育的使命與熱情、建立相互關懷與支持的學習共同體、豐富的生命經驗、接觸自然與理解文化的能力、追求眞善美的人生。

　　㈡ 教學專業與實務的培養：照本宣科的教學模式早已被淘汰，教師對教學的內容應具有選編、轉化、替代、延伸、補充、統整的能力；且應具有教育原理、教學方法、學科知識、學生輔導、班級經營、創新教學等專業知能。

　　㈢ 國際化能力的培養：教師應具備理解世界文化、國際教育趨勢、國際交流等能力，且可以從深根本土文化、環境、資源中找出亮點，帶領學生擁抱在地意識與理解世界的能力。

二、培訓機制

　　本校依學校課程發展需求，尋求合適的師培資源，以代訓、輔導、實驗、共學等合作模式進行師資培訓與精進，規劃如下：

　　㈠ 引進教育專業機構的協作：依據本校課程發展與教學專業需求，尋求公私教育專業機構協助本校進行特定主題教師專業能力培訓、課程與教材研發、專業教師的協同教學等，讓教師獲得足夠支持。

　　㈡ 與各類型實驗教育單位合作：包含公辦公營、公辦民營實驗學校，以及非學校型態的實驗教育單位等。透過見學參訪、交流對話、共辦教師研習工作坊、校際課程教學交流、遊學等方式，讓教師透過觀察、體驗、對話、感受，進行深刻的學習與成長。

　　㈢ 扮演宜蘭縣教育多元創新的實驗基地：十二年國教課程已正式上路，為此本校持續與國教輔導團密切合作，建立專業諮詢、實驗、輔導的夥伴關係，並在素養導向的課程與教學上進行先導實驗計畫，精進教師教學能力，提升學生基礎學力，並進行課程實踐的省思與修正，讓實驗教育能夠兼顧創新與固本。

（四）形塑校內教師的學習共同體：以年段、領域或任務分組方式，讓校內教師形成一個相互關懷、支持、合作的學習社群。透過同儕學習、教練教師等方式營造專業成長組織，讓每一位教師可以在第一時間獲得協助與支持。

肆　學生與家長的回饋

本校每兩年會對全校教職員工、四年級以上學生以及全體家長，對於學校整體教育實施成效進行線上問卷調查。以下是 2019 年調查結果的部分內容分析。

一、學生部分

● 來學校，讓我覺得⋯⋯（可複選）

有高達 72% 的學生感受到學校被大自然所環抱，且主題課程中有許多戶外教育課程。另有一半以上的學生覺得就讀本校讓自己：(1) 越來越健康；(2) 生活有意義；(3) 越來越獨立；(4) 越來越有禮貌。

● 我覺得「岳明國小」是一所⋯⋯的學校？

超過 90% 的學生認為本校表現不錯的項目有 5 項：「我喜歡學校的環境規劃」、「學校的教學設備足夠我使用」、「我覺得大部分的老師都教得很好」、「我覺得學校安排的各項教學活動都很棒」，與「來上學讓我覺得許多地方有進步」。

其次，有 80-90% 的學生認為本校有 4 項表現不錯：「我有意見都可以向學校師長說」、「我覺得大部分的學生都是守規矩有禮貌」、「我喜歡學校的社團活動」，與「我喜歡來學校學習」。

二、家長部分

● 覺得「岳明國小在推動實驗教育上」具有的效益

圖 11-5 所列之 15 項本校推動實驗教育的效益，有 14 項家長們都給予 9 成以上的高度肯定。顯見本校確實有落實當初辦理實驗教育的理念來辦學。

圖11-5　家長回答「岳明國小在推動實驗教育上具有的效益」結果

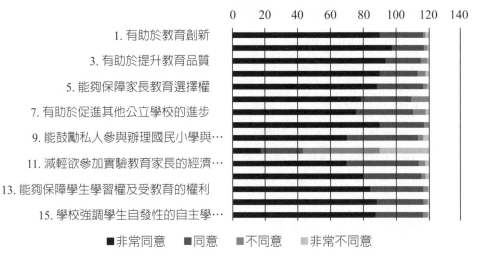

岳明國小在推動實驗教育上具有的效益

■非常同意　■同意　■不同意　■非常不同意

● **我為孩子選擇岳明國小的原因**

在我為孩子選擇就讀本校的 18 項原因中，有 15 項獲得 9 成以上家長的認同。其中，「學校的教育理念」、「學校規劃的課程彈性且多元」、「收費合理」、「學校課程與教學能結合社區資源與文化」、「教育品質」、「親師溝通良好」、「行政服務效率高」、「能夠快樂學習」，與「壓力比較小」等 8 項，更獲得 97% 以上家長認同。

其中，家長認為交通接送的方便性較不滿意，此代表學校應該協助居住較遠的家長，研商可行的解決方案。

● **對岳明國小各項教育事務的滿意程度**

家長在對本校推動 16 項教育事務的滿意程度中，共有 14 項達到 9 成以上的滿意程度。其中，「行政服務品質」、「溝通管道暢通」、「家長能共同參與學校事務活動規劃」、「學校解決家長所提問題的能力」、「校長的領導能力」、「收費可以接受」、「學校課程」、「教師教學品質」、「各項教學活動」、「課程多元創新」，與「對孩子的生活教育與品格教育」等 11 項，更高達有 96% 以上的滿意度。

至於可加強的部分，則有「教學設備完善性」與「提供學生升學輔導諮詢」。新建校舍完工後，可以大大改善教學空間的不足，也會逐年擴增與更新教學設備，讓師生有一個優質的學習環境。其次，學生升學與輔導諮詢方面，未來應即早準備，以提供學生與家長良好的諮詢與建議，讓其在選擇上可以更有方向。

三、小結

本校自轉型以來，看到每個孩子透過這種調和與適性的學習模式找到適性發展的平衡點，也可以自主學習，真正做自己，為自己的興趣而學習，進而讓未來可更順利融入社會，讓世界變得更美好而學習。

伍 經營困境與未來展望

一、經營困境

本校於 2020 年 10 月對全校家長進行調查，有 85% 以上的家長表示希望孩子在國小畢業後，能夠繼續就讀本校向上延伸的國中實驗教育。為實現本校改制初衷與回應大多數學生及家長殷切的期盼，本校於 2019 年 1 月 17 日正式向縣府提出改制申請，然而歷經輔導審查過程，目前仍尚未核准。

改制上遇到的最大困境，主要是來自於向上延伸時瓜分同鄉鎮國中的生源的質疑上。如何做到教育的共好、共存、共榮，成了我們發展上最大的挑戰。但也因如此，讓我們可以好好沉澱與省思：「公辦民營實驗教育要如何實踐國民基本教育之公益性、公共性、效能性、實驗性、多元性及創新性？尤其困難的是如何融合以上的特性，發揮其綜效性！」

二、未來展望

本校衷心期待可以再改制為公辦民營實驗中小學，為宜蘭縣的教育再注入新的生命力與可能性，並整合企業與社會各界的力量，一起來成就一個一輩子可以聊的故事。對於未來的發展，我們訂下了短中長期的目標：

　　短期目標爲讓教育理念與學生發展可以向上延伸，確保小六畢業生適性發展的教育選擇權；採逐年招收一班的方式，打造向上延伸的穩固基礎，並創造與鄰近公立學校共好的合作空間。

　　中期目標爲規劃小學部 12 班，國中部每年級各 1 班，全校共 15 班。讓每一位學生適性發展、接納自己、同理他人、身心健康，具有自主學習與思辨能力，成爲一個可以自我實現與促進利他共好的世界公民。

　　長期目標：國中部每年級增設爲 2 班，全校共 18 班。成爲一所實踐「讓生命不一樣」；每位學生都能適性發展、自我實現、利他共好，既在地又國際的公辦民營實驗中小學，成爲臺灣與國際上推動教育創新改革，提供優質全人教育的知名學校。

第二節

小實光實驗教育機構

　　「臺北市小實光實驗教育機構」（以下簡稱小實光）是由一群愛上學的老師和孩子組成，在 2014 年進行國小部實驗教育的籌備，2015 年 4 月正式向教育局提出團體共學申請，並於 2019 年轉型爲「臺北市小實光實驗教育機構」。小實光著眼在「打破學習疆界」的視野，整合既有的學校型態和非學校場域，成爲跨越學校圍籬的主題式學習創新實驗教育。

壹 實驗教育的背景及教育理念

　　「動手做，實境學」一直是小實光的核心教育思想。一旦連結了「想」與「做」的過程，將有助於讓孩子找到答案並解決問題。保留孩子的「想像力」常是小實光師生創意的來源，再透過「實踐」的里程將知道轉化成「做到」更是孩子增能的催化劑。「發明」不會只在熟背課本理論以後就會自動產生，反而可以透過實際動手的過程裡「發現」。因此「動手做」是小實光孩子學習歷程中漸漸養成的 DNA。我們相信：教育應該

有留白的時光，讓孩子透過體驗與思想，感受自然的美好，發現世界的遼闊。我們相信：教育是一種生命實踐的身體力行，是一種智慧經驗的交流與傳承。多年的教學經驗讓我們清楚的知道，「經驗學習」是孩子「學習如何學習」的最佳途徑（圖 11-6）。

圖11-6 小實光的教育理念

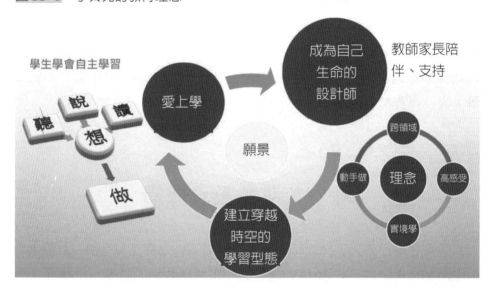

因此，小實光的教育夥伴堅持「體驗式學習」，透過統整式的主題與專案學習模組讓孩子成為學習的主體。我們想讓孩子回歸學習本質，回到每一種教育模式的底蘊。人，生而不同，不該用幾種模式就輕易將人歸類。我們期待孩子「成為自己生命的設計師」，透過家長、教師與同儕的支持，可以在一個友善、開放與充滿挑戰的環境中安然茁壯成一棵綠蔭扶疏的大樹。

貳 小實光的課程與教學

小實光的課程以生態系統理論作為課程哲學，期待孩子具有「內聖外王」的涵養。所謂「外王」是指孩子對外要具有生活能力，「內聖」是對

內涵養生命素質、對環境展現生態互動情懷，成爲一個個天賦舒展的孩子（圖 11-7）。

圖 11-7　內聖外王的課程哲學

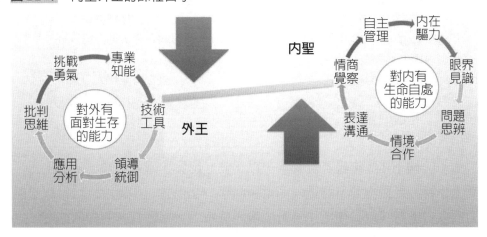

一、課程主軸

　　小實光課程有三大主軸：「家族主題統整課程」、「學生萌發課程」和「工具學科領域課程」。家族課程由家族教師與學生共同規劃，每學期推出主題課程，於每週家族日及每天晨圈、結束圈時執行；學生萌發課程由學生依興趣與需求自主啟動主題課程或自主學習安排；領域課程主要於上午的工具學科課程中執行國語、英語、數學等課程。另外，節氣課程、臺北學走讀、臺灣學、世界學旅讀，以及混齡家族大帶小、小學大的情意引導、認識土地課程、山海主題課程、探索體驗活動、國小部的跨校際移地訓練、畢業主題、畢業壯遊挑戰等，都在培養學生自處能力，與人及環境互惠互助的天地人素養。

二、課程設計原則

　　小實光的課程設計原則，依國小、國中之學習進階需求，設計出六階段的課程，其概念如圖 11-8 所示，茲分述各階段的課程設計原則如下：

圖11-8 小實光的課程設計原則

課程設計的原則

中低年級階段以實作（手作）的全感官體驗課程為主軸，搭配生活主題作經驗知識與系統知識統整

中高年級／中學階段以專案學習的模式，導入主題統整學程，搭配學習地圖與分級認證，進行學程認證，並以專案研究方式作個別化研究產出

（一）**國小 1-2 年級：玩**學堂，以「愛」出發，透過喜愛，愛上生活，愛上學習。更藉由愛自己進而愛上與同學一起學習。本階段以培養觀察能力為主，透過「玩」使孩子具有敏銳的感官；並學習基本的知識概念，以及具備動手實作的經驗，使孩子對學習充滿興趣。

（二）**國小 3-5 年級：學**學堂，以培養各項學習技能為主，教導孩子學習如何學習的基本工具學科應用能力。包含邏輯思考、調查、資料蒐集、資料整理、撰寫報告、發表分享的能力；並持續擴充知識概念，具有獨立操作之能力，展現主動學習的熱情與培養自我學習的能力。用「上學」的動態意象，奠基厚實的學習能力。

（三）**國小 6 年級：趣**學堂，此處的「趣」是有趣，也是孩子的興趣發展與生涯探索。透過總結前 5 年的學習歷程回顧，以專案學習結合孩子的畢業興趣專題，培養學生專題研究、問題解決、合作學習、創發思想與綜合統整之能力，並善於應用資訊科技展現學習成果，與廣大社群進行分享，能清楚自己為何學習、想學什麼、需要學什麼？同時，也藉著壯遊與社會參與，讓孩子觀天地、閱眾生進而達到見自己的境界。

（四）**國中 7 年級：觀**學堂，透過「觀天地」，開始「探索體驗」。一方面奠基素養能力，一方面體驗生活智慧。結合自然探究學習與臺灣學的移地學習，增能學習動機、尋找自我認同。

　㈤ **國中 8 年級：眾學堂**，以「閱眾生」的觀點，讓孩子嘗試「跨界合作」，透過社會參與連結各式不同的社群，培養孩子自主自發共好的能力。同時協助孩子進行職涯探索，發展孩子建構人我、物我互動的能力。

　㈥ **國中 9 年級：見學堂**，指的是「見自己」。九年級的孩子面臨人生的選擇，我們希望打開孩子跨越舒適圈的視野，培養內在恆毅力，讓孩子成為自己生命的設計師。

　小實光的課程有建構基礎能力的工具學科，例如語文、數學，透過聽說讀想與實作，發展基礎識字、語感、閱讀素養與邏輯數感、基本計算。然後藉以認識更多的不同領域知識。我們也運用生活素材設計大量主題統整式的課程，透過導師與領域教師的帶領，薰陶孩子的多元學習興趣與認知發展。中高年級和中學部學程則以多元選修課搭配領域系統課程與專案學程，進行主題統整課程或專案學習課程。

三、課程與教學實施情形

　工具學科裡的國語、英語、數學皆採分年齡、分科、分能力教學，其他小學的科目，例如生活、藝術、自然與社會、健體等，我們透過主題統整課程，將其融入孩子的學習架構之中。從 Locke、Rousseau 到 Dewey，以孩子的生活經驗為中心的教育哲學為我們重新開拓了教育視野。透過「做中學」，不斷重組與深化學習經驗。而「體驗學習」則是建基此一理念的教育實踐，主張生活與學習結合為一。正如 David Kold 在 1984 年所提出的觀點：「對我講述，我會忘記；示範呈現給我看，我可能會記得；讓我身歷其境地融入，我將會理解。」

　我們相信，如果能提供孩子一個合適的環境，孩子將會展現出他們從未被覺察的能力和天賦。一個個體具有之天賦是先天遺傳與後天環境互動下的產物，透過認知學習，進一步發展出卓越的能力。我們想要開創出一個具有多元影響力的教室文化，一個能夠讓孩子展現優勢的學習環境，因此積極發展以「生活實境」、「在地化」的素材作為課程發展的媒介，企

圖將課程與生活結合，將課程與地方結合，所以我們更積極面對課程變遷下的教學環境，並透過跨領域、動手做的學習方式，重新思考如何為我們的孩子培養整全性、系統化、組織化的知識理解與應用能力。

 學生表現與學習特色

> **火邊的故事**
>
> 今天跟五年級孩子談起上週在山上
> Ka Tu 說的火邊故事
> 談的是布農的過去
> 說的是深深刻下的歷史、事件、悲壯、傷痕
> 當然還有榮耀的布農
> Ka Tu 是說故事高手
> 他用生命與布農的驕傲在述說
> 小實光的孩子們熱烈迴響
> 今天我問孩子們：
> 你們發現在聽火邊故事時
> 小實光的孩子跟你們有什麼不一樣嗎？
> 孩子們立刻就說：
> 小實光他們反應很踴躍、跟 Ka Tu 有熱烈的對話
> 我又問：他們怎麼做到的？
> 胡靚第一個就說：他們有思考！
>
> 　　　　　　　　　臺東縣桃源國小 KIST 理念公辦民營學校
> 　　　　　　　　　林慧萍，2021 年 4 月 13 日

　　這是 2021 年 3 月小實光前往臺東桃源實小進行移地交流後，慧萍主任留下來的紀錄。「思考」是我們對每一個孩子的必然「部署」。從小一進來，我們就提供了許多練習思辨的機會。我們沒有一堂課叫做「思辨」，但它融入孩子的生活，在語文課、數學課、主題課與生活討論

課。我們以聽說讀「想」「作」來取代「聽說讀寫」。我們認為思辨的習慣必須從小養成，一個會思考的孩子比一個會聽話的孩子重要。能思辨之後，才能談「實踐」。從「零」到「有」，從發散到聚斂，我們讓孩子從小練習「築夢踏實」。慢慢導入以現象學為本的 PBL 專案學習模式，讓孩子在臺北學、臺灣學、科學與專案課程中，磨練思考與對話到實踐的機會。

一、動手做

跑樁實作一直是小實光「科學魅客」們的傳統，透過跑樁實作，可以很容易的看見孩子「How to think? How to learn? How to cooperation?」我們認為學習本應以一種探究實作的形式進行。我們直接以探究實作的跑樁小專題方式，讓孩子成為學習的主體。

跑樁實作小專輯的操作，讓孩子回到生活情境或是科學實境。透過「現象」觀察，與問題推理、預測，我們陪著孩子找到一些歸因、變項、推理的線索，然後進行對話討論與問題檢索。每一個孩子既是實驗的發動者，也是學習者，既要當一個實驗的教授者，也要當一個考核的人，考核跑關的孩子是否真的學會「你的實驗」。從「你的實驗」變成「我的實驗」，再到「我們的實驗」。

每一個孩子都可以成為知識的提供者，亦可成為教學者、學習者。他們讓自己成為學習的主體，也沒有時空界限。他們隨時可以 call 自己的群組，啟動一個實體會議，或是線上進行遠端對話，利用課餘、課中的彈性時間進行實作練習。也可以對於有興趣的實驗進一步的深化討論或實驗改造。

以下摘錄新北市高志勳主任的觀課紀錄（2021/2/24）：

在課堂的後半段，校長讓孩子們進行跑關活動，每個孩子都期待這個時刻，開始將自己準備的實驗擺放及組裝在桌上，並向我介紹他們設計的摺頁及實驗，由講解人留在位置上，其餘的學生到各組去闖關並做學習筆記（各組自行設計問題），當中有人投入，也有人不做老師擬訂的事，而是開始準備下週的實驗及製作。我嘗試與學生對話，他們會知道自己現在在做什麼，也樂在學習的過程，我想這才是學習的真正樣態，不是安靜的坐著，而是依照學習的內容，發展與建立習慣，讓他們組成群的概念，相互幫助彼此學習。

二、實境學

走讀課程，已是小實光的特色，打破學校與非學校界線，處處都可以學習，除了學科知識，更培養了孩子許多關鍵能力（圖 11-9）（許家齊，2021 年 1 月 1 日）。以下透過「臺北學」的課程紀錄，一窺課程的設計：

整個城市都是我的博物館

經歷過了臺北學「鳥目臺北」認識臺北的自然環境之後，我們進入了「社會臺北」。透過先前布下的「功課」和「暗樁」，預設要讓孩子練習以手上的工具、地圖與文獻資料，找到在臺北車站附近的北門及周邊的古蹟群。孩子很快地展開分組，有人查地圖、有人查古蹟、有人安排路線規劃、有人排演行動劇、有人設計導覽摺頁……然後我們就浩浩蕩蕩搭著捷運出門走讀臺北了。

黃武雄教授在《學校在窗外》裡問：「孩子為什麼去學校？」「與世界互動或連結」，更進一步說是為了「打開經驗世界與發展抽象能力」以便與世界「真實的連結」。臺北學就是建立在這樣的信念上。真實的知識是整體性的，是不可分割斷裂的。地理即是歷史的舞台，文學與自然也揉和在其中。我們以臺北這個大舞台作為孩子經驗知識與真實世界，連結抽象能力與生活知識的橋接，將文獻上冰冷的知識透過現場走讀、對話與探究，化身為知識系統的重組行動。

呼應臺北市的「無圍牆博物館」理念，從一個博物館的角度開啟

孩子的現場走讀，讓整個城市都成為我們的教室。資料閱覽與記錄、現場採取的文獻、導覽手冊，與同學依任務進行的導覽練習與手作摺頁。回來後再從書籍與網路資料進行驗證、關鍵字的定錨，再搜尋。一整個繁瑣，卻是孩子培養自主能力非常重要的歷程。

　　一路上，教師擔任觀察員，讓孩子盡情發揮，就算走錯路，只要沒有安全顧慮，我們樂於讓孩子自己主導，自己規劃。如果您走進臺北市政府的一樓，您一定會看見「沈葆楨廳」與「劉銘傳廳」以表彰兩位對臺有建設之人的功績。然而，若從不同族群角度來看，我相信會有不一樣的觀點。

　　這是我們帶孩子「進城」的原因之一。我們想要孩子看看這塊土地上的人們在這個時空劇場裡的「演繹」與「生活」。了解一下清朝在大航海時代的脈動下如何面對遠親近鄰的挑戰，各國的「海賊王」們又是如何進入這塊土地，與我們的「祖靈」們互動。

　　我們選擇了臺北城最重要的城門──北門（承恩門），作為我們進城的第一站。北門是臺北城最重要的「官道」，可以遠眺淡水河與七星山。從前的劉銘傳就是從這個官道進入臺北城的巡撫衙門。今日特別讓孩子們走一趟，看一看為何它是「巖疆鎖鑰」。透過孩子的眼，看一看北門延伸出去的「撫臺街」到底有多近？說一說西仔反的清法戰爭，也說一說死於任內的臺北府知府陳星聚的故事（他當時已六旬高齡仍親自督戰，擊退法軍，保臺有功）。走讀不是只有走，更要讀，行萬里路更要讀萬卷書。透過實境學習與資料的佐證、比對、導覽練習，讓孩子成為「採詩官」，得以透過臺北這個田野「觀風俗知得失」。讓經驗知識與抽象能力阡陌交通，墊高孩子的學習能力與生活素養（李光莒，2021 年 1 月 2 日）。

圖11-9　臺北學走讀壯遊

三、跨領域

　　小實光的學習圈爲了打破原來學科中心取向的學習，因此設計了「跨年級班群混齡分組」、「主題統整課程」、「家族生活導師」與「生涯專長導師」制度。孩子從小在混齡家族成長，爲合作學習墊步，同步養成自律習慣與自主能力。

　　課程由教師設計，從二、三年級開始，一方面由班群內的家族導師安排主題課，也可在導師的安排下，善用彈性節數帶孩子嘗試做「小專題」，累積足夠的專題製作思維，俾在中高年級的專題選修課或學生自主的空白課程中，進行跨領域、統整的生活議題或現象學議題。

　　課程規劃以學習者爲主體，兼顧知識完整性，輔以主題課程（或專題研究）的豐富多元學習素材，讓孩子得以探索自己的興趣，進一步培養學習者擁有自主學習及思辨的能力。同時爲了培養孩子「成爲自己生命的設計師」，我們在國小高年級及中學部安排職涯探索，透過專題課堂安排跨

領域講座或是社會服務課程（圖 11-10）。

圖11-10　小實光跨領域專案（主題課程）舉例

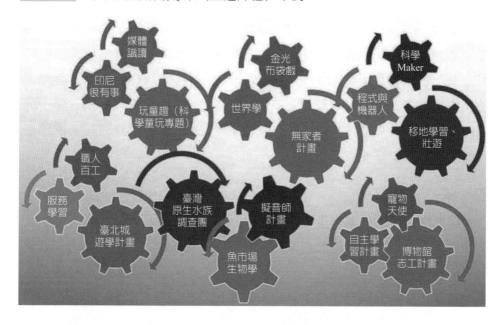

肆　小實光的師資培育與教師專業發展

實驗教育的辦學成功與否，人才（教師）是決定的關鍵。

一、第一階段

小實光曾經歷二波的教師異動期。實驗教育師資難覓，除了教學經驗，更重要是有一顆願意接納、包容孩子的心。辦學初期，為了磨合教師默契，我們商請有實驗教育經驗的教師兼課，同時讓有教學經驗的夥伴跟課、觀課及議課。對於新進教師，則透過入班見學與擔任助理教師，磨練班級經營與授課技巧。同時，每星期和教師團開會討論他們的上課狀況、學生的個案輔導、班級經營等。第一階段經費不多，人力緊繃，大致上是以大量對話、觀議課來達成實驗教育理念的傳遞。這一階段，校長的干涉比例極高，也唯有如此，才能貫徹實驗教育主事者辦學的理念。

二、第二階段

第二階段大約是創辦後的第三年，原來訓練的六位教師（每年增加二位），只留下二位。於是重新招募教師。過程中也讓有經驗的兼課教師慢慢退場，讓留下的教師與筆者一起重新陪新人重複第一階段的共同備課與觀議課程序，到此依然是校長主導爲主。但第一期的二位導師已經可以有一些自己設計課程的想法與做法，會利用學期初、學期中與期末讓二位教師說課，鼓勵他們與同儕分享課程發展的黃金圈（Why、How、What）。同時，筆者和二位教師也分別到新進夥伴的課堂觀課，協助他們優化自己的課堂。

二、第三階段

第三階段，師資與學生陸續到位。利用前面已經形成的「備課圈」，開始將人員分組，劃分班群與家族。教師除了專長科目，也開始發展跨領域主題統整課程。本階段，筆者開始嘗試讓資深教師發展自己的興趣專題，並藉由教師的觀察與孩子對話，發展孩子有興趣的主題、專案。這時校長的角色從主導者轉換成協作、支援者，變成一個在旁欣賞團隊運作的人。

此時的教師團，繼續執行前兩階段的觀議課、說課程序。每週各班群有自己的主題課會議時間、領域課程會議時間。期初、期中、期末也會有全體教師的說課會議。讓不同年段、班群教師彼此的課程智慧得以交流與傳承。

二、第四階段

第四階段，教師異動的很少，小實光從創辦第三年起採取簽約制，前4年的薪資比照公校教師敘薪。學校改採「考聘制」，透過實作、說課、試教與口試來選才。入選的夥伴會先進行職前訓練，讓其理解小實光的理念、課程、教學方法與班級經營理念，同時也繼續執行第三階段發展起來的「團隊」作戰方案。讓新人分入班群，加入班群備課團隊一起備議課、

一起說課、一起發展班群的特色課程，並和專長領域課進行備議課。此時，最大的進化是開始引入校內外專長教師為教師團增能，也開始和不同的單位結盟，互相參訪、跨校備課與合作。本階段的教師在課程設計上有了更大的自由度，校長的角色與干涉更低。這歸功於每學期的教師共同備課週（假期），我們透過外部講師來凝聚共識，談教育未來，談小實光的未來，教師的生涯發展，學生、家長的圖像。也請來專家講師就輔導知能、教師專業成長與差異化教學等面向做專業知能工作坊。

　　未來，我們期待開啟跨校聯盟，與更多的實驗教育機構、學校、基金會、NGO、博物館等合作，讓結盟姐妹校進行師生的交流與合作，實踐「○○是我的上課教室」。目前已經與全臺 27 所學校、機構、博物館結盟，相信可以讓孩子進到不同的學習場域，產生更多元的學習方式與學習體驗。

伍　經營困境、解決策略與未來展望

　　筆者曾經與實驗教育經營者對話經營上的困境，出現的關鍵字主要蒐集如下：師資、資金、場地、家長的觀念（親師溝通）、特殊學生……等。小實光在這幾年也曾遭遇類似問題，以下分項敘述：

一、師資

　　實驗教育辦學成敗的關鍵在教師，10 年前筆者在實驗學校帶領教師團隊時，念茲在茲就是組建一支由頂級教師執業的「教龍團」，當時常利用企業人資訓練的模式帶領教師團隊。在企業講師的帶領下，利用日劇《醫龍》來談學習型組織、談共同的願景、談教師生涯發展、教師專業發展與學習如何學習的工具。

　　實驗教育機構的所有資金都是自籌，最主要的來源就是「學費」，因此必須根據學生數進用教師。對辦學者來說，必須像玩「世紀帝國」一樣，緩步依據手上的資源來建立「教龍」團隊。我們逐年完成教師培訓讓團隊「到位」。

二、資金

　　所有事業的成功仰賴人流與金流的匯聚。學校型態實驗教育有公費的挹注，資金不虞匱乏，但非學校型態的機構、團體及個人自學，經費都是「自籌」，以致辦學者和家長壓力都很大。一年動輒 20-30 萬的學費，對一般受薪家庭來說是一筆不小的負擔。若是家裡有兩個以上的孩子，負擔更為沉重。

　　小實光大部分的教師都是全職教師，人事費超過六成五。幸運的是我們的家長非常支持小實光，讓經費得以支撐這樣規模的辦學，並得以永續經營好的教龍團隊與辦學理想。

三、場地

　　辦學第二大筆支出是場地費。這裡的場地費不只是房租，更多的是裝潢費。開辦以來，我們已經搬遷了四次，每次搬遷除了房租增加以外，裝潢費用常是一筆很大的支出。加上使用一般的大樓或辦公空間，學生的室內外活動空間不足，只能利用附近的空間進行活動。若在室內活動易遭鄰居抗議噪音，因此我們後來決定申請公立學校的餘裕空間，這又衍生出另一個問題了。

　　申請公校餘裕空間一開始並不順利，我們申請的第一個學校，行政程序走了半年多，最後在教師會與家長會聯手反對下宣告失敗。但塞翁失馬，焉知非福，在教育局的積極協助下，媒合我們到現在的學校。我們開始嘗試「公、實」合作的可能性，也希望不要再一直搬遷來搬遷去。

　　進公校後仍然多有磨合問題，兩個單位的理念、做法不盡相同，甚至連作息時間都不同，需要主事者彼此對話與溝通協調。所幸我們所在的臺北市成德國小與我們磨合得還不錯，有機會開啟「同村共養」模式。

四、親師溝通

　　實驗教育成功的最重要基礎是「人」。除了教師外，「家長」是最重要的合夥人。小實光的家長和一般學校一樣非常在意孩子的教育，也一樣

對教育會有過多的期待，因此良善而誠實的溝通非常重要。

　　一般來說，會選擇實驗教育的家長，大致有二種類型。一種是對特定教育理念有共鳴，願意讓孩子參與實驗教育，也有在原來的學校適應不佳，而選擇脫離現有學校。另一種則是因爲孩子的特殊性，有可能是一般人所謂的資優，也有可能是生理上的特殊，例如 ADHD、自閉症或情緒障礙。

　　小實光的親師溝通非常頻繁，我們一學年有三學期，每學期都會辦理親師座談會、親師訪談等，進行溝通對話。就算如此，依然會有溝通上的認知差異。前面說過，部分家長會對實驗教育過度期待，以爲實驗教育是「百憂解」、「有應公」，可以使命必達任何期待與要求，或認爲可讓特殊學生「馬上」變成正常學習的學生，這部分大約占二成左右。

　　另外，部分家長容易以自己過往的經驗來看待教育（實驗教育），仍會在意孩子的學科學習成就。小實光並不是不在意學科學習，但更在意陶養孩子成爲一個具有全人素養的終身學習者。因此，筆者與教學團隊最常做的工作反而是在家長端。我相信唯有彼此能在同一個頻道，我們的共振才能發揮合夥人的力量，努力撐起孩子們的學習空間。

五、特殊學生

　　最後一個經營上的困境，那就是特殊學生的教育問題。小實光的親師有一個共同的認知是「人生而不同」，每個人都是「特別的」。所以「特殊學生」，這裡特別指的是經過衡鑑爲 ADHD、ADD、自閉、情障的學生，或是雖沒通過衡鑑，但有以上特殊趨向的學生。小實光不是公校，並未設置輔導室或每一位教師都具有輔導專長。爲了避免耽誤孩子的受教權與學習敏感期，我們會選擇性的錄取特殊學生。通常一個班以二位爲限。導師如果覺得班上特殊學生的狀況已無法負擔，可有權不錄取特殊生。

　　這樣機制，一方面讓導師有主導班級組成的機會，二方面可以讓導師盤點自己的能力，做出負責任的決策。同時，也讓家長正視自己孩子的特

教需求，為孩子找到合適的學習環境。為此，小實光也採取了以下措施：

(一) 和教育局特教中心合作，提供特殊學生諮詢或轉銜等支援管道。

(二) 辦理教師專業輔導知能的研習或工作坊，協助教師認識特殊學生。

(三) 與心輔師、諮商師、輔導師合作，讓教師、家長有諮詢的支援系統。

(四) 教師團有個案討論會，必要時邀請輔導專長或心理師進場參與個案討論。

未來我們將花更多力氣協助特殊學生的家長認知孩子的輔導策略，也鼓勵家長參與各種專長講座，親師合作才能成為彼此良善的合夥人。我們也在跨校聯盟平台進行一般教師輔導知能工作坊，幫助不同實驗教育單位的教師或家長增能。

終章

實驗教育的課題與未來展望

　　本書是一冊以「實驗教育」為主題的專論，經由各章之介紹，構成讀者對實驗教育的完整認識。我們從實驗教育的基本概念談起，探討了實驗教育的法規、制度、各型態的實驗教育、課程、教學與評鑑、教師的專業發展、常見的實驗教育理念、跨年級混齡式教學實驗、各國的實驗教育，並分享實驗學校、公辦民營學校與實驗教育機構的案例，另外也穿插一些花絮與幾個值得探究的問題，期能透過思考上的刺激，讓腦中串聯出對實驗教育看法上的「心智」。

　　實驗教育加速了教育改變的步伐，給許多人帶來了改變教育的希望。甫了解實驗教育者，會發現它在整個教育體制中開創了令人嚮往的藍天，彷彿應該勇敢地航向青空，追求夢想。願意進一步探究實驗教育者，會察覺他們可以透過理念帶動實務上的改變，並在一個受到認可的辦學框架中，打造理想中的教育、培育完整的孩子。不過，在度過立法後的幾年甜蜜期後，大家也都陸續的發現實驗教育所存在的一些問題。要如何克服，不僅需要在學術與實務上的反覆淬鍊，還需要有人願意在日常中實踐，陪伴實驗教育走下去。

　　本章將總結各章內容，試著簡要歸納當前實驗教育所面臨的課題，並提出些許見解，作為實驗教育邁向未來的參考。

第一節

實驗教育的課題與解決策略

本節以實驗教育目前所面臨的課題作為探討重點，依序將當前所出現的實驗教育課題，綜合歸納在「制度」、「實踐」、「課程與教學」與「市場競爭」面向內，再進行簡要之分析，並試著提出解決策略。

壹 制度上的課題

實驗教育在立法後已經成為了體制內的教育，隨著參與者的增加，實驗教育在社會中的定位必定會發生改變，將來我國學制圖的一側，也會出現「實驗教育」的軌道。因此，實驗教育制度設計上的課題更需要關注。茲簡述二項制度設計上的問題如下：

一、實驗教育中的「學校」定位

「實驗教育三法」提供了法源依據，然而依法規將實驗教育限定於是否為「學校」型態的分類中，也會遇到實務上的困難。有些國外的實驗「學校」，若按我國「實驗教育三法」之界定，可能只屬於團體式或機構式單位，並未達到「學校」規模。也就是說，「實驗教育三法」對學校與非學校的區隔，除了難以用來解釋國外案例外，也很難處理目前實驗教育團體或機構常對外宣稱自己為「學校」的問題。

在「實驗教育三法」未制定前，當時的教育環境是無須面對「學校」之爭議的。也因此，《國民教育法》、《高級中等教育法》，甚至是《大學法》，皆未對「學校」做出精確定義。從《大學法》第 2 條：「本法所稱大學，指依本法設立並授予學士以上學位之高等教育機構」來看，原來大學也只是「機構」，不是「學校」。也就是說，前法未對學校界定，造成後法在認定上的困難。

解決對策，可以朝：(1) 修訂各教育法規；或 (2) 另立《學校教育

法》，明訂何為「學校」的方向設計。其中，「實驗教育學校」可以成為學校內涵中的種類之一，而不是再比照教育階段別分別立法的做法（林雍智，2018年3月26日）。畢竟，從實驗教育中，我們學到了教育應該「以學生為本位」的視野。

二、實驗學校制度軌道的整合

　　一個孩子應該要接受實驗教育幾年，才會看得出成果？答案恐因人而異，但絕對不會是按現行教育階段別的方式，一個階段、一個階段的去轉換不同的學校或教育單位，就可以完整習得某一特定理念並綻放異彩的。因此，當非學校型態實驗教育已在辦理十二年一貫教育時，實驗學校若還停留在既有的國小、國中、高中（或完全中學）的階段區隔做法時，那就意味著人為打造的學制與學校制，是造成實驗教育的彈性受到框限的主因。

　　解決策略是，政府除維持現有的實驗小學、國中、完中、高中外，也容許九年一貫制的實驗中小學與六年一貫制的實驗完中並存。現實上，已有部分縣市著眼於實驗小學的成功，而同意其向上延伸至國中階段。林雍智（2016）曾研究日本學校轉型九年一貫制學校的議題，發現此型態的學校，可分為「整合型（即統整為一校）」、「課程聯絡型（臨近兩校實施共同課程）」與「課程交流型（部分活動共同實施）」三類，且在整合型上，更有透過將學制改為 4-3-2 或 5-4 制的做法來讓課程段更貼近孩子學習需求。日本經驗，可以提供給我國整合實驗學校上參考。只有允許制度間的融合，未來在連接到實驗大學時，才能夠形成一條完整且富彈性的軌道。

貳　實踐上的問題

　　實驗教育實踐上的問題，我們將以公教育及公共性的觀點，談到政府對接受實驗教育學生的支持、補助實驗教育單位經費，以及實驗教育教師的專業成長問題。

一、對實驗教育學生的支持

實驗教育不論是哪一種型態，仍具有一定的公共性。因而政府有責任提供非學校型態實驗教育的學生一定程度的支持性行政。具體而言，包含成立一個中介於教育主管機關與實驗教育單位間的實驗教育中心，實驗教育計畫的審議，乃至學校須提供非學校型態實驗教育學生相關的學習資源及服務等，都是基於公共性原則應給予的支持。進一步看，這些學生若屬於義務教育階段者，則提供均等的教育機會與保障其教育品質，政府仍有責任為之。

然而，目前上述支持系統在運作下，也出現了服務提供者與申請者看法不一致所造成的問題。例如家長已經選擇高昂的自學，為何還要享用學校資源？為何類似的個人式實驗教育計畫，有人核准實施 2 年，有人卻只得到 1 年核准？這些問題，很多都牽涉到對公教育、公共性認定的看法差異上。

固然家長有選擇教育的權利，但政府亦負有把關的責任，畢竟任何一方的恣意妄為，無人可以確定受教的主體「孩子」是否會因此而落失了重要的學習。諸如上述般需要磨合的爭議事項，需要更多時間，透過更多案例來形成慣例或共識。其中，政府所成立的實驗教育支援或發展中心，更應發揮一個作為中介專業機構的角色，提供值得信服的服務。

二、對非學校型態的補助

非學校型態實驗教育，扮演了一定公教育的角色，更具有公共性。因此政府對其若像對待私立學校般，以公費進行補助，則一來可以透過補助進行監督，二來亦可以對致力於辦學的實驗教育單位帶來信心和希望。

第 9 章在談論到臺灣的實驗教育在世界上的位置時，以「政府的經費補助」與「教育的品質保障」兩項條件來探討我國實驗教育的定位。在這當中，永田佳之（2019）提到政府對兩者作為的程度，會左右實驗教育的性質。

　　可行的解決策略是，地方政府應對實驗教育單位補助，但用途與額度必須清楚明訂，再透過專業的審查，以確定補助有用於提高課程與教學品質，或可以回饋至學生學習上的項目，例如學習材料費等。提供補助的政府基於維持教育品質的責任，應讓補助能滲透到真正需要的地方，讓真正的熱忱辦學者能夠順利辦學。因此，不應將補助設定為競爭型的計畫，或作為過度監控的工具，以保護實驗教育應有的多元與彈性。

三、實驗教育教師的專業成長

　　實驗教育的教師亦需要專業成長，以提供更好的教學品質。現行做法上，除了實驗學校可依照現有的進修研習機制進行外，非學校型態實驗教育教師的專業成長機會仍不充足。現階段僅部分實驗教育理念具備獨自的師資培訓制度，其餘實驗教育單位的教師，只能透過自主參與內、外部專業活動來得到所需知能。

　　如同第 7 章所述，教師的專業發展即成為一個教師的歷程。由於實驗教育的多元與獨特性，因此教師更強調在教學實踐、省思與專業社群互動中得到成長。教師的「實踐智慧」（practical intelligence）係指「教師本著在教學現場累積的經驗，透過觀察、對話與省思發現教學與學生的問題本質，進而獲得解決問題的信念與智慧。」（Clandinin, Connelly, & He, 1997; Schön, 1983）以其為理論基礎，實驗教育教師若能在教學現場獲得實踐智慧，將可以形成獨自的教學心智（teaching mind），知道如何教，且在教學中體現實驗教育理念。

　　短期上，政府可規劃研習架構，並以公費支持非學校型態實驗教育教師參與「基礎性」研習課程。中期來看，政府宜在師資培育大學的教育學程中增設實驗教育課程模組，培育具備實驗教育基礎知能的教師。長期來看，教師證照制度應更加開放，朝認可制與換照制方向實施，如此，實驗教育教師將可以擁有專業證照，並設計定期換證活動，扣緊上述的基礎研習課程，形成一個健全的循環。

參 課程與教學的課題

　　課程與教學問題係為教育內容的問題，有些實驗教育單位在發展課程上遭遇到了難以突破的瓶頸；有些則落於以特定理念之「形骸」實施特色課程，稱不上真正的實驗教育。承接第 5 章所述，課程與教學的問題如下：

一、課程與教學應該扣準「特定教育理念」與「以學生為中心」的問題

　　課程與教學，應該扣準實驗教育的特定教育理念，並以學生為中心實踐之。沒有做到上述前提的實驗教育，它的課程可能會是各種特定教育理念的拼湊版，也可能是複製或移植版，也有些實驗教育單位，高舉理念大旗，但仔細觀察它的課程，卻只是第 2 章提到的「特色課程的放大版」。

　　我們必須認識到，「沒有」特定教育理念的實驗課程，亦可在一般正規教育中，透過校本課程、特色課程的實施達成理念目標，頂多只是再多加幾堂主題統整課程，亦能出具它想要呈現的成效。我們更必須認識到，具有法律拘束力的國訂課程，雖然未必適合所有學生，但其仍是經過上千人次的專家與實務工作者，在貢獻智慧與衝撞、妥協下發展出的成品。實驗教育課程的研發不可能如此大規模，它的受眾少，也無須滿足所有人。因此，只要能針對接受該實驗教育的學生需求開發，並在實踐歷程中隨時檢視是否扣準特定教育理念，則在時間的推移下，理念一定能夠在落實課程與教學中，綻放出價值。

二、重課程論述、輕教學規劃的問題

　　我們可以從當前辦理實驗教育的各種案例中發現，標榜著課程的多元、豐富、有趣、人本或進步價值，常成為實驗教育辦學者為了宣揚辦學理念所採取的行為，而此也容易招徠家長的關注。我們也知道，在教育的實踐現場，課程與教學是需要相互搭配的，兩者適切的相互搭配，才能達成教育目標。但談論到「教學」時，可能因為不易吸引家長關注，而未像

談論課程般受到重視。

隨著觀念與科技的進步，目前教學方法已出現許多革新的方法，它透過與課程模式的搭配、切換，也可以演化出不同的實施型態，達成不同的功能。以實驗教育單位常採用的跨年級混齡式教學為例，我們知道混齡可以增加學生人際互動，透過鷹架作用更可以提升學習成效。但光是標榜理念，描述上其實是過於粗略的。跨年級混齡式的教學實驗目前已發展出數種課程組織與教學型態，若加計教師的協同教學模式，三者相乘後也會得到至少十幾種的配套可供選擇。有些配套可以在整個單元實施，有些可更靈活地縮小在一堂課中切換。

亦即，實驗教育在課程與教學的安排上，應該做全方位的論述。這些論述一開始難免會像描繪的大餅般，但經過教師不斷的實踐與省思，並從中找到適合的搭配，課程與教學就會變得更具可行性，師生也可以發現實驗教育最精采的橋段。

肆 市場競爭的問題

過去，中小學以公辦為原則的我國大部分是公立學校，一致性高。因此在政府教育部門中，除了須管轄少數私校外，基本上不像社會行政、勞工行政部門須面對廣大的市場與民間社群，在影響政策的行動者代表性較單純的情況下，教育得以穩定的前進。不過，法制化後的實驗教育，帶來了更多民間的參與，也帶來了以下市場競爭問題：

一、實驗教育是否還停留在對體制的對抗

回顧另類教育發展的軌跡，部分辦學者是基於對教育的理想而興學，但部分則是在社會與教育運動相乘之下，在對體制的對抗心態中辦理的。當然，實驗教育已經法制化，目前已無適法性問題。問題在於實驗教育辦學者與家長的心態，是否仍存在對正規教育、公教育體制的對抗中？這裡必須注意的是，沒有任何一個體制是完美的，教育體制也是。如果是以對抗社會、對抗升學制度、對抗每天 7-8 節課、對抗鐘聲的心態，

那麼實驗教育的對手就是正規教育。接著，實驗教育即會陷入與正規教育在市場比評、競爭的迴圈中。

解決策略是，實驗教育不宜再停留於對抗中，因為那已是過去體制外時代的文化。邁向未來，在家長已取得教育權之下，實驗教育的競爭對象還是要回到「是否能以學生為本位」的觀點上。亦即，無論家長或辦學者，若能以學生為本位、為主體，就不必也無須與正規教育競爭，然後對於公教育的省思，才能轉變為促進實驗教育成長的養分。

二、實驗教育是否為特定階級的教育藥方

實驗教育是否為特定階級的藥帖？以現狀來看，某部分是，某部分又不是。非學校型態實驗教育單位的各種收費門檻，的確和昂貴的私立學校一樣，限制了可參與的家庭階層；申請個人式在家教育時，足資擔負起孩子教學工作的師資，需要具備教育相關專業才能勝任，這也算是一道專業門檻。這些都會產生選別的效果，排除有需求，但無能力參與的家庭。

教育的自由化無可避免的帶來了市場機制，有了市場機制就會有選別與競爭。因此，我們應該回到正規教育上去索求解決策略。公部門應該支持公立學校，努力在體制內創新，以贏回家長和學生的信賴。如此才能把好的、先進的教育理念與方法普及給更多孩子。為了創新的需要，公部門也一定會發覺現行法制框架的過時處，而著手修訂，如此一來，公立學校將可以獲得更彈性的空間，形成教育革新上的良性循環。

三、以營利為目的之實驗教育單位

如雨後春筍般成立的非學校型態實驗教育單位，它們彼此之間基於市場原理，是有相互競爭之利害關係的。這些競爭關係主要出現於：(1) 特定教育理念能否利益於學生與家長；與 (2) 相同教育理念單位間的競爭上面。

以營利為目的的實驗教育單位，有標榜多元、豐富、如何與國際接軌、學生學習歷程多麼快樂者。實際上，它的教育理念充滿著亮麗的「以

學生爲本位」的說詞，斟酌看卻缺乏完整的教育理論支撐，彷彿是民間私教育或旅行社的實驗化版本。其次，持相同教育理念的不同實驗教育單位，彼此就算分屬兩縣市，也可能因爲地理相近因素，產生互相爭奪生源的問題。

要因應此問題，不能將責任全部依託在家長基於市場機制的自主判斷上。教育主管機關、審議會的委員應該盡到把關的責任。審議委員必須具備實驗教育的專業，也要了解市場的運作狀況，且其品格亦應公正與廉潔，才能抵擋住各種遊說或誘惑，也不會使自身成爲對主管機關的施壓者。當然，這樣的審議委員不可能自然產生，因此仍應具備一定的培訓與選拔機制。

其次，資訊取得是否充足與對等，亦可協助家長和孩子做出最佳的選擇。資訊的公開，不能僅依靠媒體、口語傳遞或是實驗教育單位的宣傳。這部分還有賴主管機關參考金融監管機制，建立公開的資訊揭露平台，提供正確且充足的資訊。

第二節

實驗教育的展望

實驗教育帶來教育的希望，也帶來對教育的新想像。但是，只憑想像和熱忱，在實踐上必然會遭遇碰撞。要讓實驗教育更爲健全發展，其展望上還可以參考本節以下將析論的數點。

壹 實驗教育在社會上的定位點

已法制化的實驗教育在今日，到底人們是如何看待的呢？人們對實驗教育的看法，就是實驗教育在社會上的位置。實驗教育的推動者、辦學者又會將實驗教育帶往社會上的哪一個定位點？我們可從兩個角度來析論之。

一、對體制的對抗、公教育的補完、特定地域的辦學傾向

　　如前節所述，對體制的對抗心理，除了影響辦學上刻意與公教育區隔外，也出現在一部分在家教育者的主張中。這部分的主張者，可基於對抗架構選擇「不一樣」的教育內容，也可透過非學校、反學校、在家教育方式及自由學校，由幅度更大的教育模式織起對抗主張。

　　在公教育的補完觀點上，實驗教育被認為是提供作為一小部分無法接受公教育體制的學生，一個異於正規的選擇。本項觀點單純係指不適應公教育的學生。例如有特殊需求，例如資賦優異、身心障礙的學生等，這些學生可能是在正規教育下未必適應不佳（也有可能真的適應不佳），但參與更符合其需求的實驗教育，就更易展現出潛能。因之，實驗教育被認為是一種代替的方案，就像「代案教育」一詞般，它只是存在於公教育大輪下，契合著大齒輪轉動的小齒輪而已。

　　特定區域的辦學傾向者，指向因為宗教、經濟、文化或社會階層因素而展現出想要獨自辦學的心態。例如某個由宗教聚落形成的社區，就希望能自行依教義培養孩子；美國都市地區的公立學校，通常被聯想到學力低、種族複雜、幫派、吸毒、槍支問題層出不窮，因此，目標明確、管理良好的特許學校因而能獲得家長信賴。臺灣幾個經濟發展比較優位的縣市，對於教育創新、實驗較能接受，連帶的使實驗教育有更寬裕的辦學空間；另外，原住民族較密的縣市也積極轉型辦理實驗教育。這些案例，都屬於特定區域的辦學傾向。

　　實驗教育在社會上的定位點，會因為上述三項出發點而被賦予不同的定位。我們要問實驗教育的推動者、辦理者和家長：您理想中的實驗教育，是一種代替的選項，還是一條可和正規教育互相切換的軌道？是一種影子教育，一如民間私教育般，還是一種只要有意願都可以，也有能力嘗試的普通教育？您的看法，不但會影響到日後實驗教育的再分類，也會引導實驗教育單位在經營上往被期待的軌跡前行。菊地榮治、永田佳之（2001）曾將這些方向歸納成「社會適應指向」、「個性指向」、「開放性指向」三種，從他們的歸納中可以預見，實驗教育會因為社會對其之

定位，慢慢的成爲大家想像中 / 或不想要的實驗教育。

二、成員之間的關係性

　　實驗教育在社會中的定位點，另一部分是由參與實驗教育的利害關係者，與影響實驗教育政策發展的行動者而決定的。參與實驗教育的利害關係者，有辦學方、教師、家長、學生等人，有時候也會加上家長會與外部專家。由一些實驗教育理念來看，倡導民主教育、提倡師生平等，甚至在課堂上以「大人、小孩」，或「引導者、孩子」來取代「教師、學生」的關係，可以說一則是對於過去管理教條主義的反思，也是體現平等與兒童人權的方式。然而，利害關係者彼此的關係，往往比師生關係複雜，如果要站在理念正確的一方，則教師間經由「教師領導」的概念，以社群打造專業成長場域（王淑珍，2019）、教師間的課程協作與在跨年級教學中的協同、家長參與實驗課程設計與學生學習、親師生參與校務 / 實驗教育單位決策等，這些都是較爲符合現代教育原理的利害關係者互動模式。

　　在外部行動者上，影響實驗教育者有政府、審議委員、民意代表、實驗教育辦學者與專家學者等。這些人構成的社會互動網絡，時時刻刻的影響著實驗教育在社會上所處之位置，亦即讓定位點處於動態中。

　　這些由利害關係者和行動者所構成的關係，即稱爲「教育治理」，將範圍縮小到實驗教育單位，則會成爲「實驗教育的治理」。教育治理是：「治理主體對教育上之權力分配與行政營運管理的歷程，影響教育治理者，有網絡和夥伴關係。」（Kooiman, 1993）而實驗教育的治理則是把治理範圍限定在實驗教育單位層級內，包括對影響實驗教育之行動者增權益能、參與和協作的運作歷程（林錫恩，2021）。不過，治理屬於較靜態的概念，僅了解概念，並不會對實驗教育的展望帶來方向性，要帶動實驗教育的流向，除了認識上述當代各種「教育正確」的思潮外，在此還要複述一個導引發展用的「新公共性」理念。新公共性則更強調「動態」性。將新公共性運用在實驗教育上，可定義爲：「透過教師、家長、社區等公民的參與實驗教育事務，形塑實驗教育與公民間的夥伴與協作關係，並促

成治理模式的改變，其最終目標，則是建立一個實現新公共性的實驗教育環境。」

　　也就是說，利害關係者要參與實驗教育，然後去改變原有的治理模式，形成一個新的治理，如此才可以朝向實驗教育在社會中的理想定位點前進。這更是「在發展路上，利害關係者和行動者皆有責任」之意。

　　「您心所想的實驗教育，您心所願的教育願景，需要透過您的手讓其實現。」這是一個安置社會定位點的方向，也是實驗教育的未來展望。

 ## 實驗教育研究發展上的著力點

　　不管是理論先行、實務在後，還是實踐為本、反思作輔。實驗教育的發展仍需要科學化的相關證據，來協助其朝向更確信的道路邁進。實驗教育在研究發展上，有以下二點可著力之處：

一、實驗教育的發展需要研究上的配合

　　實驗教育的發展，需要研究上的配合，方能知道哪些要做、可以做哪些、下一步我們要如何做下去。實驗教育法制化後，各種型態、各種特定教育理念、各種模式紛紛出現，這幾年可以說實務的發展速度遠遠走在學術研究之前，以致研究上仍未來得及消化如此龐大的量。

　　相較於實驗教育，現代的正規教育，從教育學理論開始，到哲學、心理學、社會學、行政學、課程與教學，甚至是各階段、各學科領域的教材教法，都有龐大的專家支持群支撐著它的發展與改進。因此，在遇到待解決課題時，就能組織有功能的研究團隊，找到問題，再進入實務現場中尋求改進。

　　現階段的實驗教育研究，在量和質上仍有所不足。若不加以正視，會導致許多特定的教育理念淪於辦學者一廂情願的構想。實踐經驗上的缺乏，一如跨年級混齡教學一般，僅停留在理念的想像上，缺乏對可行的課程與教學組合模式的探究，就會讓理想流於浪漫；想要打造平行教育系統，但缺乏社區與學校總體的營造，也會被質疑是否只傳承了文化的外在

形式，而不足以對學生的生涯發展有足夠的支持。

　　是故，接下來，實驗教育的研究，需要這些身負正規教育輔導任務的專家加入。有這些專家的參與，一來實驗教育與正規教育的融合力度加深，二來專家就可以針對實驗教育現階段辦學上所遇到的問題，透過親身的參與，協助實驗教育單位克服問題。然後，原來研究正規教育的專家也會更加認識實驗教育，有助於幫忙填補實驗教育與正規教育的對抗鴻溝。有了專家的引導，正規教育也才有機會看到實驗教育的好，促進自己成長。

二、畢業生的長期追蹤

　　實驗教育畢業生的升學銜接與出社會後的發展狀況，需要有系統、長期的蒐集資料，才能追蹤，並回頭檢討實驗教育發展的問題。

　　以資優生的追蹤研究為例，我國國小成立資優班的年代集中在民國60年代（1970）末期到1990年代間。30年前，資優生的長期追蹤尚未系統化進行，因而在討論到資優生的發展時，僅能參考國外的狀況來推測。如今，資優生的長期追蹤已相當完整。舉凡女性資優、領導才能資優、身心障礙資優、跳級資優生等均有相關追蹤檔案，能清楚掌握我國發展資優教育40年來的狀況。

　　資優生的規模，大約只占了全體學生的2.1%，雖然是滄海一粟，然而實驗教育的學生數和正規教育相比，依現行法規之限制，最多也占不到10%。這樣的比例是適合對其進行精準追蹤的。

　　國外曾有資料顯示，接受過實驗教育的學生，出社會後多從事與「人」相關的工作，例如社工、業務、律師等職種。國內的學生，在多元的實驗教育辦理型態與社會傳統觀點的束縛影響下，出社會後是否能像國外般，仍將「與人溝通」之職種作為首選？諸如類似問題，需要從現在起持續的蒐集、追蹤，才能發現實驗教育的價值，回應「學習無法重來」的質疑。

實驗教育、創造未來

　　實驗教育最重要的是「人」。這個人的主體，是學生，也是教師，也是家長。實驗教育帶來教育的希望，當抬頭仰望星空，它就像一顆明亮的星辰，閃耀地指引教育上可以努力的方向。

　　關於「人」，本書再一次的透過各國法規揭櫫的理念，釐清它的價值：

　　　　我國《教育基本法》第 2 條提到：教育之目的以培養人民健全人格……之健全國民。爲實現前項教育目的，國家、教育機構、教師、父母應負協助之責任。

　　　　日本《教育基本法》第 1 條指出：教育，以人格的完成爲宗旨，期待培育出和平的、民主的國家社會的形成者所應具備的資質與身心皆健全的國民。

　　　　南韓《教育基本法》第 1 條闡述：教育，在弘益人間的理念之下，以全體國民的人格陶冶、具備自主生活能力與身爲民主市民所必要之資質，可以貢獻於營造人類之生活、實現民主國的發展與人類共榮的理想爲目的。

　　綜合各國《教育基本法》來看，三者皆共同的提到了「人」，也就是教育主體的偉大目標，這個目標的首位，即是學生的人格。有完整的人格，學生才可以營造自我的幸福生活，近可以貢獻於民主社會、遠而致力於人類的共榮發展。

　　實驗教育的「人」，也是辦學者和教師。只要「用心」辦教育、用心教學，且用「心」教孩子，這個「心」是教師的心意、全心、熱忱。若有心，則實驗教育就會點燃人們的希望，像天空最亮的那顆星般，指引孩子

方向，撫慰處於不完美社會中的家長對孩子成長的期待。

　　筆者曾擔任國小身心障礙教育與資優教育教師數年，在任教的經驗中，感受到一些先進的教育理念與教學方法，會先行局部應用於特教教學實踐中，然後再慢慢的普及到一般教育，終而成爲了改變教育的主流理念。例如以學生爲本位的實踐（例如 IEP、個別化教學）、教師專業成長（教師共備、專業社群）、課程自編（跨領域、跨年級團體課程）、ICT、眞實性評量、主題式戶外式教學等當時先進的教育理念，後來都漸次被一般教育所採用。這個經驗訴說著，實驗教育目前也正在扮演這樣的先行者角色。

　　實驗教育、創造未來。它是一個創造未來的教育新典範，是以實驗教育的辦學者、接受者應該放眼未來，讓各自走過的「點」在足跡交織成星空中的「線」網，最後不僅串起人們對追求教育理想的想像，也牽引著全體教育邁向未來。

參考文獻

中文文獻

中央通訊社（2017 年 12 月 29 日）。**實驗教育三法修正比較**。http://www.cna.com.tw/news/gpho/201712290006-1.aspx

內政部（2020）。**公民參與‧擁抱國際**。https://www.moi.gov.tw/cp.aspx?n=23

王金國（2018）。真的「以學生為中心」了嗎？**臺灣教育評論月刊**，**7**(12)，117-123。

王財貴（2005）。讀經教育之基本理論（一）。**鵝湖月刊**，**355**，1。

王淑珍（2019）。**國民小學教師領導、教師同僚性與教學創新關係之研究**（未出版之博士論文）。臺北市立大學。

王淑珍、林雍智（2015）。教師領導的實踐與發展：從教師同僚性談起。**教育研究月刊**，**256**，70-88。

王麗雲（2007）。地方教育治理模式分析。**教育政策論壇**，**10**(1)，189-228。

弘明實驗高中（2017 年 12 月 6 日）。**學校簡介**。http://www.holdmean.org.tw/index.php/school-profile.html

成田幸夫（2021）。日本的小班教學與個別化個性化教育。載於梁雲霞、詹寶菁（編），**跨年級教學：領域教學設計與案例**（頁 307-326）。五南。

吳清山（2015）。「實驗教育三法」的重要內涵與策進作為。**教育研究月刊**，**258**，42-58。

吳清山（2016）。**教育 V 辭書**。元照。

吳清山（2019）。**教育發展議題析論**。社團法人 111 教育發展協進會。

吳清山、林天祐（2009）。**教育小辭書**。五南。

吳清山、劉春榮、林志成、王令宜、李柏佳、林雍智、吳雪華、余亭薇（2016）。**實驗教育手冊**。教育部國民及學前教育署委託計畫成果報告。

志道書院（無日期）。首頁（Facebook 網頁）。Facebook。2020 年 6 月 29 日，取自 https://www.facebook.com/DaanReadingclassics/

李光莒（2021 年 1 月 2 日）。**整個城市都是我的博物館**（影片）。Facebook。https://www.facebook.com/watch/?v=3561435837225827。

李柏佳（2016）。學校型態實驗教育實施條例解析：以國民教育階段為例。**學校行政雙月刊**，**101**，15-33。

周水珍（2017）。原住民族小學民族教育課程實施之個案研究。**課程研究**，

3(1)，87-108。

周志宏（2018）。**實驗教育三法修正前後之差異及其影響**。https://teec.nccu.edu.
tw/upload/files/ 實驗教育三法修正前後之差異及其影響 (周志宏)(1).pdf

林孟皇（2000）。**家長之公立學校選擇權**（未出版之碩士論文）。國立臺灣大學。

林芳如（2020 年 3 月 2 日）。**清大實驗教育學生林芳如：特殊選才辦了 5 年，未
來有可能不再「特殊」嗎？** https://flipedu.parenting.com.tw/article/5699

林雍智（2010）。教育分權改革與官僚體制之變貌：日本案例評析。**教育研究與
發展期刊，6**(3)，1-29。

林雍智（2010）。教育的自治、分權與學校經營改革——日本案例評析及其對我
國之啟示。**教育行政與評鑑學刊，9**，59-80。

林雍智（2015a）。學期制度變革之可能性：日本中小學的學期制調整經驗。**教
育研究月刊，253**，81-97。

林雍智（2015b）。從日本學期制度談夏日樂學計畫。**師友月刊，576**，22-27。

林雍智（2016）。探究日本九年一貫型「義務教育學校」的設立與爭議：學制變
革觀點。**教育研究與發展，12**(3)，53-76。

林雍智（2016 年 10 月 14-15 日）。**臺灣推動實驗教育的做法與經驗**〔論文發
表〕。2016 兩岸城市教育論壇臺北論壇。臺北市立大學。

林雍智（2018 年 3 月 26 日）。**實驗教育諸法規改正**〔講義〕。臺北市政府教育
局教育創新與實驗學分班，臺北市立大學。

林雍智（2019 年 3 月 26 日）。**「實驗教育計畫的擬定」簡報**。臺北市政府教育
局實驗教育與創新學分班，臺北市立大學。

林雍智（2020 年 9 月 6 日）。**移動教學：教學模式與運用策略**〔主題演講〕。新
北市石碇區石碇國民小學教師研習。

林雍智、葉芷嫻（2004）。日本義務教育改革的動向對我國的啟示——學校選擇
制與學校統廢合。**初等教育學刊，22**，21-37。

林慧萍（2021 年 4 月 13 日）。**火邊的故事**（附圖）（更新狀態）。Facebook。
https://www.facebook.com/huiping.lin.3194/posts/3742427599186187

林錫恩（2021）。**學校型態實驗教育校務治理之多重個案研究**（未出版之博士論
文）。國立東華大學。

林錫恩、范熾文、石啟宏（2018）。學校型態實驗教育經營策略之探析。**臺灣教
育評論月刊，7**(1)，135-142。

姚秀慧、蔡延治、林月琴、林沂鴻、吳珮芳（2019）。**托育資源中心工作操作手
冊**。衛生福利部社會及家庭署。

施淑娟、薛慧平（2006）。**兒童內在生命的發展：蒙特梭利感覺教育**。心理。

施植明（2021 年 5 月 25 日）。**類型學（Topology）**。http://www.ad.ntust.edu.tw/

grad/think/HOMEWORK/University/theory/11.HTM

柯慧儀（2018年3月2日）。**這條路，猶如攀大山、航大海**（附圖）（更新狀態）Facebook。https://www.facebook.com/lydia1017/posts/10215962790286657

洪詠善（2019）。臺灣課程改革脈絡中教師專業發展的回顧與展望。**香港中文大學教育學報。47**(1)，49-69。

洪儷瑜（2018）。第一章跨年級教學概論。載於梁雲霞、陳淑麗（編），**跨年級教學實務手冊**（頁1-13）。教育部國民及學前教育署。

洪儷瑜、梁雲霞、林素貞、張倫睿、李佩臻（2019）。跨年級教學在臺灣推動之初期現況與問題探討。**跨年級教學的實施與眺望**（頁3-33）。心理。

唐宗浩、李雅卿、陳念萱（2006）。**另類教育在臺灣**。唐山。

容容（2017）。P'uma——傳承泰雅文化：走訪全臺第一所原民實驗小學博屋瑪國小。**源，125**，44-53。

秦夢群（2015）。**教育選擇權研究**。五南。

張金田（2018）。偏鄉小校轉型公辦民營之省思與建議。**臺灣教育評論月刊，7**(1)，91-95。

張淑媚（2015）。德國改革教育學者P. Petersen「共同體」（Gemeinschaft）概念之探究。**教育研究集刊，61**(3)，81-104。

張淑媚（2016）。評析德國教育學者P. Petersen（1884-1952）耶納計畫學校的理論與實踐。**教育研究集刊，62**(2)，35-65。

教育部（2019）。**高級中等以下學校實驗教育概況**。http://stats.moe.gov.tw/statedu/chart.aspx?pvalue=51

教育部（2021）。**十二年國民基本教育課程綱要：總綱**。https://www.naer.edu.tw/upload/1/16/doc/288/（111學年度實施）十二年國教課程綱要總綱.pdf

教育部、行政院原住民族委員會（2014）。**原住民族教育政策白皮書**（第二版）。教育部。

教育部國民及學前教育署（2021）。**109實驗教育簡報**。https://www.k12ea.gov.tw/files/common_unit_id/d8533636-0498-4fd6-b456-2bcda3a8b4d9/doc/109實驗教育簡報.pdf

教育部國語辭典簡編本（2021）。**實驗**。http://dict.concised.moe.edu.tw/cgi-bin/jbdic/gsweb.cgi?ccd=WFnj7v&o=e0&sec=sec1&op=v&view=0-1

教育部統計處（2021）。**國民小學綜覽：109學年國小校數分布**。https://stats.moe.gov.tw/statedu/chart.aspx?pvalue=01

教育部部史（2021年5月13日）。**原住民族教育**。http://history.moe.gov.tw/policy.asp?id=14

梁雲霞（2019）。**「跨年級教學概論」簡報**。臺北市立大學。

梁福鎮（2014）。當前我國師資培育的挑戰與對策。**教師教育期刊，3**，1-28。

梁福鎮（2017）。**改革教育學：起源、內涵與問題的探究**（第二版）。五南。

許家齊（2017年12月12日）。**實驗教育法3年，為什麼公辦民營實驗學校成長緩慢**。https://www.parenting.com.tw/article/5075832

許家齊（2021年1月1日）。小實光實驗教育機構｜帶學生走讀從山海到市場都是學校。**親子天下，116**，72-73。

郭實渝（2008）。夏山學校展現的民主教育精神。**通識教育學刊，2**，39-54。

陳文貴（2021）。**法學緒論精義**。元照。

陳有貝（2014）。琉球列島與臺灣史前關係的再研究：從古代地理意識之角度。**考古人類學刊，81**，3-28。

陳金山（2018年1月24日）。**跨年級課程編排與協同教學運作**〔論文發表〕。107年度教案徵選頒獎典禮暨成果交流活動，臺北市。

陳金山（2020年8月7日）。**跨年級教學的協同與分組運作探究**〔主題演講〕。109年跨年級教學暑期行政精進研習，臺北市。

陳姿利（2019）。**峨眉全人教育實驗學校**。http://www.omjh.edu.tw/var/file/27/1027/img/2064/316905226.pdf

陳珮雯（2017）。台南市虎山實驗小學：慢慢改、實驗才能永續。**親子天下特刊：2017實驗學校招生中，28**，14-15。

陳清稱（2015）。導入生態教學，瀕臨廢校小學連3年增班。**經理人月刊，133**，124-125。

陳祥麟（2020年7月27日）。**高雄市巴楠花部落中小學「四祭四學力」課程，結合布農文化為原鄉育才**。https://www.parenting.com.tw/article/5086887

陳聖謨（2013）。教育政策與學校對策──偏鄉小學轉型優質計畫實施之個案研究。**教育研究學報，47**(1)，19-38。

陳蕙芬（2020）。虎光山色童夢森林 廢校危機中轉型生態小學──林勇成。載於吳思華（編），**明日教育的曙光：八個教育創業家的熱血故事**（頁122-153）。遠流。

陳麗嬌（2004）。臺北縣國民小學實施「公辦民營」可行模式及其運作。載於邱文忠（主編），**教育理念與行政實踐**（頁115-136）。心理。

曾冠球（2017）。良善協力治理下的公共服務民間夥伴關係。**國土及公共治理季刊，5**(1)，67-79。

森林小學（2021年6月29日）。**森林小學的教育理念**。https://forestschool.hef.hef.org.tw/education-ideal/

馮朝霖（2015）。把根紮深、把夢作大──臺灣實驗教育發展願景。**新北市教育，14**，13-18。

黃俊傑（1999）。**大學通識教育探索：臺灣經驗與啟示**。中華民國通識教育學會。

黃政傑（2020）。面對師資培育新挑戰。**臺灣教育評論月刊，9**(5)，01-08。

楊思偉（2020）。**比較教育**（第二版）。心理。

楊振昇（2018）。我國實驗教育的實施與前瞻。**臺灣教育評論月刊，27**(1)，1-7。

楊裕富（1998）。**空間設計：概論與設計方法**。田園城市。

葉明政、鄭玟君（2017）。各縣市指定公立學校辦理學校型態實驗教育法規評析。**臺灣教育評論月刊，6**(6)，61-68。

詹志禹（2017）。實驗創新與十二年國民基本教育。**課程與教學季刊，20**(4)，1-24。

道禾教育基金會（2020 年 6 月 29 日）。http://www.daohe.academy/org/

種籽親子實驗小學（2021 年 4 月 20 日）。**認識種籽**。http://seedling.tw

劉彥廷（2021）。我國個人實驗教育的現況與展望。載於吳清山（主編），**邁向未來教育創新**（頁 193-210）。元照。

劉若凡（2015）。**成為他自己：全人，給未來世代的教育烏托邦**。衛城。

歐陽教（1988）。教學的觀念分析。載於中國教育學會（主編），**現代教育思潮**（頁 24-30）。師大書苑。

鄭同僚、詹志禹（審訂）（2021）。**實驗教育作業手冊**。國立政治大學。

鄭同僚（審訂）（2020）。**自學手冊：邁向自我創化的旅程**。國立政治大學。

親子天下（2018a）。**完全認識華德福教育**。作者。

親子天下（2018b）。**2018 教育創新 100**。作者。

賴心詩（2010 年 8 月 22 日）。**什麼是優律思美**。https://jsmaa.pixnet.net/blog/post/12819913

聯合報（2020 年 5 月 14 日）。**【實驗大學難產 1】修法 2 年只 2 校申請 高教實驗路卡卡**。https://vip.udn.com/vip/story/121160/4563008

薛春光、林雍智、李柏佳、方慶林、林逸松、張乃文、高麗鳳、黃志順、游惠音、張素花、劉文章（2016）。**公立學校轉型實驗學校之實驗規範建構研究**。教育部國民及學前教育署補助中華民國中小學校長協會研究計畫。

Starhill Waldorf（2016 年 9 月 20 日）。**形線畫**（照片）（更新狀態）。https://www.facebook.com/StarhillWaldorf/posts/1273763329340681/

Steiner, R.（2019）。**華德福教育的本質**（李宜珊譯）。小樹文化。（原著出版年：1924）

日文文獻

のりそら（2021）。オルタナティブスクール大全：日本の教育の未来への架け

橋。NEXTAGE SCHOOL 文庫。

小原國芳（1994）。**全人教育論**。玉川大学出版部。（原著出版年：1969）

山本章子（2019）。**日本初のイエナプランスクール認定校「大日向小学校」の 1 日**。https://hugkum.sho.jp/99812

川前あゆみ、玉井康之、二宮信一（編）（2019）。**豊かな心を育むへき地・小 規模校教育：少子化時代の学校の可能性**。学事出版。

今井重孝、坂野慎二、吉田武男（2011）。ボローニア・プロセスとドイツ・シ ュタイナー学校教員養成改革。**日本教育学会大會研究発表，70**，182-183。

文部科学省（2016）。**義務教育の段階における普通教育に相当する教育の機会 の確保等に関する法律の公布について（通知）**。https://www.mext.go.jp/ a_menu/shotou/seitoshidou/1380952.htm

日本大百科全書（2014）。**実験**。小学館。（原著出版年：1994）

市川美亜子（2019a）。**オルタナティブ教育に前のめりの台湾、なぜ？トップ に直接聞いた**。https://globe.asahi.com/article/12702208

市川美亜子（2019b）。**公立校でもこんなに自由　テストもチャイムもない、 台湾の実験学校**。https://globe.asahi.com/article/12676875

市川美亜子、丹內敦子（2019 年 9 月 4 日）。**オランダで注目「イエナプラン教 育」日本にも出てきた導入校**。https://globe.asahi.com/article/12678318

永田佳之（2005）。**オルタナディブ教育：国際比較に見る 21 世紀の学校づく り**。新評論。

永田佳之（2019）。**変容する世界と日本のオルタナティブ教育：生を優先する 多様性の方へ**。世織書房。

多様な学び保障法を実現する会（2014）。**子どもの多様な学びの機会を 保障する法律骨子案**。http://aejapan.org/wp/wp-content/uploads/kossian Ver.3_140706.pdf

成田幸夫（2016）。オープン・スクールの挑戦とカリキュラム。載於浅沼茂、 奈須正裕（編），**カリキュラムと学習過程**（pp. 151-165）。放送大学教育 振興会。

宋美蘭（2018）。韓国の代案教育運動の生成展開過程とその性格：1980 年代 から 1990 年代の教育運動に着目して。**こども発達臨床研究，11**，11-25。

宋美蘭（2021）。**韓国のオルタナディブスクール：こどもの生き方を支える「多 様な学びの保障へ」**。明石書店。

和久洋三（2015）。**スペインにて：創造共育への道**（第二版）。童具社。

岩田弘志（2019）。**アメリカ新教育運動の現代的展開に関する研究：フリース クール運動に影響を与えた自治共同体理論の分析を通して**（博士論文，福

岡大学），福岡大学機関リポジトリ。http://id.nii.ac.jp/1316/00004701/

松本浩司（2015）。ティーチングマインド：教師の専門的能力における基盤。**名古屋学院大学論集社会科学篇，51**(4)，173-200。

青木榮一（2021）。**文部科学省：揺らぐ日本の教育と学術**。中央公論新社。

柳治男（2005）。〈学級〉**の歴史学：自明視された空間を疑う**。講談社。

深見智一（2018）。**単学級担任・複式学級担任の学級経営：へき地・小規模校での実践事例を中心に**。ふくろう出版。

野阪拓海、ノオト（2019 年 3 月 7 日）。**オルタナティブ教育とは？シュタイナー、フリースクール、自宅学習などの種類や懸念点を調べてみた**。http://plus.clisk.com/article/3716.html

結城忠（2009）。**教育の自治・分権と学校法制**。東進堂。

菊地榮治、永田佳之（2001）。オルタナティブな学び舎の社会学：教育の「公共性」を再考する。**教育社会学研究，68**，64-84。

奥地圭子（2019）。**明るい不登校：創造性は「学校」外でひらく**。NHK 出版。

鈴木隆子（2008）。日本とネパールの小学校における複式学級の現状比較。**南山大学国際教育センター紀要，9**，50-70。

横井敏郎（2018）。教育機会確保法制定論議の構図：学校を越える困難。**教育学研究，85**（2），186-195。

篠原清昭（2017）。**台湾における教育の民主化：教育運動による再帰的民主化**。ジダイ社。

篠原清昭、笠井尚、生嶌亜樹子（2010）。**現代の教育法制**。学文社。

菊地榮治、永田佳之（2001）。オルタナティブな学び舎の社会学：教育の「公共性」を再考する。**教育社会学研究，68**，64-84。

김주현（2007）。**한국에 있어서의 교육개혁의 최전선—이우학교（代案學校）의 도전**。http://www.hurights.or.jp/archives/newsletter/section2/2007/03/---8.html

NPO 法人フリースクール全国ネットワーク（2011）。**オルタナティブ教育法骨子案**。http://aejapan.org/wp/wp-content/uploads/5416c6a54152fad8fcb0980716b8e198.pdf

NPO 法人京田辺シュタイナー学校（2021）。**保護者と教師が作り続ける学校**。https://ktsg.jp/school/michinori/

韓文文獻

류호섭 (2017). 20 세기 초 유럽의 아동중심 교육철학에 따른 학습환경 개념에 대한 고찰. 한국교육시설학회논문집**, 24**(1), 11-22.

송순재 (2005). 한국에서 "대안교육" 의 전개과정 및 성격과 주요 문제점 . 홀리
　　스틱교육연 , **9**(2), 33~56 。

윤철경 (2015). 공교육 안 대안교육의 성과와 과제 . **행복한교육 , 2015**(9), 55-57.

이병환 (2015). 공교육 안에서의 대안교육의 현황과 이해 . **행복한교육 , 2015**(9),
　　52-54.

주은희 , 박선희 (2009). 대안교육과 홈스쿨링 . 아동학회지 , **30**(6), 237-248 。

西文文獻

Association Montessori International (June 25, 2021). *Standards for AMI Montessori
　　classrooms.* https://amiusa.org/schools/standards-for-ami-montessori-
　　classrooms/

Bereday, G. Z. F. (1964). *Comparative method in education.* Holt, Rinehart &
　　Winston of Canada.

Bröcher, J. & Siegmund, M. (2012). *Pädagogische grundlagen der angewandten
　　kindheitswissenschaften: Historische und systematische zugänge* [Pedagogical
　　foundations of applied childhoodstudies: Historical and systematic approaches].
　　Books on Demand.

Cambridge Dictionary (2021). *Experiment.* https://dictionary.cambridge.org/ja/
　　dictionary/english/experiment

Center for Education Reform (2017). *Charting a new course: The case for freedom,
　　flexibility & opportunity through charter schools.* https://edreform.com/wp-
　　content/uploads/2017/06/Charting-a-New-Course.pdf

Center for Education Reform (2021). *Facts: Charter school.* https://edreform.com/
　　issues/choice-charter-schools/facts/

Clandinin, D. J., Connelly, F. M., & He, M. F. (1997). Teachers' personal knowledge
　　on the professional knowledge landscape. *Teaching and Teacher Education,
　　13*(7), 665-674.

Coalition for Responsible Home Education (2021, June 4). *Homeschool umbrella
　　Schools.* https://responsiblehomeschooling.org/guides/resources-for-
　　homeschool-parents/support/homeschool-umbrella-schools/

Cunningham, I. (2000). Report of an inquiry into Summerhill School-Leiston,
　　Suffolk. http://www.summerhill.paed.com/summ/sml.htm

Department for Education [DfE] (2012). *The constitution of governing bodies of
　　maintained schools: Statutory guidance for governing bodies of maintained*

schools and local authorities in England. https://assets.publishing.service.gov. uk/government/uploads/system/uploads/attachment_data/file/640562/The_ constitution_of_governing_bodies_of_maintained_schools_2017.pdf

Dweck, C. S. (2007). *Mindset: The New Psychology of Success.* Ballantine Books.

Eichelberger, H. (2011). *The importance of reform pedagogy.* http://www. eichelberger. at/11-reformpaedagogik/20-the-importance-of-reform-pedagogy

Foundation for Environmental Educationia Suomi (2017). *Järjestön kuulumiset syyskuussa 2017*（2017 年 9 月的組織會員）。https://feesuomi.fi/lehti/ jarjeston-kuulumiset-syyskuussa-2017/

Fuller, B. R. & López-Pérez, D. (2019). *R. Buckminster Fuller: Pattern-thinking.* Lars Müller.

Greenberg, D. (1995). *Free at last: The Sudbury Valley School.* Sudbury Valley School Press.

Hamilton, D. (2014). *Towards a theory of schooling.* Routledge. (Original work published 1989)

Hargreaves, E., Montero, C., Chau, N., Sibli, M., & Thanh, T. (2001). Multigrade teaching in Peru, Sri Lanka and Vietnam: An overview. *International Journal of Educational Development, 21,* 499-520. https://doi.org/10.1016/S0738-0593 (01)00013-X

Hermann-Lietz-Schule (2021, June 1). *Profil zum gründer der Lietz-Internate* [Profile of the founder of the Lietz boarding schools]. https://www.lietz-schulen.de/die-lietz-idee/unsere-geschichte/

Holt, J. C. (1981). *Teach your own: A hopeful path for education.* Delacorte.

Hopf, C. (2004). Wilhelm August Lay (1862–1926): Experimentelle Pädagogik als wissenschaftliche Elementarpädagogik [Wilhelm August Lay (1862–1926): Experimental Pedagogy as Scientific Elementary Pedagogy]. In U. Carle, & A. Unckel (Eds.), *Entwicklungszeiten* (pp.25-29). Springer.

Illich, I. (1971/2020). *Deschooling society.* Aakar Books.

Kooiman, (1993). *Modern governance: New government-society interactions.* Sage.

Lee, E. & Hannafin, M. J. (2016). A design framework for enhancing engagement in student-centered learning: Own it, learn it, and share it. *Educational Technology Research and Development, 64,* 707-734. https://doi.org/10.1007/S11423-015-9422-5

Little, A. (1995). Multi-grade teaching: A review of research and practice. *Education Research Paper, 12.* https://files.eric.ed.gov/fulltext/ED459042.pdf

Little, A. (2001). Multigrade teaching: Towards an international research and policy agenda. *International Journal of Educational Development, 21,* 481-497. https://doi.org/10.1016/S0738-0593(01)00011-6

Miller, R. (1997). *What are schools for: Holistic education in American culture.* The Holistic Education Press.

Miller, R. (2002). *Free schools, free people, state: Education and democracy after the 1960s.* State University of New York Press.

Montessori, M. (2017). *The Montessori method.* https://perso.telecom-paristech.fr/rodrigez/resources/PEDAGO/montessori_works.pdf (Original work published 1912)

Nederlandse Jenaplan Vereniging (2021). *Basic jenaplan principles.* https://www.jenaplan.nl/userfiles/files/Basic%20jenaplan%20principles.pdf

Newman, A. (2019). *The genesis of public schools: Collectivism and failure.* https://www.epochtimes.com/b5/19/10/21/n11601833.htm

Pedagogía México (2014, Aug. 30). *2. La Pedagogía Psicológica Y Experimental.* [Psychological and experimental pedagogy]. Facebook. https://www.facebook.com/617418294985912/posts/745139648880442/

Petersen, P. (1934). *Die Praxis der Schulen nach dem Jena-Plan* [The practice of schools according to the Jena plan]. Böhlaus Nachf.

Schön, D. A. (1983). *The reflective practitioner: How professionals think in action.* Basic Books.

Schumacher, E. F. (1993). *Small is beautiful: A study of economics as if people mattered.* Vintage Books. (Original work published 1973)

Thompson, A. A., Jr., & Strickland, A. J. (1992). *Strategic management: Concepts and cases.* Richard D. Irwin.

Thomson, A. M. & Perry, J. L. (2006). Collaboration processes: Inside the black box. *Public Administration Review, 66*(1), 20-32.

United Nations Educational, Scientific and Cultural Organization [UNESCO](2013). *Practical tips for teaching multigrade class.* Author.

Veenman, S. (1995). Cognitive and noncognitive effects of multigrade and multi-age classes: A best-evidence synthesis. *Review of Educational research, 65*(4), 319-381.

Velthausz, F. & Winters, H. (2019). *Jenaplan school waar je le leert samenleven* [Jenaplan school where you learn to live together]. Stichting Jenaplan.

Zander, H. (2007). *Anthroposophie in Deutschland* [Anthroposophy in Germany]. Vandenhoeck & Ruprecht.

後記

　　我國教育改革的進展迅速，自 1990 年起隨著民主化潮流的發展，教育上的各種革新也得到了實踐機會，大幅度改變了教育的面貌，形成一種形塑未來國民氣質、文化與總體意識的風氣。在各項教育改革中，最受世人肯定的，乃是促進了教育自由化與民主化的進展。

　　歷經了 20 餘年體制外另類教育的努力，實驗教育終於法制化，成為教育體制的一部分。過去，各種教育理念曾在有限的空間內嘗試，它們曾為了爭取辦學的機會、曾為了創新課程與教學模式，也曾為了改變家長觀念刻苦地奮鬥。這些努力，在法制化之後終於成為了茁壯大樹的養分，促發實驗教育在臺灣的水土中成為急速發展的新興教育潮流。除了另類教育的華麗轉身外，實驗教育也加入了學校可辦理實驗教育之規定，從此，實驗學校的辦學成果將成為改進學校教育制度，探究「學校」未來角色的新嘗試。

　　然而，實驗教育的蓬勃發展，固然滿足了家長教育權與學生學習權的需求，提供了許多學習機會，讓孩子能對應「Society 5.0」的時代下，諸如 IoT、AI、大數據、核心素養、全球化、多元文化教育等未來之需求，得到「公正且個別最適化」的學習機會。急速發展中的實驗教育也帶來了許多待解決的課題。這些問題，包含了教育理念的落實與其對學生生涯發展的實用性、課程設計與教學方法上的調整、實驗教育的系統性與學生的升學銜接等內在問題，以及一般的學校教師、家長乃至整個社會如何看待

實驗教育與接受過實驗教育的孩子等外在問題，需要教育的利害關係者共同正視與探究解方。也因此，在當前國內尚缺乏一本對實驗教育進行系統性介紹的專書下，本書正可以作爲探究上述問題，並提供理念引導的專論，供有志於實驗教育教師工作的師資生、進行實驗教育研究的研究者與學生、實驗教育現場的教師與家長作爲初步的讀物。

本人在我國實驗教育法制化之初，曾追隨吳清山教授等人接受教育部之委託，編纂《實驗教育手冊》，隨後又代表中華民國中小學校長協會辦理教育部《實驗教育規範》之研究，提供公立實驗學校在排除現行教育法規、提出替代方案時之參照，亦曾受邀至臺北市教育局辦理的教育創新與實驗學分班授課，因此對實驗教育的可能性充滿了期待。也由於住家學區剛好屬於臺北市和平實小，孩子年齡恰正趕上和平實小開校，因此在徵得孩子的意向與內人的支持後，毅然讓孩子轉學到和平實小三年級，接受實驗教育的洗禮。

在孩子就讀和平實小 4 年中，本人一方面身爲家長，支持學校並陪伴孩子成長；一方面也作爲教育學者，時常和校長、師生與家長交換意見，跟緊實驗教育的發展。如今，孩子即將畢業、步出校門，但他過去所學習的每一項課程，例如家族時間、海洋議題、個展發表、規劃壯遊、擔任企業管理師等有趣的跨領域主題我都能夠參與，並與孩子兩人三腳、一起成長。畢業前夕，回顧孩子的學習，對我來說就像是走馬燈，閃閃爍爍但記憶鮮明，也很清楚每位畢業生的家長，一定也爲了孩子在畢業後，能否適應不同教學模式的國中生活而感到擔心，這點我也不例外。儘管如此，現階段本人卻仍然肯定實驗教育的價值，因爲從自己孩子的身上，清楚看到了他的成長，也看到了實驗教育的特質。

在本書編著上，感謝主編黃志順博士的提攜與各章執筆者的熱忱響應。黃博士擔任臺北市和平實驗國民小學校長，帶領許多熱血教師，創立了一所全新典範的公立實驗國小。黃博士亦擔任國立臺北教育大學教授與非學校型態實驗教育審議會委員，熟知實驗教育的發展概況；林勇成博士 2015 年帶領虎山國小轉型爲公辦公營實驗教育學校，以聯合國 Eco

School 生態學校系統爲核心理念，發展「生態小學·孩子的探索樂園」特色課程，他亦兩次邀請國際知名的保育專家珍·古德女士到訪虎山；黃建榮校長在將岳明國小轉型爲公辦民營學校時，親自拜訪願意接手經營的企業，並擴大該校的生態教育及海洋教育特色，師生操舵的帆船更成爲國際航行親善隊，串起我國和日本的友誼；李光莒校長長年關心教育、積極辦學，尤其在理念領導和實踐上之熱情更甚於體制內之教師；陳映蓉老師從和平實小籌備處迄今，規劃許多教育革新方案，一路走來，成爲最了解該校發展的專家；劉彥廷老師服務於臺北市實驗教育創新發展中心，相當了解實驗教育學生學習與輔導的需求。這幾位專家對實驗教育的投入，令人感佩，因此特地請託爲本書撰文。

　　除了上述作者群之外，本書尚邀請了實驗教育的家長與畢業生撰寫花絮，分享他們對實驗教育的感想。撰寫過程中，內人葉老師不時的關心和建議，也是本人能堅持完成各章撰文的動力；王淑珍博士費心爲本書校閱，使本書更爲嚴謹完整，在此一併致謝。

　　本人曾在日本岐阜大學擔任講座期間，講授臺灣實驗教育發展的相關議題。日人相當欣羨臺灣的實驗教育在落實學校設置多樣化、就學方式多元化、課程經營彈性化的努力；國內實驗教育單位也曾組團參訪芬蘭，芬蘭教師認爲臺灣的實驗教育能實施大幅度的跨領域課程，較該國更具挑戰與前瞻性。這些來自國外的回饋都告訴我們，實驗教育一定具有時代的新興價值，亦能夠爲我們帶來國際上的注視，固然在發展過程中遭遇一些課題，但這些正是我們反思教育的本質，以及一個「人」該怎麼在其受教的體制、環境中得到對其人格完整性塑造的好機會。

　　時代的巨輪是往前邁進的，實驗教育帶來多元化、多樣性空間，讓教育的世界更充滿了繽紛多采的樣貌。期待本書能提供讀者更加認識實驗教育，促進形成牽引實驗教育發展的力量。最後，本人謹向黃志順博士、作者群及在撰書過程中給予協助的專家們致謝，也感謝五南圖書出版公司黃

文瓊副總編輯大力促成本書付梓，讓實驗教育的議題擁有全國首冊教科書等級的專論得與大家分享。

主編 林雍智 謹識

2021 年 4 月 25 日

國家圖書館出版品預行編目資料

實驗教育／林雍智，黃志順，劉彥廷，陳映
蓉，林勇成，黃建榮，李光莒著. -- 初版.
-- 臺北市：五南圖書出版股份有限公司，
2022.01
　面；　公分
ISBN 978-626-317-297-5 (平裝)

1.臺灣教育　2.文集

520.933　　　　　　　　110017359

114V

實驗教育

主　　　編 — 黃志順、林雍智（120.3）

作　　　者 — 林雍智、黃志順、劉彥廷、陳映蓉、林勇成、
　　　　　　黃建榮、李光莒

發 行 人 — 楊榮川

總 經 理 — 楊士清

總 編 輯 — 楊秀麗

副總編輯 — 黃文瓊

責任編輯 — 黃淑真、李敏華

封面設計 — 王麗娟

出 版 者 — 五南圖書出版股份有限公司

地　　　址：106台北市大安區和平東路二段339號4樓

電　　　話：(02)2705-5066　　傳　真：(02)2706-6100

網　　　址：https://www.wunan.com.tw

電子郵件：wunan@wunan.com.tw

劃撥帳號：01068953

戶　　　名：五南圖書出版股份有限公司

法律顧問　林勝安律師事務所　林勝安律師

出版日期　2022年1月初版一刷

定　　　價　新臺幣390元

◎書名題字：張清楚

經典永恆・名著常在

五十週年的獻禮——經典名著文庫

五南，五十年了，半個世紀，人生旅程的一大半，走過來了。

思索著，邁向百年的未來歷程，能為知識界、文化學術界作些什麼？

在速食文化的生態下，有什麼值得讓人雋永品味的？

歷代經典・當今名著，經過時間的洗禮，千錘百鍊，流傳至今，光芒耀人；

不僅使我們能領悟前人的智慧，同時也增深加廣我們思考的深度與視野。

我們決心投入巨資，有計畫的系統梳選，成立「經典名著文庫」，

希望收入古今中外思想性的、充滿睿智與獨見的經典、名著。

這是一項理想性的、永續性的巨大出版工程。

不在意讀者的眾寡，只考慮它的學術價值，力求完整展現先哲思想的軌跡；

為知識界開啟一片智慧之窗，營造一座百花綻放的世界文明公園，

任君遨遊、取菁吸蜜、嘉惠學子！